新世纪高职高专
市场营销类课程规划教材

新世纪

市场营销实务

SHICHANG YINGXIAO SHIWU

新世纪高职高专教材编审委员会 组编
主编 简玉刚 朱 凤
副主编 雷 江 陈 娟

大连理工大学出版社
DALIAN UNIVERSITY OF TECHNOLOGY PRESS

图书在版编目(CIP)数据

市场营销实务 / 简玉刚，朱凤主编. — 大连 ：大连理工大学出版社，2012.6(2015.5 重印)
新世纪高职高专市场营销类课程规划教材
ISBN 978-7-5611-7006-9

Ⅰ. ①市… Ⅱ. ①简… ②朱… Ⅲ. ①市场营销学—高等职业教育—教材 Ⅳ. ①F713.50

中国版本图书馆 CIP 数据核字(2012)第 133013 号

大连理工大学出版社出版
地址：大连市软件园路 80 号　邮政编码：116023
发行：0411-84708842　邮购：0411-84708943　传真：0411-84701466
E-mail：dutp@dutp.cn　URL：http://www.dutp.cn
大连力佳印务有限公司印刷　　大连理工大学出版社发行

幅面尺寸：185mm×260mm　印张：14.5　字数：335 千字
2012 年 6 月第 1 版　　2015 年 5 月第 3 次印刷

责任编辑：张剑宇　　责任校对：郑娜敏
封面设计：张　莹

ISBN 978-7-5611-7006-9　　定　价：30.00 元

总序

我们已经进入了一个新的充满机遇与挑战的时代，我们已经跨入了21世纪的门槛。

20世纪与21世纪之交的中国，高等教育体制正经历着一场缓慢而深刻的革命，我们正在对传统的普通高等教育的培养目标与社会发展的现实需要不相适应的现状作历史性的反思与变革的尝试。

20世纪最后的几年里，高等职业教育的迅速崛起，是影响高等教育体制变革的一件大事。在短短的几年时间里，普通中专教育、普通高专教育全面转轨，以高等职业教育为主导的各种形式的培养应用型人才的教育发展到与普通高等教育等量齐观的地步，其来势之迅猛，发人深思。

无论是正在缓慢变革着的普通高等教育，还是迅速推进着的培养应用型人才的高职教育，都向我们提出了一个同样的严肃问题：中国的高等教育为谁服务，是为教育发展自身，还是为包括教育在内的大千社会？答案肯定而且唯一，那就是教育也置身其中的现实社会。

由此又引发出高等教育的目的问题。既然教育必须服务于社会，它就必须按照不同领域的社会需要来完成自己的教育过程。换言之，教育资源必须按照社会划分的各个专业（行业）领域（岗位群）的需要实施配置，这就是我们长期以来明乎其理而疏于力行的学以致用问题，这就是我们长期以来未能给予足够关注的教育目的问题。

如所周知，整个社会由其发展所需要的不同部门构成，包括公共管理部门如国家机构、基础建设部门如教育研究机构和各种实业部门如工业部门、商业部门，等等。每一个部门又可作更为具体的划分，直至同它所需要的各种专门人才相对应。教育如果不能按照实际需要完成各种专门人才培养的目标，就不能很好地完成社会分工所赋予它的使命，而教育作为社会分工的一种独立存在就应受到质疑（在市场经济条件下尤其如此）。可以断言，按照社会的各种不同需要培养各种直接有用人才，是教育体制变革的终极目的。

随着教育体制变革的进一步深入，高等院校的设置是否会同社会对人才类型的不同需要一一对应，我们姑且不论。但高等教育走应用型人才培养的道路和走研究型(也是一种特殊应用)人才培养的道路，学生们根据自己的偏好各取所需，始终是一个理性运行的社会状态下高等教育正常发展的途径。

高等职业教育的崛起，既是高等教育体制变革的结果，也是高等教育体制变革的一个阶段性表征。它的进一步发展，必将极大地推进中国教育体制变革的进程。作为一种应用型人才培养的教育，它从专科层次起步，进而应用本科教育、应用硕士教育、应用博士教育……当应用型人才培养的渠道贯通之时，也许就是我们迎接中国教育体制变革的成功之日。从这一意义上说，高等职业教育的崛起，正是在为必然会取得最后成功的教育体制变革奠基。

高等职业教育还刚刚开始自己发展道路的探索过程，它要全面达到应用型人才培养的正常理性发展状态，直至可以和现存的(同时也正处在变革分化过程中的)研究型人才培养的教育并驾齐驱，还需要假以时日；还需要政府教育主管部门的大力推进，需要人才需求市场的进一步完善发育，尤其需要高职教学单位及其直接相关部门肯于做长期的坚忍不拔的努力。新世纪高职高专教材编审委员会就是由全国100余所高职高专院校和出版单位组成的旨在以推动高职高专教材建设来推进高等职业教育这一变革过程的联盟共同体。

在宏观层面上，这个联盟始终会以推动高职高专教材的特色建设为己任，始终会从高职高专教学单位实际教学需要出发，以其对高职教育发展的前瞻性的总体把握，以其纵览全国高职高专教材市场需求的广阔视野，以其创新的理念与创新的运作模式，通过不断深化的教材建设过程，总结高职高专教学成果，探索高职高专教材建设规律。

在微观层面上，我们将充分依托众多高职高专院校联盟的互补优势和丰裕的人才资源优势，从每一个专业领域、每一种教材入手，突破传统的片面追求理论体系严整性的意识限制，努力凸现高职教育职业能力培养的本质特征，在不断构建特色教材建设体系的过程中，逐步形成自己的品牌优势。

新世纪高职高专教材编审委员会在推进高职高专教材建设事业的过程中，始终得到了各级教育主管部门以及各相关院校相关部门的热忱支持和积极参与，对此我们谨致深深谢意，也希望一切关注、参与高职教育发展的同道朋友，在共同推动高职教育发展、进而推动高等教育体制变革的进程中，和我们携手并肩，共同担负起这一具有开拓性挑战意义的历史重任。

新世纪高职高专教材编审委员会

2001年8月18日

前言

《市场营销实务》是新世纪高职高专教材编审委员会组编的市场营销类课程规划教材之一。

改革开放以来，随着我国科技的进步，生产力的发展，生产效率大大提高，生产规模不断扩大，社会产品供应量剧增。同时，经济增长带来的高工资、高福利、高消费政策导致消费者购买力大幅度提高，需求和欲望不断发生变化，企业间的竞争进一步加剧。许多企业认识到，必须转变经营观念，才能求得生存和发展。在这种情况下，市场营销观念已经深入到每一个企业。市场营销已经成为一个企业最关键的活动，体现着一种全新的现代经营与组织管理思想，其核心是以消费者需求为导向。

从企业角度讲，市场营销的职能就是保证客户和消费者成为企业的中心环节。企业通过市场营销活动分析外部环境的现状和发展趋势，结合自身的资源条件，指导企业在产品、定价、分销、促销和服务等方面作出科学的决策，确保公司的竞争优势，并使公司永远立于不败之地。

市场营销是连结社会需求与企业的中间环节，是企业用来把消费者需求和市场机会变成效益的一种有效方法，也是企业战胜竞争对手的重要方法。所以，对有志从事商务工作及企业管理的人士，尤其是高职财经类专业的学生学习市场营销课程具有现实意义。

本教材遵照《教育部关于加强高职高专教育人才培养工作的意见》，紧紧围绕培养高等技术应用型专门人才的目标，本着"实用、够用"的原则，联系营销人员的工作实际，以六个学习情境为引领，结合典型的营销工作任务，设计了十四个学习任务。

本教材最大的特点就是将营销理论与职业技能紧密结合，设置了一系列互动教学环节，主要体现在以下几个方面：

1. 为了让学生在做中学，在学中做，以"开设北方菜馆"为信息载体，提供任务信息及学习目标，让学生们分别完成各阶段的学习任务，并从中学习理论知识和营销技能，培养学生的学习能力。

2. 为了加强互动教学，体会学习乐趣，本教材设置了"想一想"、"议一议"和"学习活动"等互动环节，培养学生的社会能力。

3. 为满足学生可持续发展的需要，本教材设置了"拓展阅读”等栏目，开拓学生视野。

4. 为了学习的便利性，本教材还设置了“学习笔记”、“学习总结”和“作业”等栏目，学生能够边学习，边总结，边思考，培养学生的能力。

本教材的编写人员都是具有丰富企业营销实践经验的一线教师。由重庆正大软件职业技术学院简玉刚、朱凤任主编，重庆正大软件职业技术学院雷江、重庆机电学院陈娟任副主编，重庆正大软件职业技术学院杨军、王燕楠参与了本教材的编写。具体分工为：学习情境 1、2、3 由简玉刚、朱凤编写；学习情境 4 由雷江编写；学习情境 5、6 由简玉刚、朱凤、陈娟、杨军、王燕楠共同编写。

本教材可作为高职高专院校市场营销专业的市场营销实务课程教材，也可作为经济管理及相关专业营销课程的通用教材，还可供企业管理人员、从事市场营销工作的人员参考使用。本教材在编写过程中，参考了大量资料，并从公开发表的书籍、报刊和网站上选用了一定的案例和资料，特向有关单位和个人表示诚挚的谢意。由于编者水平有限，编写时间仓促，书中疏漏与不妥之处在所难免，敬请读者批评指正。

所有意见和建议请发往：dutpgz@163.com
欢迎访问我们的网站：http://www.dutpbook.com
联系电话：0411-84707492　84706104

编　者
2012 年 6 月

目录

学习情境1 认知市场营销

任务提示

有人认为市场营销就是推销或者销售，你是怎么看的呢？请结合身边的营销现象来谈谈你对这个问题的认识。

学习目标

知识目标

➢准确描述市场营销产生的历史背景与阶段特征，掌握市场营销的概念；

➢准确描述市场营销包括市场、需求、产品等核心概念；

➢准确描述市场营销观念及其演变过程和适用条件；

➢准确描述顾客满意的内涵。

技能目标

➢在实践活动中，能利用营销观念分析和解决问题；

➢能够用营销观念解释市场中的某些营销活动和现象。

情感目标

➢树立正确的营销意识，能用发展的眼光来看待身边的现象；

➢树立营销人的职业意识。

学习任务

任务1　认识市场营销学的发展及营销观念

任务2　认识市场营销的基本概念

任务1 认识市场营销学的发展及营销观念

【任务信息】

2010年7月16日第四届重庆南岸区迎龙镇·吴小平葡萄节开幕以来，尽管最贵的玫瑰葡萄达到35元一斤，但仍然挡不住市民的购买热情，葡萄园内人头攒动，顾客在园内采摘葡萄还品尝农家菜，享受农家乐，玩得不亦乐乎。据南岸区旅游局介绍，本届葡萄节市民不仅有机会入园亲手采摘葡萄，还可认种开心农场的生态菜园和认养生态年猪，体验田园牧歌的农耕生活。对于葡萄贵但却卖得好的现象，吴小平解释说："因为贵是一种理念，1块钱的葡萄，街上到处都是，葡萄也要以稀为贵。现在有钱的人多，市民也要适应贵的生活。"

阅读以上材料，思考：吴小平的葡萄营销亮点是什么？为什么能取得良好的销售业绩？

【关键词】

市场营销发展　市场营销观念

1.1 认识市场营销学的发展

1.1.1 市场营销发展的四个阶段

市场营销译自英文Marketing，20世纪初产生于美国。以后的一个世纪，随着社会经济形势的发展变化，市场营销的观念和方法在企业，包括非商业性组织中得到广泛运用。通过市场营销活动产生利润，不仅是企业生存必不可少的，而且也是整个国民经济正常运行和可持续发展中不可缺少的。市场营销学的发展经历了四个阶段。

1. 初创阶段

19世纪末至20世纪30年代，是市场营销学的初创阶段。在这期间，经过工业革命的资本主义国家的劳动生产率提高，生产迅速发展，经济增长很快。这样，使原来以供过于求为特征的"卖方市场"发生了变化，出现了市场商品的增长速度超过了对商品需求增长速度的状况。敏锐的、具有远见卓识的企业家开始察觉到营销活动中可能出现的难题，开始进行市场分析、市场研究以及采用经销方式为顾客服务等营销措施。

2. 形成阶段

从1931年至第二次世界大战爆发，是市场营销观念的形成阶段。在这一时期，随着市场营销研究的深入，以及它的研究成果被一些企业成功地采用，市场营销的研究范围在扩大，它对社会的影响也逐渐扩展。

3. 发展阶段

第二次世界大战后到20世纪60年代末至70年代初期是市场营销学的发展阶段。这时，不仅市场营销方面的专著、论文出得很多，市场营销的观念内容也有了新的发展，提出了许多有价值的新概念，特别是以消费者为中心的新的市场营销观念。

4. 完善阶段

完善阶段又称成熟阶段。20 世纪 70 年代至今，市场营销的研究进入了一个新的发展阶段。随着研究内容的深入，市场营销观念更加完善，提出了许多新观点和新思想。

1.2 认识市场营销观念

市场营销观念是企业领导人在组织和谋划企业的营销管理实践活动时所依据的指导思想和行为准则，是其对于市场的根本态度和看法，是一切经营活动的出发点，也是一种商业哲学或思维方法。简而言之，市场营销观念是一种观点、态度和思想方法，典型的有以下五种观念。

1. 生产观念

背景：新技术发展加快并大量采用，经济增长迅速，但国民收入还很低，产品不够丰富，市场呈现供不应求的现象。

实质内容："我们会生产什么，就卖什么。"

这种观念立足于两个重要前提：第一，消费者的注意力只集中在是否买得起和价格便宜与否上；第二，消费者并不了解同类产品还有非价格差异（如质量、花色品种、造型、外观等差异）。

结果：各企业将工作重点放在如何有效利用生产资源及提高劳动生产率，以获得最大产量及降低生产成本上。在这种观念的指导下，生产和销售的关系必然是"以产定销"。

相关链接

美国福特汽车公司的创办人亨利·福特的经营哲学就是千方百计增加 T 型车的产量，降低成本和价格，以便占据、获得更多的市场和利润。至于消费者对汽车颜色及其他方面的爱好和要求，则完全可以不顾，他只生产黑色的汽车。

2. 产品观念

背景：新技术发展加快并大量采用，经济增长迅速，但国民收入还很低，产品不够丰富，市场呈现供不应求的现象。产品质量得到普遍的重视。

实质内容："我们生产的质量越好，消费者就会来买。"

产品观念也是一种"以产定销"的观念，表现为重产品生产轻产品销售，重产品质量轻顾客需求。其主要特点为：

(1) 企业把主要精力放在产品的改进和生产上，追求高质量、多功能。

(2) 轻视推销，单纯强调以产品本身来吸引顾客，一味排斥其他的促销手段。

(3) 企业管理中仍以生产部门为主要部门，但加强了生产过程中的质量控制。

结果：企业最容易导致"市场营销近视"。"市场营销近视症"是指企业管理者在市场营销中缺乏远见，只注视其产品，认为只要生产出优质产品，顾客就必然会找上门，而不注重市场需求的变化趋势。"市场营销近视症"的主要表现如下：一是企业经营目标的"狭隘性"。二是企业经营观念上的目光短浅。预防和治疗"市场营销近视症"的"处方"为"企业逆向经营过程”，即将传统的经营过程倒转过来。第一，了解消费者市场需求；第二，分析消费者需求，找出企业能够满足的部分；第三，确定满足需求的具体产品形式；第四，购进必需的原材料；第五，确定生产工艺；第六，生产产品；最后，将产品推向市场，满足消费者需求。

议一议

我国有些谚语，如“酒香不怕巷子深”，“一招鲜，吃遍天”等，你认为这些观点对吗？请谈谈你的认识。

3. 推销观念

背景：从生产不足进入到生产过剩，竞争越来越重要。

实质内容：“我们卖什么，就让人们买什么。”

这种观念就是不问消费者是否真正需要，不择手段地采取各种推销活动，把商品推销给消费者。在推销观念指导下，营销者的主要任务是在狠抓产品生产的同时，抽出部分精力用于产品的推销。

推销观念仍然是一种“以产定销”的营销观念，其主要特点为：

(1)产品不变。

(2)加强了推销。

(3)开始关注顾客，研究吸引顾客的方法与手段。

(4)开始设立销售部门，但销售部门仍处于从属的地位。

推销观念在以下两种情况下是可行的：一是当产品供大于求，产品大量积压时；二是对于一些“非渴求商品”。

结果：企业管理工作全部为销售工作所淹没和代替。

想一想

在推销观念的指导下，企业的推销活动很有可能侵犯消费者的利益，甚至有意无意地欺骗消费者，为什么？

4. 市场营销观念

背景：第二次世界大战以后，科技革命进一步兴起，军工转民用，生产效率大大提高，生产规模不断扩大，社会产品供应量剧增；高工资、高福利、高消费政策导致消费者购买力大幅度提高，需求和欲望不断发生变化；企业间的竞争进一步加剧。

实质内容：“市场需要什么，就生产和推销什么”，“能卖什么，就生产什么”。

达到组织目标的关键在于正确确定目标市场的需求和欲望，比竞争对手更有效、更有利地传送目标市场所期望满足的东西。

它的四项要素是：

(1)目标市场，以市场为出发点。

(2)顾客需求，以顾客为中心。

(3)整合市场营销。

(4)盈利能力。

与前三种观念最大的区别在于:前者以卖方需要为中心,而营销观念则以买方需要为中心;推销是卖方满脑子要把产品换成现金的需要,而营销则是通过帮助消费者满足其需要而获得应有的报酬。

5. 社会营销观念

背景:环境不断遭到破坏,资源日趋短缺,人口爆炸性增长,通货膨胀席卷全球,新的社会问题不断涌现。

实质内容:是营销观念的发展和延伸,强调企业向市场提供的产品和服务,不仅满足消费者的个别的、眼前的需要,而且还要符合消费者总体和整个社会的长远利益。企业要正确处理消费者欲望、企业利润和社会整体利益之间的矛盾,统筹兼顾,求得三者之间的平衡与协调。

5 种营销观念存在明显的差别,见表 1-1。

表 1-1　5 种营销观念差别表

营销观念		市场特征	出发点	手段	策略	目标
旧观念	生产观念	供不应求	生产	提高产量降低成本	以产定销	增加生产取得利润
	产品观念	供不应求	产品	提高质量增加功能	以高质取胜	提高质量获得利润
	推销观念	生产能力过剩	销售	推销与促销	以多销取胜	扩大销售获得利润
新观念	市场营销观念	买方市场	顾客需求	整体市场营销	以比竞争者更有效地满足顾客需要取胜	满足需要获取利益
	社会营销观念	买方市场	顾客需要、社会利益	整体市场营销	以满足顾客需要和社会利益取胜	满足顾客需要增进社会利益获得经济效益

拓展阅读

市场营销的基本观念

企业经营环境的变化是市场营销组合理论演进的根本推动力量。在过去的 50 年中,企业营销环境发生了巨大的变化:首先,公众大市场已不复存在,它已经细分为更小的市场,甚至细分到每个顾客,市场已完全是买方市场。对每个顾客,都要按其特殊要求生产产品或提供服务。其次,贸易壁垒的消除,使得各个国家、各个厂商的产品在同一个市场上出现,公司的竞争已经白热化。第三,变化已经成为常规,不变是例外,变化在加速,急剧的技术变革推进了创新,产品生命周期从以年计算到按月计算。正是在这样的背景下,营销组合理论经历了 4P、4C、4R、4V 的演进。

1. 以满足市场需求为目标的 4P 理论

1950 年,美国营销专家尼尔·鲍顿提出了市场营销组合概念:是指市场营销人员综合运用并优化组合多种可控因素,以实现其营销目标的活动的总称。美国密西根大学教授杰罗姆·麦卡锡把这些可控因素归结为 4 类,即产品(Product)、价格(Price)、渠道(Place)、促销(Promotion)四要素,企业的营销活动就是以适当的产品、适当的价格、适当的渠道和适当的促销手段,将适当的产品和服务投放到特定市场的行为,这就是所谓的

4P 理论。这一理论提出的背景是世界经济已经从第二次世界大战的创伤中恢复过来，资本主义国家经济进入了高速发展的战后“黄金阶段”，经济全球化处于起步阶段。消费者需求单一且比较旺盛。以数量满足为核心的包含数量、质量与结构的三重性短缺，基本上是一种典型的卖方市场。企业依靠大批量生产以降低成本，通过无差异化营销将产品售卖出去。这一理论也具有强大的生命力，主要表现在两方面：一方面是可拓展性。美国人菲利普·科特勒考察了特殊市场条件下营销组合，将权力和公共关系纳入其中，形成了6P 理论。针对服务的特殊性，提出了 7P 理论，即在 4P 的基础上加入了人员、设施、过程管理。这些因素中部分因素早已包含在 4P 理论中，只不过因其重要性增加而单独列出而已。另一方面是无可替代性。

随着时间的推移，这一理论也暴露出自身的局限性。首先，这一理论是以大工业经济时代为背景，成为工业企业开展营销的强大工具，这就在应用范围上受到局限；其次，这一理论从企业的角度出发进行营销组合，忽视了顾客，对市场变化反应迟钝，容易导致“营销近视症”，在今天看来这是致命的“软肋”；最后，这一理论较多的关注企业自身，忽视了竞争对手因素，因而容易受到追随模仿，最终造成无差异化营销的局面。

2. 以追求顾客满意为目标的 4C 理论

西方发达国家在经历了 20 世纪 70 年代初期的“黄金阶段”之后，1973 年由于石油危机的爆发，主要的发达国家进入了“滞胀阶段”，经济发展停滞不前。与此相反的是在拉丁美洲和亚洲出现了一些新兴工业国家和地区，并且形成了一支新兴的经济力量，这些国家的企业开始积极地参与国际竞争。同时发达国家的消费者对价格变得敏感。需求呈现出多样性，更为注重产品和服务的质量，也因内部市场容量有限，国内企业之间的竞争也变得异常激烈。

在这种背景下，美国著名学者劳特朋教授在 20 世纪 90 年代率先提出 4C 理论，即消费者(Consumer)、成本(Cost)、便利(Convenience)、沟通(Communication)，根据消费者的需求和欲望来生产产品和提供服务，根据顾客支付能力来进行定价决策，从方便顾客购买及方便为顾客提供服务来设置分销渠道，通过企业同顾客的情感交流、思想融通，对企业、产品或服务更好地理解和认同，以寻求企业同顾客的契合点。

由此可见，4C 理论坚持以顾客为导向，始终围绕“顾客需要什么”、“如何才能更好地满足顾客”两大主题，进行持续地改进活动，以追求顾客满意为目标。它是一种由外而内的拉动型营销模式，它宣传的是“请消费者注意”，而非“消费者请注意”。与传统的营销模式相比，在以顾客为导向的组织中，认为顾客是企业存在的唯一理由，顾客是企业利润的最终来源，而前线人员与顾客发生互动，在互动的瞬间决定了企业的命运。中层管理者和高层管理者主要工作有两方面：一方面要为前线人员提供支持活动，另一方面也要保持和顾客不断接触，及时响应顾客需求。

但是，这一理论也不可避免地存在缺陷。该理论由于考虑了顾客这一外部不可控因素，在实践操作性上较之以 4P 理论显得较弱。过分以顾客为导向将会使企业的营销活动显得被动，实际上企业可以驱动市场而不仅仅是市场驱动。同时该理论仍未考虑竞争对手的营销策略及反应，也容易遭到模仿。

3. 以建立顾客忠诚为目标的4R理论

20世纪80年代以来，全球范围内服务业兴起，服务业在国民经济中扮演了重要角色，出现了工业服务化和服务工业化的趋势。随着人们对服务业的顾客满意度调查研究，发现了以下几个事实：(1)吸引一个新顾客的成本是保持一个满意的老顾客的5倍；对盈利率来说，吸引一个新顾客与丧失一个老顾客相差15倍。(2)企业80%的业务来自20%的顾客。(3)一个公司如果将其顾客流失率降低5%，其利润就能增加25%～85%。(4)一个满意的顾客会告诉3～5个人他的感受，但是一个不满意的顾客会告诉10～20个人他的糟糕的感受。

学术界和业界正是注意到上述事实，提出了企业营销活动的目标应该是建立并维护长期顾客关系，而这种关系是建立在顾客忠诚的基础之上。忠诚的顾客不仅重复购买产品或服务，也降低了对价格的敏感性，而且能够为企业带来良好的口碑。在这样的情况下，4R理论应运而生。该理论由美国学者舒尔兹提出，4R具体指顾客关联(Relativity)、市场反应(Reaction)、关系营销(Relation)和利益回报(Retribution)。

企业是一个相对独立的开放系统，它与周围环境发生着互动关系，4R理论最突出特点是强调用系统观点来开展营销活动。首先，通过交叉销售为顾客提供一揽子的、集成化的整套解决方案，以解决顾客多样化的需要。改变过去那种交易营销模式，着眼于建立起关系营销模式。其次，它一改过去仅仅从企业或顾客的角度，而是从利益相关者的角度考察。顾客、供应商、分销商都在企业价值链中扮演了重要的角色，只有通过整合企业价值链才能建立竞争优势。政府机构是企业的管制机构，是市场法规的颁布者。对企业的营销活动产生重大影响。社会组织往往充当了意见领袖的角色，对消费者的购买决策产生不可估量的影响。最后，4R理论强调了4个满意：顾客满意、社会满意、员工满意、企业满意，体现了较强的社会营销观念。

4R理论最大的不足就是实际操作性较差，一方面主要是引入了更多的不可控变量，另一方面缺乏实施工具，企业在实际应用中可能会感到无从下手。

4. 新经济时代的4V营销组合理论

进入20世纪90年代以来，高科技产业迅速崛起，高科技企业、高技术产品与服务不断涌现，互联网、移动通信工具、发达交通工具和先进的信息技术，使整个世界面貌焕然一新，俨然成为人类的“地球村”。原来那种企业和消费者之间信息不对称状态得到改善，沟通渠道多元化，越来越多的跨国公司开始在全球范围进行资源整合。在这种背景下，营销观念、方式也不断丰富与发展，并形成独具风格的4V理论。4V是指差异化(Variation)、功能化(Versatility)、附加价值(Value)、共鸣(Vibration)的营销组合理论。

4V理论首先强调企业要实施差异化营销，一方面使自己与竞争对手区别开来，树立自己独特形象；另一方面也使消费者相互区别，满足消费者个性化的需求。其次，4V理论要求产品或服务有更大的柔性，能够针对消费者具体需求进行组合。最后，4V理论更加重视产品或服务中无形要素，通过品牌、文化等以满足消费者的情感需求。

这一理论缺点也是明显的——操作性不强，在实际中只能作为企业大的指导方向。

【学习小结】

初学市场营销，首先需要清楚什么是市场营销，对企业的营销活动有一个正确的较全面的认识。那么本任务学习内容就是帮助大家了解市场营销的发展历史，以及在不同的发展阶段营销观念的变化和完善。

市场营销学发展的四个阶段：初创阶段、形成阶段、发展阶段、完善阶段。

市场营销观念典型的五种观念：生产观念、产品观念、推销观念、市场营销观念、社会营销观念。

【学习小活动】

【活动目的】 充分理解市场营销的相关观念。

【活动内容】 请利用课余时间，调查身边的企业，观察企业的生产、营销行为，并总结这些企业在生产营销过程中体现了什么样的营销观念。

【活动建议】 以 4～6 人为一个小组，以小组为单位收集信息，并总结。在下次上课时学生对调查结果先作陈述，教师点评，学生再作总结。

【学习评价】

一、学习完本章节内容，你有什么收获？

1. 从知识的角度：

2. 从技能的角度：

3. 从个人成长的角度：

二、学习完本章节内容，你还有什么疑难问题？

【作业】

请选择某一企业实际营销活动现象进行分析，来判断该企业奉行的是哪一种或者几种营销观念。

任务2 认识市场营销的基本概念

【任务信息】

某高校地处重庆市歌乐山上，在校学生有6000余人。在学校最大的超市旁边开有一家卖衣服的小店，该店装修比较平常，卖的衣服也较寻常，在重庆市各地下商场比较常见。虽然衣服价格便宜，但生意一直平平淡淡。这家店仅维持了两个月就关门了。

请思考：这家店为什么在该校没有存活下来？

【关键词】

市场营销　市场营销核心概念

2.1 清楚市场营销的基本含义

市场营销是个人或组织通过创造并同他人或组织交换产品和价值以获得其所需所欲之物的一种社会活动过程。

(1)营销是一种创造性行为。它不仅寻找已存在的需要并满足它，而且激发和解决顾客并没有提出的要求，使他们热烈响应企业的营销行为。

(2)营销是一种自愿的交换行为。买卖双方自由交换使各方通过提供某种东西并取得回报。

(3)营销是一种满足人们需要的行为。消费者的各种需求和欲望是企业营销工作的出发点。因此，企业必须对市场进行调研，寻求、了解、识别并研究和掌握消费者需求和欲望，从而确定需求量的大小。

(4)营销是一个系统的管理过程。它不仅包括生产、经营之前的具体经济活动，如收集市场环境信息、市场调研、分析市场机会、进行市场细分、选择目标市场、设计开发新产品等，而且还包括生产过程完成之后进入销售过程的一系列具体的经济活动。

(5)营销是一种企业参与社会的纽带。营销是联结企业与社会的纽带。

营销工作者在指定营销政策时必须权衡企业利益、顾客需要和社会利益。只有满足社会利益的企业才能长久不衰地获得经营成功。

2.2 理解市场营销的核心概念

1. 需要、欲望和需求

(1)需要是指人类没有得到某些满足的感受状态。

(2)欲望是指人类想得到某些基本需要的具体满足物的愿望。

(3)需求是指对于有能力购买并且愿意购买的某个具体产品的欲望。

将需要、欲望和需求加以区分，其重要意义就在于阐明这样一些事实，即市场营销者并不创造需要;需要早就存在于市场营销活动出现之前;市场营销者连同社会上的其他因素只能影响人们的欲望,并向人们提出各种特定产品如何满足特定需要,进而通过使产品富有吸引力、适应消费者的支付能力和使之容易得到等途径来影响需求。

2. 市场

市场营销学中的市场是指一切具有特定欲望和需求并且愿意和可能从事交换来使欲望和需求得到满足的潜在顾客所组成的消费者总体。市场营销学认为卖主构成行业,买主构成市场。所以,衡量一个市场的规模大小,有三个主要尺度:人口、购买欲望、购买力。现代社会由无数的市场组成,以买主购买目的的不同进行划分,可以分为消费品市场、生产者市场、转卖者市场、政府市场等。

3. 产品

产品表述为能够用以满足人类某种需要或欲望的任何东西。

人们不是为了产品的实体购买产品,而是因为产品实体是服务的外客或载体,即通过购买某种产品实体能够获得自己所需要的服务。市场营销者的任务,是向市场展示产品实体中所包含的利益或服务,而不能仅限于描述产品的行貌,否则,企业将导致"市场营销近视",只看见自己的产品质量好,看不见市场需求在变化,最终使企业经营陷入困境。

4. 顾客让渡价值

顾客让渡价值,即指顾客从拥有和使用某产品中所获得的总价值与为取得该产品所付出的总成本之差。

顾客总价值是指顾客购买某一产品与服务所期望获得的一组利益,它包括产品价值、服务价值、人员价值和形象价值等。

顾客总成本是指顾客为购买某一产品所耗费的时间、精神、体力以及所支付的货币资金等,因此,顾客总成本包括货币成本、时间成本、精神成本和体力成本等。

5. 交换、交易和关系

(1)交换是指通过提供某种东西作为汇报,从别人那里取得所需物品的行为。它是市场营销的核心功能。市场交换一般包含五个要素:有两个或两个以上的买卖者;交换双方都拥有对方认为有价值的东西;交换双方都拥有沟通信息和向另一方传送货物或服务的能力;交换双方都可以自由接受或拒绝对方的产品;交换双方都认为值得与对方进行交换。

这五个要素满足以后,交换才可能发生。但是,交换是否真正发生,最终还取决于交换双方是否找到了交换的条件,或者说,交换双方是否能认同交换的价值。如果双方确认通过交换能得到更大的利益和满意,交换就会实际发生。

(2)交易是交换活动的基本单元,是由双方之间的价值交换所构成的行为。

(3)关系是指企业与其顾客、分销商、经销商、供应商等建立、保持并加强联系,通过互利交换及共同履行诺言,使有关各方实现各自目的。应该指出的是交换不仅仅是一种交易,而且是建立关系的过程。精明的市场推销人员总是试图与顾客、批发商、零售商以及供应商建立起长期互利、相互信任的关系。

6. 市场营销者

所谓市场营销者,是指希望从别人那里取得资源并愿意以某种有价值之物作为交换的人。他可以是卖主,也可以是买主。假设有几个人同时想买正在进行市场上出售的某种有缺产品,每个准备购买的人都尽力使自己被卖主选中,这些购买者就都在进行市场营销活动。在另一种场合,买卖双方都在积极寻求交换。那么,我们就把双方都称为市场营销者,并把这种情况称为相互市场营销。

案例分析

海尔洗衣机"无所不洗"

创立于1984年的海尔集团(以下简称"海尔"),经过多年的持续发展,现已成为享誉海内外的大型国际化企业集团。1984年海尔只生产单一的电冰箱,而目前它拥有白色家电、黑色家电、米色家电的产品群。海尔的产品出口到世界100多个国家和地区。它的成功有许多有意思的故事。

1996年,一位四川成都的农民投诉海尔洗衣机排水管老是被堵,服务人员上门维修时发现,这位农民用洗衣机洗地瓜(南方又称红薯),泥土大,当然容易堵塞。服务人员并不推卸自己的责任,而是帮顾客加粗了排水管。顾客感激之余,埋怨自己给海尔人添了麻烦,还说如果能有洗红薯的洗衣机,就不用劳烦海尔人了。农民兄弟的一句话,被海尔人记在了心上。海尔营销人员调查四川农民使用洗衣机的状况时发现,在盛产红薯的成都平原,每当红薯大丰收的时节,许多农民除了卖掉一部分新鲜红薯,还要将大量的红薯洗净后加工成薯条。但红薯上沾带的泥土洗起来费时费力,于是农民就动用了洗衣机。更深一步的调查发现,在四川农村有不少洗衣机用过一段时间后,电机转速减弱、电机壳体发烫。向农民一打听,才知道他们冬天用洗衣机洗红薯,夏天用它洗衣服。这令张瑞敏萌生了一个大胆的想法:发明一种洗红薯的洗衣机。1997年海尔为该洗衣机立项,成立以工程师李崇正为组长的4人课题组,1998年4月投入批量生产。洗衣机型号为XPB40-DS,不仅具有一般双桶洗衣机的全部功能,还可以洗地瓜、水果甚至蛤蜊,价格仅为848元。首次生产了1万台投放农村,立刻被一抢而空。

一般来讲,每年的6至8月是洗衣机销售的淡季。每到这段时间,很多厂家就把促销员从商场里撤回去了。张瑞敏纳闷儿:难道天气越热,出汗越多,老百姓越不洗衣裳?调查发现,不是老百姓不洗衣裳,而是夏天里5公斤的洗衣机不实用,既浪费水又浪费电。于是,海尔的科研人员很快设计出一种洗衣量只有1.5公斤的洗衣机——小小神童。小小神童投产后先在上海试销,因为张瑞敏认为上海人消费水平高又爱挑剔。结果,上海人马上认可了这种世界上最小的洗衣机。该产品在上海热销之后,很快又风靡全国。在不到两年的时间里,海尔的小小神童在全国卖了100多万台,并出口到日本和韩国。张瑞敏告诫员工说:"只有淡季的思想,没有淡季的市场。"

在西藏,海尔洗衣机甚至可以合格地打酥油。2000年7月,海尔研制开发的一种既可洗衣又可打酥油的高原型"小小神童"洗衣机在西藏市场一上市,便受到消费者欢迎,从而开辟出自己独有的市场。这种洗衣机3个小时打制的酥油,相当于一名藏族妇女3天的工作量。藏族同胞购买这种洗衣机后,从此可以告别手工打酥油的繁重家务劳动。

在2002年举办的第一届合肥"龙虾节"上,海尔推出的一款"洗虾机"引发了难得一见的抢购热潮，上百台“洗虾机”不到一天就被当地消费者抢购一空，更有许多龙虾店经营者纷纷交定金预约购买。这款海尔“洗虾机”因其巨大的市场潜力被安徽卫视评为“市场前景奖”。

“听说你们的洗衣机能为牧民打酥油，还给合肥的饭店洗过龙虾，真是神了！能洗荞麦皮枕头吗？”2003年的一天，一个来自北方某枕头厂的电话打进了海尔总部。海尔洗衣机公司在接到用户需求后，仅用了24小时，就在已有的洗衣机模块技术上，创新地推出了一款可洗荞麦皮枕头的洗衣机，受到用户的极力称赞，更成为继海尔洗地瓜机、打酥油机、洗龙虾机之后，在满足市场个性化需求上的又一经典之作。海尔开发的这款既可以家庭洗衣，又可以用来洗荞麦皮枕头的“爽神童”洗衣机，除了洗涤、脱水等基本功能外，还独有高效的PTC转动烘干、自然风晾干两种干燥技术，同时专门设计了荞麦皮包装洗涤袋，加上海尔独有的“抗菌”技术，非常圆满地解决了荞麦皮枕头的清洗、干燥难题。

专家指出，目前洗衣机市场已进入更新换代、需求快速增长期。始终靠技术创新领先市场的海尔，通过多年以来的技术储备和市场优势的积累，在快速启动的洗衣机市场上占尽先机。世界第四种洗衣机——海尔“双动力”是海尔根据用户需求，为解决用户对波轮式、滚筒式、搅拌式洗衣机的抱怨而创新推出的一款全新的洗衣机，由于集合了洗得净、磨损低、不缠绕、15分钟洗好大件衣物、“省水省时各一半”等优点于一身，迎合了人们新的洗衣需求，产品上市一个月就创造了国内高端洗衣机销量、零售额第一的非常业绩，成为国内市场上升最快的洗衣机新品，在第95届法国列宾国际发明展览会上一举夺得了世界家电行业唯一发明金奖。

思考：

1. 从本案例可以窥视到的海尔营销哲学内涵包括哪些重要内容？
2. 张瑞敏说：“只有淡季的思想，没有淡季的市场。”请谈谈你对这句话的理解。
3. 有人认为海尔是一个“机会主义者”，你对此有何评论？

【学习小活动】

【活动目的】 充分认识市场营销活动，并理解市场营销观念和概念。

【活动步骤】

第一步：观察校园里的市场营销活动，并做相应记录；

第二步：分享你的观察记录。

【活动建议】 学生先作陈述，教师点评，学生再作总结。

【学习评价】

一、学习完本章节内容，你有什么收获？

1. 从知识的角度：

2. 从技能的角度：

3. 从个人成长的角度：

二、学习完本章节内容，你还有什么疑难问题？

【作业】

请选择某一具体的产品，在特定环境之内为其设计在不同营销理念（如服务营销理念、体验式营销理念、文化营销理念、关系营销理念等）指导下的营销行为要点。

要求：把市场、需要、欲望、需求等概念体现在作业之中。

学习情境2 发掘市场机会

任务提示

宝洁公司前总裁 Smale 曾经说过：每当我们仔细检讨曾经经历的失败时，我们都会得到相同的结论，即失败的原因都无一例外地是因为我们没有深刻全面地了解消费者所在的市场，以致乐观地估计了风险。

这段话给了你什么启示，请谈谈你的想法？

学习目标

知识目标

➢准确描述宏观环境因素、微观环境因素内容；

➢准确描述消费者购买行为的影响因素、消费者购买行为决策的具体过程和消费者购买动机；

➢准确描述各种调查方法的含义及其使用条件，准确解释各种抽样方法的含义、使用条件及利弊。

技能目标

➢能够运用 SWOT 工具对企业营销环境进行综合分析；

➢能够结合特定消费人群或者特定产品分析消费者购买动机、决策过程及影响因素；

➢根据工作需要，选择不同调查方法，并合理进行抽样组织设计，收集所需信息。

情感目标

➢培养对市场信息的敏感性，并从中挖掘市场机会；

➢学会运用 SWOT 工具进行自我分析，明确自身的竞争优势；

➢树立不怕苦、不怕累的调研精神。

学习任务

任务3　分析市场营销环境

任务4　分析顾客的购买行为

任务5　开展市场调研

任务 3 分析市场营销环境

【任务信息】

小李是一个在重庆读大学的北方人，大学毕业之后想留在重庆打拼。经过读书期间的考察，他发现在重庆大学城附近的餐饮店大多生意挺好的，于是有了自主创业的想法，初步打算进入餐饮业。为了慎重起见，小李决定对大学城周边环境进行深入调查分析。

思考：小李进行环境调查时，应重点收集哪些信息？用什么工具进行分析？对收集的信息如何应用？

【关键词】

宏观环境　微观环境　SWOT 分析方法

3.1 认识市场营销环境

市场营销环境：泛指一切影响、制约企业营销活动的最普遍的因素。

任何企业的营销活动都是在一定的环境中进行的，绝不可能脱离环境。因此，对环境的研究是企业营销活动的最基本的课题。

根据营销环境中各种力量对企业市场营销的影响，可把市场营销环境分为宏观环境和微观环境两大类。

3.1.1 宏观环境

宏观环境是造成市场机会和环境威胁的主要力量，它引导企业营销活动的大方向。企业营销环境分析首先应分析宏观环境。

影响企业营销活动的宏观环境因素主要有：

1. 人口环境

人口是营销人员最感兴趣的环境因素之一。市场是由人组成的，市场是产品实现或潜在购买者的集合，只有有人才能有顾客，只要有人就可能将其发展成为顾客。

以下的人口特征将影响企业活动：

(1)人口规模和增长率

人口规模影响市场的容量，增长率影响未来市场的增长情况。

(2)人口年龄结构

人口年龄结构决定市场需求结构。不同年龄阶段的人对产品的需求有很大的差别，分析一定时期内人口年龄结构，能促使企业更好地发现市场机会。

(3)人口地理分布及流动

人口密度不同的地区市场需求量存在差异，同时，受地理环境、气候特点的影响，不同地区居民的购买习惯和购买行为也存在差异。研究人口地理分布特点对企业找准产品销售市场很有意义。人口的地理分布随时间推移会发生一定变化，这就是人口流动。我国的人口流动呈现两大特征：一是内陆人口向东南沿海流动；二是农村人口向城市流动。

(4)家庭规模及其生命周期

家庭规模大小将影响家庭购物和消费模式。现代家庭结构变化的主要特征是小型化趋势。三口或两口之家成为家庭规模的主要形式，同时单身户的比例正在迅速增加。企业的营销活动应更多地考虑小规模家庭的需要。

拓展阅读

根据消费者的家庭状况，因为年龄、婚姻状况、子女状况的不同，可以划分为不同的家庭生命周期，在家庭生命周期的不同阶段，消费者的行为呈现出不同的主流特性。

①单身阶段：处于单身阶段的消费者一般比较年轻，几乎没有经济负担，消费观念紧跟潮流，注重娱乐产品和基本的生活必需品的消费。

②新婚阶段：组建由夫妻二人构成的家庭，且此时没有子女。经济状况较好，具有比较大的需求量和比较强的购买力，耐用消费品的购买量高于处于家庭生命周期其他阶段的消费者。

③满巢期(Ⅰ)：指最小的孩子在6岁以下的家庭。处于这一阶段的消费者往往需要购买住房和大量的生活必需品，常常感到购买力不足，对新产品感兴趣并且倾向于购买有广告的产品。

④满巢期(Ⅱ)：指最小的孩子在6岁以上的家庭。处于这一阶段的消费者一般经济状况较好但消费慎重，已经形成比较稳定的购买习惯，极少受广告的影响，倾向于购买大规格包装的产品。

⑤满巢期(Ⅲ)：指夫妇已经上了年纪但是有未成年的子女需要抚养的家庭。处于这一阶段的消费者经济状况尚可，消费习惯稳定，可能购买富余的耐用消费品。

⑥空巢期(Ⅰ)：指子女已经成年并且独立生活，但是家长还在工作的家庭。处于这一阶段的消费者经济状况最好，可能购买娱乐品和奢侈品，对新产品不感兴趣，也很少受到广告的影响。

⑦空巢期(Ⅱ)：指子女独立生活，家长退休的家庭。处于这一阶段的消费者收入大幅度减少，消费更趋谨慎，倾向于购买有益健康的产品。

⑧鳏寡就业期：尚有收入，但是经济状况不好，消费量减少，集中于生活必需品的消费。

⑨鳏寡退休期：收入很少，消费量很小，主要需要医疗产品。

以上是一个普通家庭生命周期的划分。这种方法是不完美的，因为我们没有考虑如单亲家庭、无子女家庭等形式。

总体说来，我国现阶段人口发展状况有六个动向：

①人口平均寿命延长，呈继续增长态势；

②人口出生率下降，儿童减少；

③人口趋于老龄化，且老龄化速度高于西方；

④家庭规模趋于小型化，家庭结构日益松散；

⑤人口流动性大，大量农村人口流入城市；

⑥人口由多民族构成。

想一想

中国人口发展的这些变化动向对企业的营销活动开展有什么启示？

2. 经济环境

经济环境是指影响企业市场营销模式与规模的经济因素，主要包括收入与支出水平、经济发展水平等。

(1)收入与支出水平

人口因素是影响市场营销的主体，而社会购买力是实现企业营销的关键。社会购买力是受宏观经济环境制约的，是经济环境变化的反映。影响购买力的主要因素有消费者个人收入、消费者支出以及消费者储蓄和信贷等。

①收入

在研究收入对消费需求的影响时，常使用以下指标：

一是人均国内生产总值。一般指价值形态的人均 GDP。GDP 总额反映了全国市场的总容量、总规模。人均 GDP 从总体上影响和决定了消费结构和消费水平。

二是消费者个人收入。消费者个人收入是指消费者从各种来源所得的货币收入，通常包括个人工资、奖金、其他劳动收入、退休金、红利、馈赠、出租收入等。研究消费者个人收入，首先要注意区分实际收入与货币收入。由于通货膨胀、失业、税收等因素的影响，有时货币收入虽然增加，但实际收入却可能下降。如消费者的货币收入不变，如果物价上涨，消费者的实际收入便减少。其次，研究消费者的个人收入还要注意区分个人可支配收入和个人可任意支配收入。个人可支配收入是指个人收入减去直接负担的各项税款和非税性的负担(如工会费、交通罚款等)之后的余额。这是消费者能够作为个人消费或储蓄的数额。个人可任意支配收入是指个人可支配收入减去维持生活所必需的衣、食、住等支出后的余额。这部分收入是消费者可以任意投向的收入，因此，是影响消费者需求变化的最活跃因素。这部分收入越多，人们的消费水平就越高，企业的营销机会也就越多。

②支出

支出是指消费者支出模式和消费结构。收入在很大程度上影响着消费者支出模式与消费结构。随着消费者收入的变化，支出模式与消费结构也会发生相应的变化。消费者支出模式和消费结构是指消费者收入中用于衣、食、住、行、娱乐、教育、保健等支出的比例。德国统计学家 E. 恩格尔在 1875 年研究劳工家庭支出构成时指出：当家庭收入增加时，多种消费品支出的比例也会相应增加，但用于购买食物支出的比例会下降，这便是“恩格尔定律”。消费支出中用于食物方面的支出占全部支出的比重称为“恩格尔系数”。用这个系数来衡量生活水平，大体可作如下划分：60%以上，称为绝对贫困；50%～60%，称为温饱水平；40%～50%，称为小康水平；30%～40%，称为富裕水平；30%以下，称为最富裕水平。

根据世界银行的统计，中国现在的人均收入不到世界平均水平的 60%，而到了全面的小康社会，中国有可能接近世界的平均水平，也就是说接近世界的中等水平。过去 20

年，我们主要是讲“先富论”，使一部分地区、人群、城市先富起来，这个政策极大地促进了中国的经济发展。今后20年，既然是全面建设小康社会，它的难点不在于北京、上海，主要的难点还是在于中西部地区；难点也不在于城市，而主要在于农村；难点也不在于汉族人口，而主要在于少数民族地区和人口。小康社会一个重要的标准就是共同富裕。

③消费者储蓄和信贷

消费者储蓄实际上是一种未来的购买力。个人储蓄形式包括：银行存款、公债、股票和不动产。在正常情况下，银行存款随国民收入的增加而稳定增长，两者是成正比例的关系。但是如果通货膨胀、物价上涨，消费者就会取出存款，争购保值商品。

消费者信贷是一种超前的消费方式，即个人通过信贷方式预支未来的购买力。这种超前消费在西方极为普遍，尤其是在美国，各种形式的赊销、分期付款业务十分发达，增长迅猛。有些经济学家认为，消费者信贷已成为美国经济增长的主要动力之一。因为允许人们购买超过自己实际购买力的商品，就可以创造更多的就业机会、更多的收入、更多的需求，从而刺激经济的增长。前些年我国推行宽松的消费者信贷政策，居民可以较自由地用贷款方式购买住房、汽车、耐用消费品等，这一举措促进了广大消费者观念的更新，刺激了中国经济的增长。但由于房地产经济过热、金融机构信贷资金呆坏账较多等原因使我国开始推行紧缩的信贷政策，这是国家宏观经济调控的一项举措，目的是为了稳定和刺激中国经济的发展。但针对消费者而言，在信贷消费的同时，一定要注意保持个人良好的信用记录。

(2)经济发展水平

企业的市场营销活动还受到一个国家或地区的整个经济发展水平的制约。经济发展阶段不同，居民的收入不同，消费者对产品的需求也不一样，从而会在一定程度上影响企业的营销。例如，以消费者市场来说，经济发展水平高的地区，在市场营销方面，强调产品款式、性能及特色，品质竞争多于价格竞争。而在经济发展水平低的地区，则较侧重于产品的功能及实用性，价格因素比产品品质更为重要。在生产者市场方面，经济发展水平高的地区着重投资较大而能节省劳动力的先进、精密、自动化程度高、性能好的生产设备。因此，对于不同经济发展水平的地区，企业应采取不同的市场营销策略。

议一议

恩格尔系数的变化说明了什么问题？消费者需求因此受到哪些影响？

3.自然环境

自然环境要素包括自然资源和自然环境。

(1)自然资源

自然资源可分为三类：一是有限的不可再生资源，如石油、矿产等；二是有限的可再生资源，如森林等；三是其他自然资源，如水、空气等。无遏制地利用有限资源与人类对自然资源需求的无限扩大的趋势加剧了人类与自然资源的矛盾。

(2)自然环境

任何企业的生产经营活动都与自然环境息息相关，无论制造什么产品都需要原材料、能源和水等自然资源。20世纪90年代以来，自然环境的恶化已成为企业与公众所面临的一个主要问题。在许多地区，空气与水的污染已达到了危险的程度。因此，环境恶化造成的影响直接对企业的营销造成威胁，而这种威胁与机会同物资环境的三个趋势是联系在一起的。

4. 科学技术环境

改变人类命运最戏剧化的因素之一是科学技术。科学技术创造了许多奇迹，实现了许多人梦寐以求的愿望；它也造出了恐怖的"魔鬼"，如核武器、化学武器和计算机病毒等；科学技术还造出了如汽车、电视、电子游戏等福祸兼备的"东西"。

科学技术的发展给企业创造了许多市场机会，也使企业面临许多潜在的威胁。同时，科学技术影响了营销活动各个环节和营销活动的方式。新技术革命使各国研究与发展预算越来越高。

今天，科学技术已经成为决定人类命运和社会进步的关键因素。它是一种带有破坏性的创造力量。也就是说，当一项新科学技术给一些行业和企业带来增长机会的同时，也可能严重威胁另一些行业和企业的生存。因此，营销人员应随时监控科学技术环境的发展变化，调整企业行为以适应变化。

5. 政治法律环境

政治环境主要是指企业所在国的政权、政局，政府的有关政策以及对营销活动有直接影响的各种政治因素。法律环境是指企业所在国和地方制定的各种法令、法规。

市场营销决策很大程度上受政治法律环境变化的强制影响。政治法律环境是由与企业活动相关的法律、政府管理机构以及社会中对企业起制约作用的压力集团构成的。

我国目前与企业活动相关的立法主要有：《中华人民共和国经济合同法》、《中华人民共和国商标法》、《中华人民共和国专利法》、《中华人民共和国公司法》、《中华人民共和国食品卫生法》、《中华人民共和国质量法》、《中华人民共和国广告法》、《中华人民共和国消费者权益保护法》、《中华人民共和国劳动法》等。

对企业有监督、制约作用的压力集团主要是保护消费者权益的群众团体和保护环境的群众团体。这些团体对企业行为虽然没有强制作用，但是他们能影响社会舆论，给企业施加压力。与压力集团保持良好关系是树立企业形象的必备条件。

企业在从事市场营销活动时，应了解所在国政府在经济发展中的基本作用。一国政府首先是以集团消费者的身份影响市场需求参与经济活动，其次是以管理者身份直接干预经济。国家制定的法律法规有一部分是针对企业国内营销活动的，有一部分是针对企业国际营销活动的。

6. 社会文化环境

社会文化是人类在创造物质财富的过程中所积累的精神财富的总和。社会文化主要通过影响消费者行为影响营销活动。社会文化环境包括教育水平、社会阶层、语言、宗教信仰、价值观念、民族传统、亚文化群等。这些因素影响消费者的购买行为，企业营销工作必须重视社会文化环境。

(1)教育水平

教育水平的高低直接影响人们的消费行为和消费结构。企业所在地区的教育水平也在一定程度上制约着企业的营销活动。一般来说，受教育水平高的消费者对产品的内在质量、外观形象以及服务有着较高的要求。而教育水平低的消费者往往要求更多的实物样品和通俗易懂的产品介绍。教育水平较低地区的人群，购买产品的理性程度相对较低，对新产品的接受能力比较弱。而教育水平较高地区正好相反。

(2)社会阶层

社会阶层指按一定社会标准将社会成员划分为若干社会等级。这里的社会标准主要是收入财产、文化教育水平、职业和社会名望等。同一社会阶层通常有相似的生活方式和购买行为。

(3)语言

语言是重要的文化因素之一，语言差异往往代表着文化差异。语言能力在企业市场营销活动中特别是在国际市场营销活动中发挥着重要的作用。首先，它是营销人员在目标市场开展市场调研的有力工具；其次，它有助于加强与顾客的沟通；第三，它有助于改善和加强企业内部的交流以及企业与外部的交流。

(4)宗教信仰

宗教信仰对市场营销也有一定的影响，特别是在一些信奉宗教的国家和地区，其影响力会更大。据统计，世界上 6 个主要宗教的信教群众已占了人口总数的二分之一以上。

(5)价值观念

价值观念是指生活在某一社会环境下的多数人对事物的普遍态度或看法。生活在不同的社会环境下，人们的价值观念不同，企业的营销策略也应有差别。如东西方国家人们在价值观念上存在较大的差别。西方人较注意个体和个人的创造精神，美国的企业鼓励员工开拓、标新立异。而我国国人重人情、求同步，消费偏于大众化，求稳怕变。由此引起的营销模式也会有较大的不同。

(6)民族传统

民族传统指一个国家整个民族的文化传统与风俗习惯，如西方国家的人们以超前享受为消费的主流；而我国人民长期以来形成积蓄习惯，并注重商品的实用性。在民族传统中，营销者应特别注重传统节日。如在我国，春节前会形成生活用品的购买高峰。所以，企业的营销人员应考虑不同国家和地区人们的传统喜好和禁忌，以免给企业的营销带来障碍。

(7)亚文化群

亚文化群通常指在较大的社会集团中的较小的团体。这种较小的团体既遵从较大的文化，但同时又有自己独特的信仰、态度和生活方式。不同亚文化群的消费者，其生活方式、消费习惯、爱好、兴趣等各不相同，他们的需求会有很大的差别。如我国有 56 个民族，有多个少数民族集中居住的自治区、州、市、县，很多民族都有自己的传统节日、服饰等，这样就形成了不同的民族亚文化群。除了民族亚文化群外，还可以区分出地域亚文化群、年龄亚文化群等，企业在用亚文化群来分析需求时，可以把每一个亚文化群视为一个细分市场，分别制定不同的营销方案。

议一议

试举例说明文化因素对企业营销活动开展的影响。

3.1.2 微观环境

一个企业能否成功地开展营销活动，不仅取决于其对宏观环境的适应性，也取决于其能否适应和影响微观环境。微观环境直接影响营销活动的方式和效果。影响企业营销活动的微观环境因素主要有：

1.企业内部环境

微观环境中的第一力量是企业内部的环境力量。良好的企业内部环境是企业营销工作得以顺利开展的重要条件。内部环境由企业高层（董事会、厂长、经理）和企业内部各种组织（财务、科研开发、采购、生产等）构成。营销部门工作的成败与企业领导及其各部门的支持有很大关系。企业所有部门都同营销部门的计划和活动发生着密切的关系。因此，企业的生产能力、财务能力、职工的素质、研究和发展的状况以及企业在公众中的印象等，构成了企业内部环境的主要内容，影响和决定着企业为消费者提供商品和服务的能力与水平。

2.供应者

供应者是指向企业提供生产产品所需要的资源的企业或个人。包括提供原材料、设备、能源、劳务、资金等。这种力量对企业的营销影响是很大的，所提供的资源质量、价格和供应量，直接影响着企业产品的质量、价格和销售利润。企业应从多方面获得供应，而不可依赖于单一供应者。

3.营销中介

营销中介是指在企业把产品送到最终购买者手中时给予帮助的有关机构。包括中间商、实体分配机构（批发零售环节）、营销服务机构（广告公司等）和金融中介机构（银行、保险公司等）。这些都是市场营销中不可缺少的中间环节。企业在产品营销过程中，必须处理好同行业内外部各种营销中介机构的关系。

(1)中间商

是协助企业寻找消费者或直接与消费者进行交易的商业企业，包括代理中间商和经销中间商。代理中间商不拥有商品所有权，专门介绍客户或与客户洽商签订合同，包括代理商、经纪人和生产商代表。经销中间商购买商品并拥有商品所有权，主要有批发商和零售商。

(2)实体分配机构

主要是指协助生产企业储存产品并将产品从原产地运往销售目的地的仓储物流公司。仓储公司是在货物运往下一个目的地前专门储存和保管商品的机构。运输公司包括从事铁路运输、汽车运输、航空运输、驳船运输以及其他搬运货物的公司，它们负责把货物从一地运往另一地。实体分配包括包装、运输、仓储、装卸、搬运、库存控制和订单处理等方面，基本功能是调节生产与消费之间的矛盾，弥合产销时空上的背离，提供商品的时间和空间效用，适时、适地、适量地将商品供给消费者。

(3)营销服务机构

主要是指为生产企业提供市场调研、市场定位、促销产品、营销咨询等方面的营销服务，包括市场调研公司、广告公司、传媒机构及市场营销咨询公司等。它们协助企业选择最恰当的目标市场,并帮助企业向其选定的目标市场推销产品。企业可以自设营销服务机构,也可以委托外部的营销服务机构。有些大公司,如杜邦公司和老人牌麦片公司,它们都有自己的广告代理人和市场调研部门。而大多数企业都与专业营销服务机构以合同方式委托办理这些事务。

(4)金融中介机构

主要包括银行、信贷公司、保险公司以及其他对货物购销提供融资或保险的各种金融机构。企业的营销活动因贷款成本的上升或信贷来源的限制而受到严重的影响。

4.顾客(目标市场)

微观环境的第四种力量就是顾客,即目标市场。顾客是企业产品或服务的购买者,也是企业服务的对象。企业需要仔细了解自己的顾客市场。企业应按照顾客及其购买目的的不同来细分目标市场。市场上顾客不断变化和不断进步的消费需求,要求企业不断更新产品以提供给消费者。

对一个企业来说赢得顾客是生存、发展的关键。无数的企业实践证明:市场的优胜者是那些重视顾客、最大限度地满足顾客需求的企业;而缺乏营销远见、忽视顾客要求的企业注定要失败。

分析顾客的目的在于了解顾客为什么选择企业的产品或服务,是因为低廉的价格、高质量的产品、可靠的服务、有趣的广告,还是干练的推销人员?如果企业不能精确地知道哪些东西吸引顾客以及顾客将来可能如何变化,那么,企业最终将失去市场上的优势。

5.竞争者

竞争者是指与企业存在利益争夺关系的其他经济主体。企业的营销活动常常受到各种竞争者的包围和制约,因此,企业必须识别各种不同的竞争者,并采取不同的竞争对策。企业的竞争对手包括现在生产和销售与本企业相同产品或服务的企业,潜在的进入者及替代品的生产者和供应商等。从消费需求的角度看,企业在市场上面临的竞争者可分为愿望竞争者、一般竞争者、产品形式竞争者和品牌竞争者四种类型。

(1)愿望竞争者

愿望竞争者是指提供不同产品、满足不同消费欲望的竞争者。消费者在同一时刻的欲望是多方面的,但很难同时满足,这就出现了不同需要,即不同产品的竞争。如消费者收入增加,为改善生活,可以购买家庭耐用消费品,也可以外出旅游,还可装修住宅等,出现了许多不同的欲望,但从时间和财力来说,消费者只能选择其力所能及的项目,作为这一时期的欲望目标。

(2)一般竞争者

一般竞争者是指满足同一消费欲望的不同产品之间的可替代性,是消费者在决定需要的类型之后出现的次一级竞争,也称平行竞争。如消费者需要购买家庭耐用消费品,那么是购买家庭娱乐设备,还是购买新式家具,或是购买家庭健身器材。消费者要选择其中一类,以满足这一消费欲望。

(3)产品形式竞争者

产品形式竞争者是指满足同一消费欲望的同类产品不同产品形式之间的竞争。消费者在决定了需要的属类产品之后,还必须决定购买何种产品。如消费者在决定购买家庭娱乐设备后，还必须决定是购买大屏幕电视机，还是购买摄像机，或是购买高级音响设备。

(4)品牌竞争者

品牌竞争者是指满足同一消费欲望的同种产品形式但不同品牌之间的竞争。如消费者决定购买大屏幕电视机，而大屏幕电视机又有许多生产厂家，如长虹、康佳、TCL 等，消费者还需决定购买什么品牌的大屏幕电视机。

企业要成功，必须在满足消费者需求和欲望方面比竞争对手做得更好。企业的营销系统总是被一群竞争者包围和影响着。为此，企业必须加强对竞争者的研究，了解对本企业形成威胁的主要竞争对手及其策略，双方的力量对比如何，只有知己知彼、扬长避短，才能在消费者心目中强有力地确定其所提供产品的地位，以获得战略优势。在任何市场上，只要不是独家经营，便有竞争对手存在。在很多时候，即便是在某个市场上只有一个企业提供产品或服务，没有“显在”的对手，也很难断定在这个市场上没有潜在的竞争企业。竞争对手的状况将直接影响企业的营销活动，无论是在产品销路、资源，还是在技术力量方面，常常是此消彼长的。因此，企业必须清楚地了解：

①竞争企业的数量有多少；

②竞争企业的规模和能力的大小强弱；

③竞争企业对竞争产品的依赖程度；

④竞争企业所采取的营销策略及反应程度；

⑤竞争企业获取优势的特殊的原材料来源及供应渠道。

想一想

请选择某一企业，通过市场观察和查找相关材料，分析其在市场上存在的竞争者有哪些？这些竞争者分别属于什么类型？

6. 公众

公众是指对企业实现营销目标的能力有实际或潜在利害关系和影响力的团体或个人。企业所面临的公众主要有以下几种：

(1)融资公众。是指影响企业融资能力的金融机构，如银行、投资公司、证券经纪公司、保险公司等。

(2)媒介公众。是指报纸、杂志社、广播电台、电视台等大众传播媒介，它们对企业的形象及声誉的建立具有举足轻重的作用。

(3)政府公众。是指负责管理企业营销活动的有关政府机构。企业在制订营销计划时，应充分考虑政府的政策，研究政府颁布的有关法规和条例。

(4)社团公众。是指保护消费者权益的组织、环保组织及其他群众团体等。企业营销活动关系到社会各方面的切身利益，必须密切注意并及时处理来自社团公众的批评和意见。

(5)社区公众。是指企业所在地附近的居民和社区组织。

(6)一般公众。是指上述各种公众之外的社会公众。一般公众虽然不会有组织地对企业采取行动，但企业形象会影响他们的惠顾。

(7)内部公众。是指企业内部的公众，包括董事会、经理、企业职工等。

所有这些公众，均对企业的营销活动有着直接或间接的影响，处理好与广大公众的关系，是企业营销管理的一项极其重要的任务。

现代企业是一个开放的系统，这些公众都与企业的营销活动有着直接或间接的关系。企业的营销活动必然与各方面发生联系，必须处理好与各方面公众的关系。

上述六种力量既构成了企业营销的微观环境，也是一个企业的市场经营系统。疏通、理顺这个系统，是企业非常重要的经常性的任务。

3.2 熟悉企业应对环境影响的对策

1. 营销环境机会与威胁

营销环境机会是指能为企业带来盈利可能的环境变化的特征或趋势。对企业营销活动富有吸引力的领域，在该领域该企业拥有竞争优势。

营销环境威胁是指环境中不利于企业营销的因素的发展趋势，对企业形成挑战，对企业市场地位构成威胁。

2. 威胁与机会的分析、评价

任何企业都面临着若干环境威胁和市场机会。分析方法有环境威胁矩阵图（见图3-1）和市场机会矩阵图（见图3-2）。

一般来说，企业对环境威胁可选用以下几种对策：

(1)反抗策略，即试着限制或扭转不利因素的发展，例如，通过法律诉讼等方式，促使政府通过某种法令或政策等保护自身合法权益不受侵犯，改变环境的威胁。

(2)减轻策略，即通过改变营销策略，以减轻环境威胁的程度。由于环境因素对企业营销形成一定的威胁，并且这一威胁后果不可避免，因此，减轻策略就是对付威胁的策略之一。

(3)转移策略，即决定转移到其他市场或行业。

针对机会，一般企业采取的策略有：

(1)发展策略，又被称为抢先策略，抢先进入市场，并赢得发展机会。

(2)利用策略，又被称为紧跟策略，在市场已有企业进入的情况下，采取紧跟方式。

(3)维持策略，又被称为观望策略，此策略比较保守，适合中小企业。

潜在威胁程度 \ 出现概率	高	低
大	象限1	象限3
小	象限2	象限4

图3-1 环境威胁矩阵图

结合机会威胁矩阵图（见图3-3）分析，可以得到以下几种业务类型：

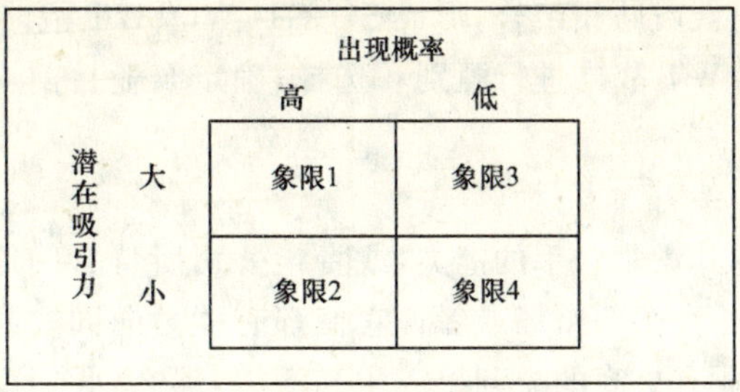

图 3-2　市场机会矩阵图

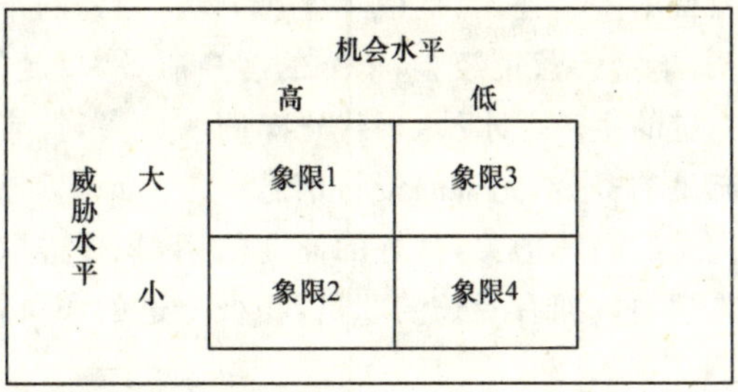

图 3-3　机会威胁矩阵图

(1)理想业务,即高机会和低威胁的业务。

(2)冒险业务,即高机会和高威胁的业务。

(3)成熟业务,即低机会和低威胁的业务。

(4)困难业务,即低机会和高威胁的业务。

针对各种业务,企业市场营销对策如下:

(1)对理想业务,必须抓住机遇,迅速行动。

(2)对冒险业务,不宜盲目冒进,也不应迟疑不决,坐失良机。

(3)对成熟业务,可做企业常规业务,用以维持企业的正常运转。

(4)对困难业务,要么努力改变环境走出困境,减轻威胁;要么立即转移,摆脱困境。

3. SWOT 分析方法

SWOT 是一种分析方法,用来确定企业本身的竞争优势(Strength)、竞争劣势(Weakness)、机会(Opportunity)和威胁(Threat),从而将公司的战略与公司内部资源、外部环境有机结合。因此,清楚地确定公司的资源优势和缺陷,了解公司所面临的机会和挑战,对于制定公司未来的发展战略有着至关重要的意义,见表 3-1。

表 3-1　SWOT 分析矩阵

内部 / 外部	优势	劣势
机会	SO 战略(增长型战略)	WO 战略(扭转型战略)
威胁	ST 战略(多种经营战略)	WT 战略(防御型战略)

SWOT 分析的步骤:

①罗列企业的优势和劣势,可能的机会与威胁。

②优势、劣势与机会、威胁相组合，形成 SO、ST、WO、WT 战略。

③对 SO、ST、WO、WT 战略进行甄别和选择，确定企业目前应该采取的具体战略与策略。

(1)竞争优势(S)

是指一个企业超越其竞争对手的能力，或者指公司所特有的能提高公司竞争力的东西。例如，当两个企业处在同一市场或者说它们都有能力向同一顾客群体提供产品和服务时，如果其中一个企业有更高的盈利率或盈利潜力，那么，我们就认为这个企业比另外一个企业更具有竞争优势。竞争优势有以下几个方面：

①技术技能优势：独特的生产技术，低成本生产方法，领先的革新能力，雄厚的技术实力，完善的质量控制体系，丰富的营销经验，上乘的客户服务，卓越的大规模采购技能；

②有形资产优势：先进的生产流水线，现代化车间和设备，拥有丰富的自然资源储存，吸引人的不动产地点，充足的资金，完备的资料信息；

③无形资产优势：优秀的品牌形象，良好的商业信用，积极进取的公司文化；

④人力资源优势：关键领域拥有专长的职员，积极上进的职员，很强的组织学习能力，丰富的经验；

⑤组织体系优势：高质量的控制体系，完善的信息管理系统，忠诚的客户群，强大的融资能力；

⑥竞争能力优势：产品开发周期短，强大的经销商网络，与供应商良好的伙伴关系，对市场环境变化的灵敏反应，市场份额的领导地位。

(2)竞争劣势(W)

是指某种公司缺少或做得不好的东西，或指某种会使公司处于劣势的条件。可能导致内部弱势的因素有：

①缺乏具有竞争意义的技能技术；

②缺乏具有竞争力的有形资产、无形资产、人力资源、组织资源；

③关键领域里的竞争能力正在丧失。

(3)公司面临的潜在机会(O)

市场机会是影响公司战略的重大因素。公司管理者应当确认每一个机会，评价每一个机会的成长和利润前景，选取那些可与公司财务和组织资源匹配、使公司获得竞争优势的潜力最大的最佳机会。潜在的发展机会可能是：

①客户群的扩大趋势或产品细分市场；

②技能技术向新产品新业务转移，为更大客户群服务；

③市场需求增长强劲，可快速扩张；

④出现向其他地理区域扩张，扩大市场份额的机会等。

(4)危及公司的外部威胁(T)

在公司的外部环境中，总是存在某些对公司的盈利能力和市场地位构成威胁的因素。公司管理者应当及时确认危及公司未来利益的威胁，作出评价并采取相应的战略行动来抵消或减轻它们所产生的影响。公司的外部威胁可能是：

①出现将进入市场的强大的新竞争对手；

②替代品抢占公司销售额；

③主要产品市场增长率下降；

④人口特征，社会消费方式的不利变动；

⑤客户或供应商的谈判能力提高；

⑥市场需求减少；

⑦容易受到经济萧条和业务周期的冲击。

由于企业的整体性和竞争优势来源的广泛性，在作优劣势分析时，必须从整个价值链的每个环节上，将企业与竞争对手作详细对比。如产品是否新颖，制造工艺是否复杂，销售渠道是否畅通，价格是否具有竞争性等。

如果一个企业在某一方面或几个方面的优势正是该行业企业应具备的关键成功因素，那么，该企业的综合竞争优势也许就强一些。需要指出的是，衡量一个企业及其产品是否具有竞争优势，只能站在现有潜在用户角度上，而不是站在企业的角度上。

试一试

请结合自己所学的专业，针对自己毕业以后的就业目标，为自身作一个SWOT分析。

【学习小结】

任何企业营销活动的开展都是在一定的环境中进行的。环境因素的变化会带来企业营销活动的变化，从营销战略调整到营销策略执行都随之改变，以求实现趋利避害获得企业长远发展。

本任务内容就是帮助大家认识在企业开展营销活动中受到的从宏观到微观层面的环境因素有哪些，其中宏观环境因素包括人口环境、、经济环境、自然环境、科学技术环境、政治法律环境、社会文化环境；微观环境因素包括企业内部环境供应者、营销中介、顾客、竞争者、公众。在清楚这些影响因素的基础上，本任务还教会大家运用常用的环境因素分析工具，即SWOT分析工具，此工具主要分析企业在开展营销活动过程中面临的外部环境中存在的有利自身发展的机会和不利自身发展的威胁，以及企业自身的优势和不足。企业在清楚认知自身发展面临的内外部环境之后，以长补短，趋利避害，才能最大限度地实现企业的营销目标。

案例分析

可口可乐的中国化

1886年5月8日，药剂师彭伯顿(Pemberton)在美国佐治亚州亚特兰大市家中后院调制出新口味糖浆，并拿到当时规模最大的雅各(Jacob)药房出售，每杯五角。百忙之中，助手误把苏打水与糖浆混合，却令顾客赞不绝口。至此，彭伯顿的新产品终于诞生了！彭伯顿的合伙人之一——弗兰克·鲁滨孙为该产品想出了“可口可乐”这个名字，产品也于1887年6月16日的广告中第一次使用了今天大众熟悉的斜体字形。1892年，艾萨·坎德勒(Mr. AsaG. Candler)用2300美元取得可口可乐的配方和所有权，并成立了可口可乐公司。1919 年，可口可乐公司被一个亚特兰大的财团收购。1923 年，亚特兰大的伍德瑞夫(Woodruff)担任总裁，展开可口可乐的另一个重要新纪元。

至今，可口可乐公司已有 120 多年的历史，是全球最大的饮料生产及销售商，拥有全世界最畅销的五种饮料中的四种：可口可乐、健怡可口可乐、雪碧和芬达，公司旗下的产品超过 100 种。有数据显示，目前全世界近 200 个国家的消费者每日享用超过 10 亿杯可口可乐公司的产品，可口可乐的品牌已深入人心。正如可口可乐公司创始人艾萨·坎德勒所言："假如可口可乐的所有公司所有财产在今天突然化为灰烬，只要我还拥有'可口可乐'这个商标，我就可以肯定地向大家宣布：半年后，市场上将拥有一个与现在规模完全一样的新的可口可乐公司。"

可口可乐的品牌成功秘诀何在？重要原因之一就是其国际化经营中的本土化战略。如今的可口可乐已经成为一种全球性的文化标志，但是在风靡全球的同时，可口可乐公司仍然保持着清醒的头脑，没有固执己见地一味传播、销售美国观念，而是在不同的地区、文化背景、宗教团体和种族中实施分而治之的策略，比如可口可乐公司"Can't beat that feeling"的广告口号，在日本改为"我感受可乐"(I feel cola)，在意大利改为"独一无二的感受"(Unique sensation)，在智利又改成了"生活的感觉"(The feeling of life)，广告信息始终反映着当地的文化。在不同时期有不同的依托对象和显示途径、生成方式，无一不是随着具体的时空情境来及时调整自身在文化形态中的位置。换言之，可口可乐的本土化随处可见。

剖析可口可乐公司在中国的迅速发展，也能再一次印证本土化经营为跨国公司的发展"插上翅膀"的作用。作为可口可乐公司在中国成立的第一家合资企业——北京可口可乐饮料有限公司，其 20 年的发展历程就是可口可乐公司在中国本土化策略的一个缩影。

对可口可乐公司而言，1979 年 1 月 24 日是一个载入史册的日子，这一年中美建交，也正是在这一年，3 万箱可口可乐从香港辗转运往北京、上海及广州的大商场和宾馆，可口可乐公司在中国的战役开始打响。1981 年，由可口可乐公司提供设备的第一个灌装车间在北京丰台建成。此后 12 年间，可口可乐公司一直在特许灌装和直接投资等领域寻求与国内的业务合作机会。1993 年，可口可乐公司与原轻工业部签署合作备忘录，提出了一个基于"真诚合作，共同发展"原则的长期发展规划。20 世纪 90 年代初，曾风靡全国的天津"津美乐"和上海"雪菲力"汽水就是最早打下可口可乐系列饮料本土化烙印的品牌。1996 年，面对非碳酸饮料年销售额增长将近 20% 的诱人前景，可口可乐公司首次推出为中国市场研制的"天与地"果汁和矿物质水品牌。1997 年 8 月，果汁碳酸饮料品牌"醒目"问世。在可口可乐公司全球的产品中，有四分之一只在亚洲销售，而"天与地"系列产品和"醒目"等饮料则专为中国市场研制。

可以说，可口可乐的本土化包括各个方面，从工厂、原料、人员到产品、包装、营销，99% 都是中国的：无论是玻璃瓶还是易拉罐，从浓缩液到二氧化碳、糖，甚至含量极小的柠檬酸，都打下了中国造的烙印；在老对手百事可乐公司大行国际化路线时，可口可乐公司却将自己的产品打扮得越来越"国粹"，从 1999 年开始，可口可乐公司利用中国传统节日——春节大做文章，从喜气洋洋的"大阿福"、12 生肖卡通罐到奥运金罐和茶系列饮料的面世，该公司努力拉近与中国人的距离。同时，其广告设计采取红底白字，书写流畅的白色字母在红色的衬托下有一种悠然的跳动之感，既充分体现了液体的特性，又流露出中国传统红色的喜庆气氛。此外，可口可乐公司让本土明星做广告宣传，如聘请港台当红明星，不但贯彻了本土化的思想，而且还从明星的年轻活力中抓住了主要消费群——年轻人。总体而言，可口可乐公司在中国展开了一系列的公关活动，从体育、教育、文娱、环保到树立自己良好的积极纳税人形象，通过为北京申奥制作"申奥金罐"以及签约"中国队"、押宝"冲击世界杯"等与中国人融在一起，通过捐款捐书、兴建希望小学、资助大学特困生、创立大学生奖学金、援手教育项目等活动争取社会好评……

在国内诸多企业轰轰烈烈地开展"洋务运动"时，众多国际品牌却在中国市场放下身价，使用各种方法拉近自己与中国消费者之间的距离，塑造自己富有亲和力的品牌形象。零点远景投资授权零点指标数据网在2003年底发布的一项国际品牌亲和力的主题调查结果显示：虽然企业中高层管理人员认为对中国最友好的国际品牌数目众多且分布广泛，但在中国土壤上耕耘时间长且本土化程度高的国际品牌最能够获得国人好感，其中可口可乐公司位居第三名。可口可乐公司将自己打扮得越来越国粹，为了符合中国消费者审美观，甚至对已经用了20年的商标进行更改，采用了全新设计的中文商标。

一位美国的经济专家指出：美国公司海外业务的成败取决于是否认识和理解不同文化存在的根本区别，取决于负责国际业务的高层经理们是否愿意摆脱美国文化过强的影响。事实证明任何成功的营销经验都是地域性的，营销越是国际化，就越是本土化。

本土化思维，本土化营销，促使可口可乐越来越成为中国的可口可乐。

思考：

1. 通过本案例，请你归纳总结可口可乐中国化的战略包括哪些方面？

2. 你如何理解可口可乐公司创始人艾萨·坎德勒所言"假如可口可乐的所有公司所有财产在今天突然化为灰烬，只要我还拥有'可口可乐'这个商标，我就可以肯定地向大家宣布：半年后，市场上将拥有一个与现在规模完全一样的新的可口可乐公司。"

3. 针对中国饮料业的市场环境，你能否为可口可乐公司提出其他具有操作性的本土化策略？

【学习小活动】

【活动目的】 认识环境因素，培养学生的应用分析能力。

【活动内容】 运用SWOT（优势、劣势、机会、威胁）来分析自身的优劣势，及在发展过程中存在的机会和威胁。

【活动建议】 个人发言、全班交流。

【学习评价】

一、学习完本章节内容，你有什么收获？

1. 从知识的角度：

2.从技能的角度：

3.从个人成长的角度：

二、学习完本章节内容，你还有什么疑难问题？

【作业】

请选择学校周围的某一商家(例如餐馆、精品店、台球馆、书吧等)进行调查，并对其做SWOT分析。在做完分析之后，请总结该工具的应用价值。

任务4　分析顾客的购买行为

【任务信息】

小李在考察了大学城周边的环境之后，发现大学城附近餐饮多是做香辣干锅、重庆火锅、串串香以及各种地方特色菜的，菜品价格偏中档，环境还不错，生意大多还蛮好，但生意很糟糕的也有那么几家。小李初步分析之后，觉得生意好坏的关键，重点是有没有客源。但做得好的餐馆能吸引顾客的原因是什么呢？顾客的需求究竟又有哪些呢？

【关键词】

消费者市场　购买动机　购买行为　“7O”研究法

4.1　认识消费者市场

4.1.1　消费者市场的定义

消费者市场由为满足个人生活需要而购买商品的个人和家庭组成，它是组织市场和整个经济活动服务的最终市场。

4.1.2　消费者市场的特点

1. 需求的多样性

消费者人多面广，差异性大。不同年龄、性别、兴趣爱好、受教育程度、收入水平的消费者，在生活消费的各个方面都有不同的需求特点。不仅如此，就同一消费者而言，需求也有多样性特征。即不仅有生理的物质需求，还有心理的、精神方面的需求。

2. 需求的层次性

消费者的需求是多层次的，既包括生存、安全等低层次需求，也包括享受、发展等高层次需求。当低层次的物质生活需要得到满足后，消费者就会追求高层次的社会性、精神性需求的满足。也就是说由于消费者的收入水平、文化修养、信仰观念、生活习惯等方面存在着差异，会有各种各样的需求，但不可能同时得到满足，可根据需求的轻重缓急，有层次地逐步实现。即使是在同一类商品市场，消费者购买层次也是不同的。

3. 需求的发展性

消费者的需求不是一成不变的，随着社会经济的发展和生活水平的提高，消费者需求的内容、构成和总量都会不断变化和发展，即使同一层次的需求，其内涵也是可变的，原有的需求会被新的需求所取代，潜在的、未来的需求会不断转化为现实的需求。也就是说，人们的需求是无止境的，不会停留在一个水平上。消费者的一种需求满足了，又会产生出新的需求，循环往复，以至无穷。

4. 需求的可诱导性

消费者需求的产生，大部分可以通过环境的改变或外部诱因的刺激、诱导而发生变化和转移，也就是说，消费者需求是可诱导和调节的，具有较大的弹性。消费者需求的这一特征，为企业提供了巨大的市场潜力和市场机会。企业可以通过卓有成效的市场营销活动，如广告宣传、营销推广等，使无需求变为有需求，潜在需求和未来需求变为现实需求，从而使企业由被动地适应、迎合消费者需求，转化为积极主动地引导、激发和创造需求。

5. 需求的相关性

消费者的不同需求具有相互关联、补充、替代的关系。这些关系包括三种情况：第一，彼此独立不能互补或替代的需求。第二，彼此相连，相互补充的需求。第三，彼此可以替代的需求。

6. 需求的分散性

消费者人数众多，分布面广，购买流动性较大，每次购买数量较少，购买频率较高。多数消费者对大多数商品缺乏深入的了解，还缺乏商品的专业知识。这就需要营销者担任起引导消费者的责任，争取灵活多样的售货方式，不断提高为消费者服务的质量。

7. 需求的周期性

从商品的消费情况来看，有些商品是常年均衡消费，需要经常购买；有些商品属季节性或节日消费，如时令服装等。

4.2 分析消费者购买行为

4.2.1 消费者购买行为模式

消费者购买行为是指消费者为获取、购买、使用、评估和处置预期能满足其需要的产品和服务所采取的各种行为。消费者购买行为是与产品或服务的交换过程密切联系在一起的。消费者购买行为复杂多变，企业应重视对消费者购买行为的系统研究。企业不仅需要了解消费者是如何获取产品和服务的，而且还需要了解消费者如何消费产品和服务，以及他们的消费体验，处置消费产品或服务的方式与感受。通过对消费者购买行为进行研究，掌握消费者的购买活动的规律性，以便有针对性地开展市场营销活动。

4.2.2 消费者购买行为模式的构成

消费者购买行为研究要解决的根本问题是消费者是如何进行购买决策的。关于如何分析消费者的购买行为，市场营销学家归纳出以下 7 个主要问题：

(1)消费者市场由谁构成？(Who)　　购买者(Occupants)

(2)消费者购买什么？(What)　　购买对象(Objects)

(3)消费者为什么购买？(Why)　　购买目的(Objectives)

(4)消费者市场的购买活动有谁参与？(Who)　　购买组织(Organizations)

(5)消费者什么时间购买？(When)　　购买时间(Occasions)

(6)消费者在何地购买？(Where)　　购买地点(Outlets)

(7)消费者怎样购买？(How)　　购买方式(Operations)

上述 7 个问题都包括以英文字母 O 开头的关键词，所以称为“7O”研究法，也称

"6W1H"研究法。接下来我们进行分析,并回答以上问题。

1.购买对象——市场需求什么

分析消费者的购买对象,首先要对消费者市场的商品进行细分。分类的方法通常有以下几种:

(1)依据人们购买、消费的习惯分类,可将消费者的购买对象(即消费品)分为便利品、选购品、特殊品和非寻求品。

①便利品:便利品是指那些广大消费者经常购买、即用即买、购买时花最少精力去比较的产品。消费者对这类产品一般比较熟悉,并具有一定的产品知识,所以在购买时不需花更多时间去比较它们的价格与品质等,多数是就近购买,而且也愿意接受其他代用品,没有强烈的偏好。如香烟、肥皂、报纸、食盐等。

②选购品:选购品是指消费者在选购过程中,对产品的适用性、质量、价格和式样等基本方面要作有针对性比较的产品。如服装、家具、家用电器等。

③特殊品:特殊品是指具有独特特征(如品质、风格、造型、工艺等方面的独特性)或消费者具有特殊品牌偏好的产品,消费者愿意对这些产品作特殊的购买努力。如高级服装、轿车、专业摄影器材等。

④非寻求品:非寻求品是指消费者目前尚不知道,或者知道而不打算主动购买的产品,或有关消费者未看到这些广告之前并不知道有这种产品,这就属于非寻求品。至于已经知道而一般情况下不打算购买的产品,最典型的例子是人寿保险、墓地和百科全书,由于这些产品非常特殊,所以应通过广告及人员推销等方式,作出大量的市场营销努力。

(2)依据产品的有形与否分类,可将消费者的购买对象(即消费品)分为有形产品和服务。

①有形产品:有形产品是指使用价值必须借助有形物品才能发挥其效用,且该有形部分必须进入流通和消费过程的产品。

②服务:服务也称无形产品,是指一方向另一方提供一种无形的并且不导致任何所有权产生的活动或利益。服务具有无形、生产和消费不可分离、可变和易消逝的特点。如理发、修理、培训教育等。作为一种活动的结果,它们一般要求更多的质量控制、生产者信用能力和适用性。

(3)依据产品的耐用性分类,可将消费者的购买对象(即消费品)分为耐用品和非耐用品。

①耐用品:耐用品一般是指使用年限较长、价值较高且有多种用途的有形产品。如冰箱、电视机、高档家具等。耐用品一般需要较多地采用人员推销,提供较多的售前售后服务和担保条件。

②非耐用品:非耐用品一般是指有一种或几种消费用途的低值易耗品。如解渴饮料、食盐、肥皂等。这类产品消费快,购买频率高,企业的营销策略应该是:使消费者能在许多地点方便地购买到这类产品;价格中包含的盈利要低;加强广告宣传以吸引消费者试用并形成偏好 。

2.购买动机——为什么购买

动机是指推动人们进行各种活动的愿望和理想,是行为发生的直接原因。动机可以分为两类:

(1)生理性动机

由人的生理运动本能产生,一般具有经常性、重复性和习惯性等特点,这类商品需求弹性小,是人们日常生活不可缺少的必需品。

(2)心理性动机

①情感动机:由消费者的情感需求引起的购买动机,一般具有冲动性、随机性和不稳定性等特点。

②理智动机:消费者从自己的经济地位出发,在对企业和商品客观认识的基础上,经过比较、分析后形成的购买动机,一般具有客观性、周密性和控制性等特点。

③惠顾动机:消费者基于感情和理智的经验,逐步建立起对特定商品或厂商的信任和爱好,一般具有明确的经常性、习惯性等特点。

议一议

请选择某一类产品,观察周围的消费人群针对此类产品的消费行为,试与对方交流,探析对方消费的购买动机。

3.购买组织——谁参与购买活动

购买组织是指购买主体,就消费者市场而言,主要是消费者个人和家庭。在购买活动中,通常会有五种角色介入购买活动。

(1)发起者:第一个想到或提议购买的人;

(2)影响者:对最终购买商品有直接或间接影响者;

(3)决策者:对整个或部分购买决策有最后决定权;

(4)购买者:购买决策的实际执行者;

(5)使用者:所购商品的使用或消费者。

这五种角色相辅相成,共同促成了消费者的购买行为,是企业营销的主要对象。必须指出的是,五种角色的存在并不意味着每一种购买决策都必须要有五种角色的人参与才能作出,在实际购买行为中有些角色可在一个人身上兼而有之,如使用者可能也是发起者,决策者可能也是购买者。而且在非重要的购买决策活动中,购买决策参与的角色也应少一些。

4.购买方式——消费者何时购买、何地购买、以何种形式购买

为研究消费者购买行为,专家们建立了一个刺激—反应模式来说明营销环境刺激与消费者反应之间的关系(见图4-1)。

即消费者在一定的外部刺激下,会产生一定的反应。根据刺激—反应模式,消费者购买行为模式是由消费者的外部刺激、消费者黑箱和消费者反应三个部分构成。该模式表明:首先,消费者总是直接或间接地受到外部因素的刺激与影响。然后,消费者通过一系列的心理活动就产生了一系列明显的反应,如决定购买什么产品、什么品牌、向谁购买、何时购买、购买数量等,即对产品、品牌、经销商、购买时机、购买地点和购买数量等方面的选择。通过这一系列的选择,消费者最终实现其购买行为。

在这一购买行为模式中,营销刺激和各种外部刺激是可以看得到的,消费者最后的决策和选择也是可以看得到的,但是购买者如何根据外部刺激进行判断和决策的过程却是

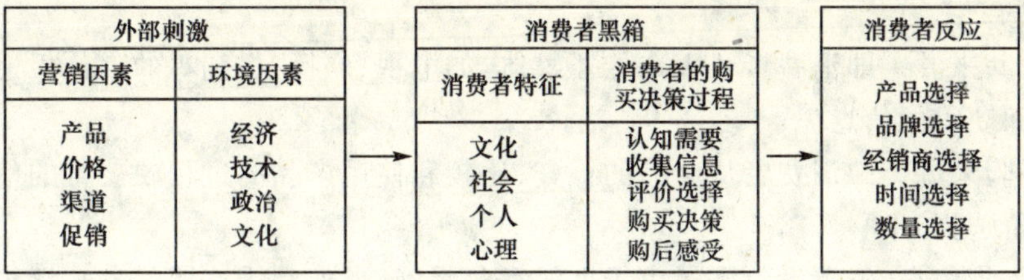

图 4-1　消费者购买行为模式

看不见的。这就是心理学中的所谓“黑箱”效应。消费者购买行为分析就是要对这一“黑箱”进行分析，设法了解消费者的购买决策过程以及影响这一决策过程的各种因素的影响规律。所以对消费者购买行为的研究重点在于对消费者“黑箱”的研究，主要包括两个部分，一是对影响消费者行为的各种因素的分析，二是对消费者购买决策过程的研究。

想一想

请运用刺激—反应模式来分析你自身的一次购物行为，并站在营销者的立场思考，基于消费者的购买行为，你将如何开展营销活动。

4.2.3　消费者购买决策过程

消费者购买决策过程如图 4-2 所示。

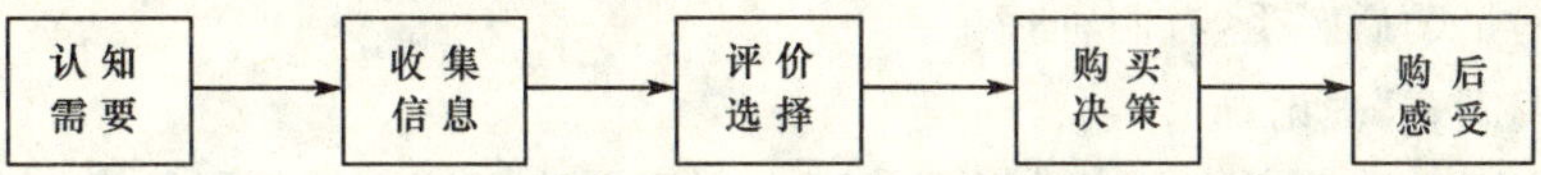

图 4-2　消费者购买决策过程

1. 认知需要

认知需要是消费者购买决策过程的起点。需要是消费者目前的实际状况与其所企求的状况之间的差异。需要可能是由内在刺激因素引起的，如饥饿、干渴而形成的驱使力；也可能是由外部刺激引起的，如广告、朋友或同事的炫耀和劝说。企业的营销人员应通过调查研究，识别出哪些因素会引发人们对产品的需要和购买欲望，然后制订有效的营销计划，帮助消费者确认其需要。

2. 收集信息

消费者收集信息的范围和数量取决于两个因素：购买类型和风险感。初次购买的信息要多，范围较广；重复购买所需信息较少，内容也不一样。消费者对风险的认识，一方面受产品、价格影响：价格越高，使用时间越长，风险感越大，就会努力搜寻更多的信息；另一方面受个人因素影响：同样的购买，谨小慎微的人风险感就大，办事马虎的人风险感就小。

消费者在确认需要后，会根据需要对象的复杂性和购买者的投入程度，或多或少地进行信息收集，并以此作为今后选择产品的依据。消费者一般会通过以下几种途径去获取其所需要的信息：

(1)个人来源。即消费者从家庭成员、朋友、邻居、同事和其他熟人那里获得的信息。

(2)商业来源。即消费者从广告、推销员、中间商、商品包装、产品说明书、商品陈列中获得的信息。

(3)公共来源。即消费者从大众传播媒体,如电视、广播、报刊等的宣传报道和消费者组织等方面获得的信息。

(4)经验来源。即消费者从产品的检查、比较和使用产品的过程中获得的信息。

3.评价选择

通过收集信息,消费者熟悉了市场上的竞争品牌,如何利用这些信息来评价确定最后可选择的品牌?其过程一般是:某消费者只能熟悉市场上全部品牌的一部分,而在熟悉的品牌中,又只有某些品牌符合该消费者最初的购买标准,在有目的地收集了这些品牌的大量信息后,只有个别品牌被作为该消费者重点选择的对象。

4.购买决策

在评价选择阶段,消费者会在选择组的各种品牌之间形成一种偏好;也可能形成某种购买意图而偏向购买他们喜爱的品牌。但是,在购买意图与购买决策之间,有两种因素还会产生影响作用:第一种因素是其他人的态度,第二种因素是未预期到的情况。这两种因素若对购买意图有强化作用,则购买决策会顺利实现,反之,则购买决策受阻。

5.购后感受

(1)购后感受的含义

消费者购买以后,往往通过使用或消费购买所得,检验自己的购买决策:重新衡量购买是否正确;确认满意程度;作为今后购买的决策参考。

预测、衡量购后感受,有两种理论:

①"预期满意"理论

该理论认为,消费者购买产品以后的满意程度取决于购前期望得到实现的程度。如果感受到的产品效用达到或超过购前期望,就会感到满意,超出越多,满意感越大;如果感受到的产品效用未达到购前期望,就会感到不满意,差距越大,不满意感越大。

②"认识差距"理论

该理论认为,消费者在购买和使用产品之后对商品的主观评价与商品的客观实际之间总会存在一定的差距,可分为正差距和负差距。正差距指消费者对产品的评价高于产品实际和生产者原先的预期,产生超常的满意感。负差距指消费者对产品的评价低于产品实际和生产者原先的预期,产生不满意感。

(2)顾客满意的价值

消费者对产品满意与否直接决定着以后的行为,图 4-3 展示了消费者购后的感觉和行为特征。顾客满意的价值体现在以下几方面:

①忠诚于你的公司时间更久。

②购买公司更多的新产品,增加购买数量,提高购买产品的等级。

③为你的公司和品牌、产品说好话。

④忽视竞争者品牌和广告并对价格不敏感。

⑤向公司提出产品或服务的建议。

⑥由于交易惯例化而比新顾客降低了服务成本。

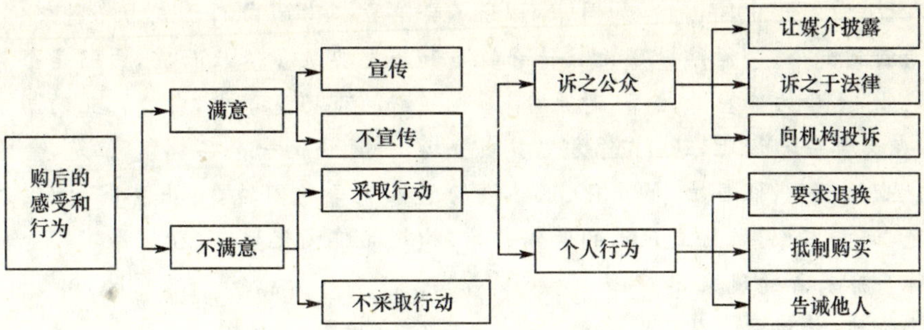

图 4-3 购后的感受和行为特征

想一想

在营销活动中，营销者可以运用哪些方法以最大限度地给顾客带来满意？试设想一具体情境来进行说明。

4.3 清楚影响顾客购买行为的因素

消费者的行为受到诸多因素的影响，有来自消费者自身的，也有来自外部环境的。要透彻地把握消费者的行为，有效地开展市场营销活动，必须分析与消费者行为有关的因素。

1. 文化因素

文化因素对于消费者的购买行为有着最广泛和最深远的影响。

(1)文化

文化是人类欲望和行为最基本的决定因素。低等动物的行为主要受本能支配，人类行为大部分由学习所得。一个人在社会中成长，受到家庭、环境及社会潜移默化的影响，学到一套基本的价值观、风俗习惯和审美观，形成一定的偏好和行为模式。

①价值观：对社会生活中各种事物的态度和看法。

②风俗习惯：人们根据自己的生活内容、生活方式和自然环境，在一定的社会物质生产条件下长期形成，世代相传，成为约束人们思想、行为的规范。在饮食、服饰、居住、婚丧、信仰、节日、人际交往各个方面，都表现出独特的心理特征并影响购买行为。

③审美观：通常指人们对事物的好坏、美丑、善恶的评价，受社会舆论、思想观念等影响，并制约欲望和需求取向。

小案例

作为一个迅速崛起的白酒品牌，金六福酒只用了短短数年的时间，便做到了十几个亿的销售额，跻身白酒市场前五强，品牌无形价值更是高达28.8亿元，并被中国食品工业协会授予"跨世纪中国著名白酒品牌"。这在中国酒业营销史上，应该归结为一种现象，不妨称之为"金六福现象"。

有人说，白酒是中国国粹，如同京剧，它不会消亡。中国白酒已成为一种文化的载体，从杜康造酒到如今，白酒演绎了无数传奇故事和历史典故。依此而言，白酒是个最有文化的传统产业，生命力旺盛。然而，时至今日，在残酷的市场竞争中，白酒行业的集中度还是那么低，在大部分市场上，还是“你方唱罢我登场，一年喝倒一个品牌”。但是，金六福摆脱了白酒行业低水平、低层次、低文化、低格调的恶性竞争的困境，突出重围，抓住了酒文化的大课题，回归本原，做好文化酒的营销文章，构筑品牌文化壁垒，在业界牢牢地树立了金六福品牌基业长青的现象。

品牌价值：传播福文化

众所周知，酒是高度同质化的产品，科技含量低，而且，酒又是高度情绪化的、人情化的产品。由是观之，酒的品牌核心价值定位，不能一味地囿于传统之法：从古书堆里找概念，搬出老祖宗、老古董，编造历史、杜撰故事。所以，从这个角度来看，白酒品牌文化内涵要与时俱进、要创新，完全应该从“人文文化”范畴里挖掘、勾勒出品牌的核心价值源。

可以讲，中国的“人文文化”博大精深，令人回味无穷。构建白酒品牌的核心价值源，就要认真解读积淀在消费者脑海里的一般认知，探讨研究存在消费者脑海里的一般认知。一是“福文化”、二是“礼文化”、三是“和文化”、四是“名文化”、五是“财富文化”、六是“情义文化”、七是“爱心文化”、八是“健康文化”、九是“诚信文化”。当然“人文文化”范畴不限于上述九种认知元素，但主要是这九种认知元素都是绵延数千年，扎根于国人心头之上的，是当下消费者最普遍的、最突出的，也是最关心的一般认知。它们是中国“人文文化”的核心构成，在广大消费者心目中，都是认知度极高的概念，不需过多解释，消费者一目了然。

金六福策划者们如此快人一步地将“福文化”牢牢占位。从1998年上市以来，金六福酒的主打产品即为金六福星级系列、福星系列、为幸福干杯系列。从品牌名称和系列产品的创意中，不难看出，金六福品牌的核心价值始终围绕一个“福”字进行品牌传播和品牌体验。

金六福确定“福文化”核心价值之后，在其公司营销传播活动中，自始至终通过形式多样的对消费者的SP、PR等品牌体验营销活动，让消费者时时刻刻感受到“好日子离不开它，金六福酒”、“喝金六福酒，运气就是这么好”、“喝了金六福，年年都有福”、“金六福，中国人的福酒”、“奥运福·金六福”等美好的回忆。

从营销实践过程来看，金六福完成了“福文化”的品牌占位之后，在“人文文化”这个大的范畴里，并没有裹足不前，而是在动态的环境中，不断地把握时代的脉搏，与时俱进，与世同步。有一句古语叫作：“观乎天文以察时变，观乎人文以化天下。”按品牌成长的时序划分，金六福“福文化”的品牌体验之旅大致如下：

1997年～2000年：金六福的品牌体验更多的是个人的福运，其传播口号就是“好日子离不开它，金六福酒”和“喝金六福酒，运气就是这么好”。

2001年～2002年：通过赞助中国男足世界杯出线、中国申奥，提升到民族的福、国家的福，其品牌价值的核心体验就是“金六福，中国人的福酒”。

2004年以后，搭车雅典奥运，将“福文化”推向国际化，品牌体验就是世界的福，使“福文化”不断得以提升和积淀。神奇而独特的创意，运作细致的传播——欢聚是福、参与是福、和平是福、进取是福、友谊是福、分享是福——金色的季节，收获的金六福，强化了消费者对“奥运福·金六福”品牌精神的情感认同、理智认同和欣赏认同三境界，最终达到品牌与消费者心理融为一体，共同创造、共同分享、共同体验金六福“福文化”的品牌价值。

金六福牢牢占位“福文化”，从个体的福走向民族的福，最后定位于世界人民共同的福，品牌形象的塑造循序渐进，构建出金六福“福文化”的品牌金字塔，气势一浪高过一浪。

所以，无论是居庙堂之高的达官贵人，还是处江湖之远的乡村野老，只要接触到金六福任何品牌信息和销售信息，就会感同身受、身临其境，其骨子里崇福情结不断地泛起，与金六福这个“福”的品牌体验点，持续有效地进行面对面、心连心的沟通和交流。正如金六福总裁吴向东先生所概括的那样：“几千年来，‘福’在中国被演绎成了一种根深蒂固的文化，中国人民把一切美好的东西统统归结为福，健康是福、平安是福、长寿是福、多子是福，甚至吃亏也是福。好的消息是福音，好的居所是福地，好的相貌是福相，吃到好的东西是口福，娶个好老婆是艳福，连发胖也是发福。由此看来，‘福’已经融入中国人民的血液里，积淀在老百姓的骨髓里了。”

这就是金六福“福文化”品牌价值与品牌体验的真谛：具有强大的包容心，生生不息，永无止境。

(2)亚文化

一种文化会因各种因素影响，使价值观、风俗习惯及审美观等表现出不同特征，形成亚文化。亚文化主要表现为：

①民族亚文化：各个民族在宗教信仰、节日、崇尚爱好、图腾禁忌和生活习惯方面，有其独特之处，并对消费行为产生深刻影响。

②宗教亚文化：不同宗教有不同的文化倾向和戒律，影响人们认识事物的方式、对客观生活的态度、行为准则和价值观，从而影响消费行为。每种宗教都有其主要流行地区和鲜明的特点。

③地理亚文化：不同的地区有不同的风俗习惯和爱好，使消费行为带有明显的地方色彩。

(3)社会阶层

社会阶层是具有相对的同质性和持久性的群体。按等级排列，每一阶层的成员具有类似的价值观、兴趣爱好和行为方式。一个人的社会阶层，通常是职业、收入、教育和价值观等多种因素作用的结果。同一社会阶层的人，要比来自两个社会阶层的人行为更加相似。因此，社会阶层不仅是影响消费者行为的重要因素，而且被用作细分消费者市场的重要依据。

2.社会因素

消费者的购买行为也经常受到一系列社会因素的影响。影响消费者购买行为的社会因素主要包括消费者的相关群体、家庭、角色和地位等。

(1)相关群体

相关群体又称参照群体，是指能够直接或间接影响消费者的消费态度、价值观念和购买行为的个人或集体。一个人的消费习惯、生活方式、对产品品牌的选择，都在不同程度上受相关群体的影响。

相关群体对消费者购买行为的影响，主要表现在三个方面：

一是示范性，即相关群体为消费者展示了新的消费行为和生活方式。

二是仿效性，即相关群体影响着个人的自我观念和态度，相关群体的购买行为会引起人们的仿效欲望，产生仿效行为，从而导致人们产生新的购买行为。

三是一致性，即相关群体能产生一种令人遵从的压力，影响人们选择与其一致的产品和与其偏好相同的品牌，促使消费者个人的行为趋于与相关群体一致。

相关群体可以按照不同的变量来分类，主要的分类有两种：

一是按照与消费者接触的密切程度分，相关群体可分为主要群体和次要群体。主要群体是指与消费者有日常密切接触的群体，如家庭、朋友、邻居、同事、同学等。这类群体对消费者的认识和行为产生重要的影响。次要群体是指与消费者较少发生直接接触的群体。

二是按照是否存在较为正式的组织分，相关群体可分为正式群体和非正式群体。正式群体是指存在正式组织的群体，如单位同事、同校同学、宗教、专业协会成员等，群体成员都是该组织的成员。非正式群体是指不存在正式组织的群体，如家庭成员、亲戚朋友、各界名人及其追随者等。

(2)家庭

家庭及其成员是影响最大的主要参考群体。每个人所经历的“家庭”可分为两种类型：

①自身所出的家庭，包括父母。每个人从双亲那里，养成许多倾向性。

②自己所创造出的家庭，即配偶和子女。对购买行为产生更直接的影响，并形成一个消费者的“购买组织”。

家庭的购买决策大致分为四种类型：

①丈夫支配型：传统型家庭；

②妻子支配型：女权主义家庭；

③共同支配型：民主气氛较浓家庭；

④各自做主型：现代白领女性家庭和夫妻有矛盾时期。

议一议

你自己所处的家庭购买决策是哪一种类型？对家庭购买行为的影响体现在哪些方面？

(3)角色和地位

一个人在一生中会参加许多群体——家庭、企业以及各类组织，每个人在各群体中的位置可用角色和地位来确定。角色是一个人所期望做的活动内容。一个男人在家里担任父亲、丈夫的角色，在公司里担任经理角色。每一个角色伴随着一种地位。地位是周围的人对一个人的要求或一个人在各种不同场合所起的作用，反映了社会对他的总体评价。角色和地位对消费者行为的影响是多重的。

①每一种角色都有与之对应的角色产品需求。人们在购买产品时往往结合自己在社会中所处的地位和角色来考虑。例如，公司总经理会坐奔驰车，戴劳力士手表。企业已经意识到产品、品牌成为地位标志的潜力。

②角色的转换引起消费者行为上的改变，往往会引起对新产品的需求。例如，某个普通员工被提升为经理后，可能会因为工作需要，或者因为收入增加，需要购买便携式电脑，添置一些高档套装及皮鞋等。

③角色冲突和角色紧张会引起对缓和这些冲突与紧张产品的需求。例如，在现代家庭里，大部分的父母都是双职工。由于他们工作繁忙无暇顾及子女，所以会对能够加强他们与子女沟通和感情联络的产品和服务有所需求。

3.个人因素

购买决策也深受消费者个人特征的影响。包括年龄与家庭生命周期，生活方式与个性，自我形象、职业、性别和经济条件。

(1)年龄与家庭生命周期

消费者的欲望和行为，因年龄不同而发生变化。比如，三个月、六个月和一岁的婴儿，对玩具的要求会不一样；同一消费者年轻时与步入老年阶段，对食物的胃口、服装的爱好也会不同。

家庭生命周期是一个以家长为代表的家庭生活的全过程，从青年独立生活开始到年老后并入子女的家庭或死亡时为止。在不同阶段，同一消费者及家庭的购买能力、兴趣和对产品的偏好会有较大差别。

(2)生活方式与个性

生活方式是一个人生活中表现出来的活动、兴趣和看法的整个模式，影响其对品牌的看法和喜好。营销者往往可以通过生活方式理解消费者不断变化的价值观及其对消费行为的影响。

个性指个人特有的心理特征，导致人对所处环境做出相对一致和持续的反应。通过自信、支配、自主、顺从、交际、保守和适应等性格特征表现出来。依据个性因素，可以更好地赋予品牌个性，以期与消费者适应。如美国学者发现，购买有活动车篷汽车的买主与无活动车篷汽车的买主之间，存在一些个性差别——前者表现较为主动、急进和喜欢社交。

(3)自我形象、职业、性别和经济条件

①自我形象：个人怀有的有关自己的“图案”，驱使其寻求与此一致的产品、品牌，采取与自我形象一致的消费行为。为此，营销者要了解消费者自我形象与其拥有物之间的关系。

②职业：如工人、农民、军人及教师，对不同产品及品牌会表现出不同的看法和购买意向，有不同的消费习惯。

③性别：长期以来，性别一直是影响人们购买服装、鞋帽、化妆品等的重要因素；现在“男女有别”已经延伸到其他很多领域。如美国企业推出女性香烟，从风味、包装乃至广告各方面着力迎合女性消费者。

④经济条件：消费要“量入为出”，依据条件消费和购买。人们的经济状况包括可供其消费的收入(收入水平，稳定性和时间形态)、储蓄与财产，借债能力和对花钱与储蓄的态度。

想一想

结合自身购买行为，思考个人因素在购买行为中的影响程度。

4.心理因素

消费者的购买行为还会受到动机、知觉、学习、态度和信念等主要心理因素的影响。

(1)动机

动机是一种升华到足够强度的需要，它能够及时引导人们去探求满足需要的目标。动机的产生必须具备两个条件，一是具有一定强度的需要；二是具有满足需要的目标和诱因。美国心理学家马斯洛(Maslow)提出了需要层次论，将人类的需要分为由低到高的五个层次，即生理需要、安全需要、社交需要、尊重需要和自我实现需要，其中生理需要和安全需要属于生理的、物质的需要，社交需要、尊重需要和自我实现需要属于心理的、精神的需要，如图 4-4 所示。

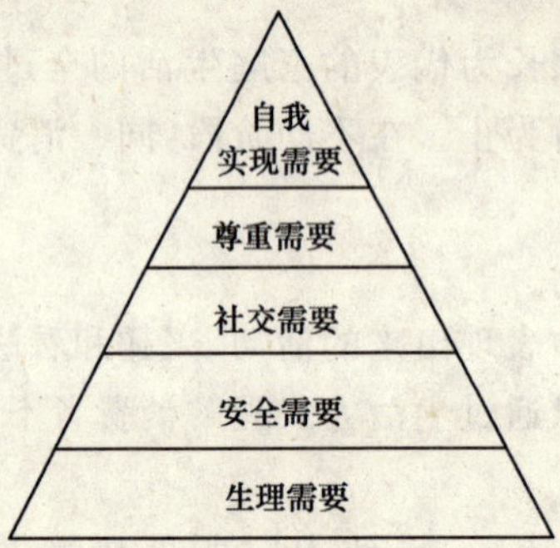

图 4-4　需要的层次

议一议

有人说，需要的满足是由低层次向高层次依次满足的，当低层次的需要未满足时，高层次的需要就不会产生或者不能被满足。这样的说法正确吗？请说明你的理由。

(2)知觉

消费者被激发起动机后，随时准备行动。然而，如何行动则受他对相关情况的知觉程度的影响。知觉是指个人选择、组织并解释投入的信息，以便创造一个有意义的个人世界图像的过程。知觉不但取决于刺激物的特征，而且还依赖于刺激物同周围环境的关系以及个人所处的状况。知觉具有以下几个特点：

①选择性注意：人们感觉到的刺激，只有少数引起注意形成知觉，多数会被有选择地忽略。一般来说，以下情况容易引起注意并形成知觉：与最近的需要有关的事物；正在等待的信息；大于正常、出乎预料的变动。

②选择性曲解：人们对注意到的事物，往往喜欢按自己的经历、偏好、当时的情绪、情境等因素作出解释。这种解释可能与企业的想法、意图一致，也可能相差很大。

③选择性记忆：人们容易忘掉大多数信息，却总是能记住与自己态度、信念一致的东

西。企业的信息是否能留存于顾客记忆中,对其购买决策影响甚大。

小案例

2006年1月,据《中华工商时报》报道,原三九集团旗下骨干企业之一的石家庄三九啤酒有限责任公司(简称"三九啤酒")正式更名为石家庄市嘉禾啤酒有限责任公司(简称"嘉禾啤酒"),更名后产品名称与企业名称一致——原三九系列啤酒随之更名为嘉禾啤酒。

"我们之所以沿用三九啤酒的企业名称,只是为了更好地完成过渡。"嘉禾啤酒的赵部长对记者说:"我们2004年以后是有偿使用'三九'名称的。其实我们从1999年就开始培育并使用'嘉禾'这一品牌。"

请思考:嘉禾啤酒在2006年前为什么要一直沿用"三九"这个啤酒的品牌名称?而在沿用"三九"品牌的同时,为什么还要培育"嘉禾"这个品牌?试用所学知识进行分析。

(3)学习

学习也称习得,指人会自觉、不自觉地从很多渠道、经过各种方式获得后天经验。学习会引起个人行为的改变。消费者的学习过程中,以下几点特别需要关注:

①加强:购后非常满意,会加强信念,以至重复购买。

②保留:称心如意或非常不满,会念念不忘。

③概括:感到满意会爱屋及乌,对有关的一切也产生好感;反之,则会殃及池鱼。

④辨别:一旦形成偏好,需要时会百般寻求。

(4)态度和信念

通过实践和学习,人们获得了自己的态度和信念,它们又反过来影响人们的购买行为。

态度是人对事物所持有的持久的、一致的评价、反应,包括三个互相联系的成分:信念、情感和倾向。态度的形成是逐渐的,产生于与产品、企业的接触,其他消费者的影响,个人的生活经历,家庭环境的熏陶。态度一旦形成,不会轻易改变。

信念是被一个人所认定的可以确信的看法。信念可以建立在不同的基础之上,如"吸烟有害健康"——以"知识"为基础的信念;"汽车越小越省油"——可能是建立在"见解"之上。

综上所述,消费者的购买行为是文化、社会、个人和心理因素之间相互影响和作用的结果。其中很多因素是企业及其市场营销活动无法改变的,但这些因素在识别诸如哪些消费者对产品有兴趣等方面颇有用处。其他因素则受到企业及其市场营销活动的影响,企业借助有效产品、价格、地点和促销管理,可以诱发消费者的强烈反应。

4.4 认识组织市场的购买行为

组织市场是指工商企业为从事生产、销售等业务活动以及政府部门和非营利性组织为履行职责而购买产品和服务所构成的市场。简言之,组织市场是以某种组织为购买单位的购买者所构成的市场。就卖主而言,消费者市场是个人市场,组织市场是法人市场。

4.4.1 组织市场的类型

组织市场一般包括生产者市场、中间商市场、非营利性组织市场和政府市场。

1. 生产者市场

生产者市场也称产业市场或企业市场，是指购买产品或服务用于生产其他产品或服务，以供销售、租赁或提供给他人以获取利润的组织和个人。这部分市场是“组织市场”的主要组成部分。生产者市场主要由以下产业构成：农业、林业、水产业、制造业、建筑业、运输业、通信业、公共事业、金融业和保险业、服务业等。

2. 中间商市场

中间商市场也称转卖者市场，是指购买商品和劳务以转售或出租给他人获取利润为目的的个人和组织，包括批发商和零售商。批发商的主要业务是购买产品或服务并将之转卖给零售商、其他商人、工业用户及其他机关团体等；而零售商的主要业务则是将产品或服务直接销售给最终消费者。

3. 非营利性组织市场

非营利性组织泛指所有不以营利为目的、不从事营利性活动的组织。我国通常将非营利性组织称为“机关团体、事业单位”。如学校、医院、疗养院、监狱和其他为公众提供产品和服务的部门。非营利性组织市场是指为了维持正常运作和履行职能而购买产品和服务的各类非营利性组织所构成的市场。

4. 政府市场

政府市场是指为执行政府的主要职能而采购或租用产品的各级政府单位和下属各部门。各级政府通过税收、财政预算掌握了相当部分的国民收入，形成了潜力极大的政府采购市场，成为非营利性组织市场的主要组成部分。

4.4.2 组织市场的特点

组织市场的特点是相对消费者市场而言的，组织市场与消费者市场相比，有以下几方面的特点：

1. 购买者比较少但购买数量大

组织市场的客户数量比消费者市场要少得多，但单位规模和总体规模都要大得多。由于很多客户的购买频率较低，因而每次的购买量非常大。很多工业客户，其主要设备往往若干年才购买一次，原材料和零配件也大都签有购销合同，一年或半年购买一次；商业客户进货次数稍多一些，但不会比个人和家庭购买更频繁；政府更是不可多得的大主顾。所以在组织市场上，一些企业的业绩往往取决于少量大客户的大订单。

2. 供需双方关系密切

组织市场的购买者需要有源源不断的货源，供应商需要有长期稳定的销路，每一方对另一方都有重要意义，因此供需双方保持着密切的关系。有些购买者经常在产品的花色品种、技术规格、质量、交货期、服务项目等方面向供应商提出特殊要求。因此，供应商应经常与买方沟通，详细了解其需求并尽最大努力予以满足。

3. 购买者的地理位置相对集中

组织市场的购买者常集中于某些地区，这就好比消费者市场集中在人口众多的城市一样。组织市场的购买者相对集中，这与一个国家的生产力布局、资源分配和竞争有关。

4. 派生需求

在组织市场中，生产者市场和中间商市场的需求最终来自消费者市场的需求。汽车制造商购买钢铁和轮胎以及汽车销售商购买汽车，是因为消费者购买汽车，如果消费者对汽车的需求减少，那么对所有用来生产汽车的工业品的需求也会下降。政府市场的需求中有相当大一部分也是派生需求。为了扩大需求，企业有时直接向最终消费者开展促销活动。

5. 需求弹性小

由于生产者市场具有派生性，这就制约着生产资料的购销双方，相对于消费品的需求来说，生产资料的需求就显得缺乏弹性，它不会因价格变动而增减其需求，特别是在短时期内。例如，皮革价格下降并不会导致制鞋商购买较多的皮革，除非皮鞋价格受皮革价格的影响也下降，从而引起消费者需求增加。

6. 需求波动大

与消费者市场的需求相比，组织市场的需求波动幅度更大，速度更快。消费品需求的微小波动可能会引起生产者市场对相关设备和原材料需求的很大变化。有时消费品需求仅上涨10%，就可能导致生产者市场对生产资料的需求上涨200%。经济学家把这种现象称为“加速原理”。这一现象导致企业的产品线趋向多样化，以便在商业周期中保持某种均衡。

7. 购买人员专业化

在组织市场的购买中，冲动型购买和受个人偏好影响购买均比较少，受广告宣传而购买影响也有限。组织的购买一般都是专家采购。购买越复杂，参与决策过程的人就越多，在采购大宗重要商品时，有技术专家和高层管理人员参与是很常见的。

8. 购买决策更复杂、更正式化

与消费品购买者相比，组织购买者常常会面临涉及资金量大、技术和经济因素复杂的交易，所以会动用更多的人花更多的时间来制定购买决策。许多组织在作出重大的购买决策时，不仅有高层领导、主管的负责人参加，还要邀请有关专家从工程技术、经济效益等方面进行可行性论证，购买过程中要求供应商报价，提供详细的产品说明，签订正式的采购合同，等等。如果供应商要获得订单，要与客户保持长期往来，就必须在顾客的购买决策过程中给予良好的配合。

想一想

组织市场购买行为与消费者市场购买行为特点的差异有哪些？

4.4.3 生产者购买决策的参与者

购买类型不同，购买决策的参与者也不同。在多数情况下，买方的采购决策受许多人直接或间接的影响，这些人分别扮演以下不同的角色。

1.使用者

使用者是直接具体使用某种产品或服务的人员。使用者往往是提出购买某种产品的倡议者。使用者在购买产品的品种、规格中起着重要作用。

2.影响者

影响者是直接或间接参与购买过程,并在采购中发挥一定行政威力,进而影响采购决策的人员。他们以自己的技术知识施予压力,如强调要保持生产进度、维持设计要求,通过他们在定价、买卖方面的专业知识对购买决策人员施加影响。

3.决策者

决策者是有权决定买与不买,决定产品规格、购买数量和供应商的人员。有些购买活动的决策者很明显,有些却不明显,供应商应当设法弄清谁是决策者,以便以决策者的需要为目标,有效地达成交易。

4.批准者

批准者是有权批准决策者或购买者所提的购买方案的人员。

5.采购者

采购者是被赋予权力并按照采购方案选择供应商和商谈采购条款的人员。如果采购活动较为重要,采购者中还会包括高层管理人员。

6.信息控制者

信息控制者是企业外部和内部能够控制信息流传到决策者、使用者和采购中心成员的人员。

为了实现成功销售,企业的营销人员必须分析以下问题:谁是购买决策的主要参与者?其影响决策的程度如何?他们对哪些决策具有影响力?他们使用的评价标准是什么?

当购买者的采购中心包含许多参与者时,销售人员难以同每一个参与者接触,此时,销售人员对大企业和对小企业的策略有所不同:对小企业将重点接触关键性的参与者;对大企业则尽可能地接触更多的参与者,采取多层次的深度营销。

4.4.4 影响生产者购买决策的因素

影响生产者购买决策的基础性因素是经济因素,即产品的质量、价格和服务,但在不同供应商的产品质量、价格和服务基本没有差异的情况下,其他因素就会对购买决策产生重大影响。这些因素可以分为四大类:环境因素、组织因素、人际因素和个人因素,如图4-5所示。

1.环境因素

环境因素是指生产者无法控制的宏观环境因素,包括国家的经济前景、需求水平、市场竞争趋势、政治法律状况等。市场营销环境和经济前景对企业的发展影响甚大,也必然影响到其采购计划。

2.组织因素

每个购买者或购买中心都有其目标、政策、程序和组织结构。这些组织因素对生产者的购买决策有很大的影响力,营销人员应尽可能去了解这些组织因素,诸如:

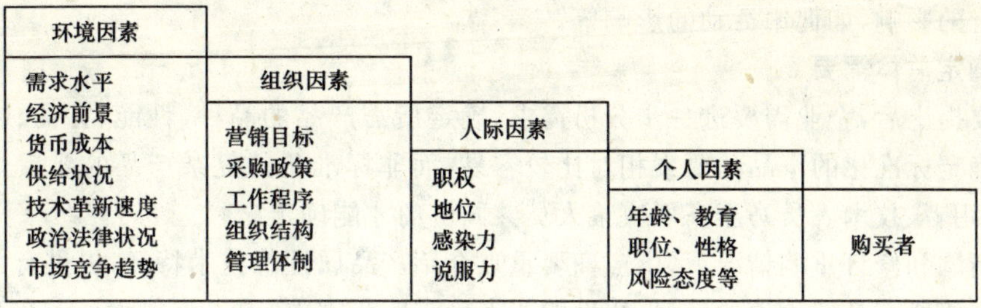

图 4-5 影响生产者购买决策的因素

(1)购买中心的管理层级有多少?

(2)有多少人参与购买决策?是哪些人?

(3)购买中心成员间的互动程度如何?

(4)购买中心的选样或评估标准是什么?

(5)组织的购买政策有哪些?它对购买者有哪些限制?

3.人际因素

企业采购中心一般包括使用者、影响者、采购者、决策者和信息控制者,这五种成员都参与购买决策过程。这些参与者在企业中的地位、职权、说服力和相互之间的关系各有不同,这种人际关系会影响生产者的购买决策和购买行为。

4.个人因素

购买决策过程中的每一个参与者都带有个人动机、直觉和偏好,这些因素受决策参与者的年龄、收入、教育、专业文化、个性以及对风险态度的影响,因此,供应商应了解用户的采购决策人的个人特点,并处理好个人之间的关系,这将有利于营销业务的开展。

生产者的营销人员必须了解自己的购买者,使自己的营销策略适合特定的购买者购买行为中的环境、组织、人际以及个人因素的影响。

4.4.5 生产者的购买决策过程

生产者的购买决策过程与消费者的购买决策过程相比,一般更复杂。生产者的购买决策过程可分为 8 个阶段,如图 4-6 所示。

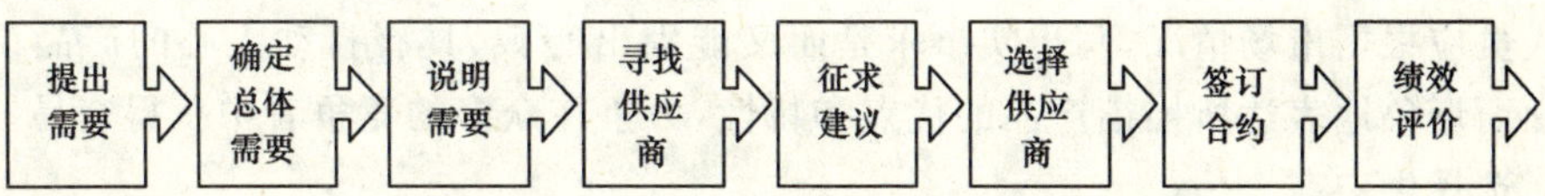

图 4-6 生产者的购买决策过程

1.提出需要

提出需要是生产者购买决策过程的起点。它是指生产者在生产过程中认识到了某个问题或某种需要,且该问题或该需要可以通过得到某一产品或服务来解决时,便开始了采购过程。提出需要,既可以是企业内部的原因,也可以是外部的刺激。内部原因来自:存货水平下降到基本存量以下,需要重新采购;对现有供应的产品在规格上有新的要求;开发新产品所必需的新原料、新设备等;原材料供应商的产品不合新的要求,需寻求新的供应商;设备出现故障,需重新购置等。外部刺激来自:营销环境出现较大的变化;供应企业营销组合的影响，如促销活动的影响等。

2.确定总体需要

需要提出后，企业需要进一步分析需求，确定所需产品的品种、性能、特征、数量和服务等。确定标准化的产品的要素相对比较容易，而非标准化的复杂产品的要素则需采购人员、使用者、技术人员乃至高层决策人员共同协商才能确定。

在新购和修订重购情况下，供应商要重点介绍产品属性等技术特征，提供有关产品或服务特点等所有具有价值的信息，协助购买者确定购买需求；建立公司和个人在客户心目中的良好信誉，证明自己有能力提供购买者所需要的技术支持，设法使自己能参与到对方解决问题的过程中。在直接重购情况下，供应商需要经常与客户交流信息，适时介绍新产品开发情况，定期访问客户，了解客户对使用本企业产品是否感到满意，尽早发现问题并及时解决。

3.说明需要

说明需要是第二阶段的延伸，就是对所需产品更详细、更精确地描述，对所购产品的品种、性能、特征、数量和服务，写出详细的技术说明书，作为采购人员的采购依据。说明书要列明拟购产品和服务在品种、数量、售后保证等方面的具体要求，这需要由工程技术人员进行价值分析。价值分析就是分析产品成本与功能之间的比例关系，目的是在保证不降低产品功能(使用价值)的前提下，尽量减少成本，以取得更大的经济效益。

4.寻找供应商

这一阶段指采购人员根据产品技术说明书的要求寻找最佳供应商。企业可以通过广告、客户网络、互联网等各种途径，尽量寻求一些声誉好、服务周到、产品质量高的供应商。生产者通常是会拒绝那些生产能力不足、声誉不好的供应商；而对合格的供应商，则会登门拜访，察看其生产设备，了解其人员配置。最后，采购者会归纳出一份合格供应商的名单。

5.征求建议

对已物色的多个候选供应商，购买者应请他们提交供应建议书，取得预购产品的相关信息资料，如产品目录、质量标准、价目表等，尤其是对价值高、价格高的产品，还要求他们写出详细的说明，对经过筛选后留下的供应商，要他们提出正式的说明。因此，供应商的营销人员应根据市场情况，写出实事求是而又能别出心裁、具有打动人心的产品说明，力求全面而形象地表达所推销产品的优点和特性，力争在众多的竞争者中获得交易。

6.选择供应商

选择供应商指生产者对供应商提供的产品质量、数量、价格、信誉、交货期限和技术服务等加以分析评价，以选择符合企业自身要求的最终供应商。购买者在选择供应商时，不仅要考虑其技术能力，还要考虑其能否及时供货，能否提供必要的服务。其遴选的主要条件是：交货期、产品质量、产品价格、企业信誉、产品品种、技术能力和生产设备、服务质量、付款结算方式、财务状况、地理位置等。根据上述条件遴选出数个供应商，企业在确定最终供应商之前，有时还要和供应商面谈，争取更优惠的条件。不少企业确定的最终供应商，不限于一个，其目的在于，一方面有多个供应商，以免受制于人；另一方面，也可以通过几个供应商的竞争，促使他们改进服务质量。当然，企业在确定的几个供应商中，必定有一个为主，其他几个为辅。

7.签订合约

签订合约指生产者根据所购产品的技术说明书、需要量、交货时间、退货条件、担保书等内容与供应商签订最后的订单。通常情况下，如果双方都有着良好信誉的话，一份长期有效的合同将建立一种长期的关系，从而避免重复签约的麻烦。在这种合同关系下，供应商答应在特定的时间内根据需要按协议的价格条件继续供应产品给购买者。

8.绩效评价

绩效评价指生产者对各供应商的绩效进行评价，通过绩效评价，以决定维持、修正或中止向供应商采购。评价供应商绩效的方法有：询问使用者，征求他们意见；按照若干标准加权评估；把绩效不理想的开支加总，以修正包括价格在内的采购成本。供应商则应该密切关注该产品的采购者和使用者是否使用同一标准进行绩效评价，以求评价的客观性和正确性。

总之，生产者市场是一个富有挑战性的领域，其中最关键的问题就是要了解采购者的需要、购买参与者、购买标准以及购买步骤。了解以上各点，生产者的营销人员就能够因势而动，为不同的顾客设计不同的营销组合策略。

【学习小结】

顾客是企业的“上帝”，要服务好“上帝”，必须满足他们的需求，赢得他们的青睐，那么掌握他们购买行为的特点和规律则能起到事半功倍的效果。掌握顾客的购买行为，营销者首先需要清楚顾客购买行为各个阶段的特征和活动内容，其次需要知晓引发和影响购买行为的因素，在此基础上，有效地开展营销活动方能收效显著。

消费者购买行为的内容包括“6W1H”，分别指的是：谁购买？购买什么？为什么购买？在什么时间，什么地方，以什么样的形式购买？在购买活动中参与者还有谁？

完整的消费者购买决策过程为认知需要，收集信息，评价选择，购买决策，购后感受。

在影响消费者购买决策过程中，产生作用的影响因素有：文化因素、社会因素、个人因素、心理因素。

案例分析

“聚件成套”显奇功

日本日绵公司主要经营陶瓷器生意。在日本，他们经营的高级陶瓷器非常畅销，于是公司董事土桥久男就准备把业务拓展到美国去。

刚开始时，陶瓷器在美国并不好销，经过仔细地调查研究后，土桥久男发现，过去专门销售陶瓷器的百货公司效率很低，运转速度慢，产品销量不大，不如改用超级市场来销售。于是，他把陶瓷器摆到了纽约的各家超级市场里，占据了橱窗的醒目位置，销量上升很多。但他并不满足于眼前的成绩，他认为销量还可以扩大。通过对美国大众习惯心理和消费行为的分析，在他头脑中形成了一套完整的销售计划，这就是以超级市场为中心，开拓市场，扩大销量的“聚件成套”的计划。

“聚件成套”的具体做法是：第一步，在超级市场推出四个一组的陶瓷咖啡杯，同时赠送购买者四个咖啡碟子。第二步，当咖啡杯卖出相当数量的时候，以较高的价格开始出售糖罐，因为喝咖啡要加糖，所以买了咖啡杯，就要买糖罐。第三步，当糖罐卖出相当数量的时候，再以更高的价格开始出售陶瓷调羹、托盘和碟子。前后推出的这几种产品在花样、色泽、质地等方面完全一致，风格也完全一样，购置全了可配成一套喝咖啡的用具。

有了销售计划，土桥久男又凭着卓越的经商才干和口才，说服了超级市场的经营者，使自己的“聚件成套”计划得以实施，最后日绵公司终于获得了丰厚的利润。

美国是个咖啡消费大国，推出咖啡陶瓷用具是有的放矢，而且美国人对日常用具很讲究配套和特色。土桥久男运用“聚件成套”的销售法，先以低价和馈赠吸引美国顾客的购买，再以高价出售配套的糖罐、调羹等，利用美国人对日用品讲究配套的心理特点，分阶段地实施销售计划，使美国人欲罢不能，最终达到了扩大陶瓷器销售量的目的。

思考：

1. 土桥久男利用美国人的消费心理取得销售的成功，我们从中可以得到什么启示？

2. 如果是你，你将采取何种营销策略来销售这些高级陶瓷器？

【学习小活动】

【活动目的】 充分认识消费者购买行为。

【活动步骤】

第一步：观察在商场、超市、便利店等地方的消费者购买行为，作出相应的记录；

第二步：从购买产品特征、购买类型、购买动机等方面分析你所观察到的现象；

第三步：分享你的观察记录。

【活动建议】 学生先作陈述，教师点评，学生再作总结。

【学习评价】

一、学习完本章节内容，你有什么收获？

1. 从知识的角度：

2. 从技能的角度：

3. 从个人成长的角度：

二、学习完本章节内容，你还有什么疑难问题？

【作业】

请结合自身实际购物（购买手机、电脑等）实例，用“7O”研究法来分析自身购买行为，并阐述自身购买决策过程。

任务5　开展市场调研

【任务信息】

小李在了解周边环境信息时大多采取观察的方法。但他发现有些信息不是仅凭观察就能获得。他需要更多更深入的信息为自己的创业提供支持，例如餐馆的营业情况、利润水平，消费者的消费动机等。

你认为：小李在收集此类信息时可以采取什么有效的方法来获得？所获得的信息对小李的创业计划有什么作用？

【关键词】

市场调研　市场调研方法　问卷

5.1　认识市场调研

市场调研，即市场营销调查与研究的简称，是指个人或组织为某一个特定的营销决策问题而进行的收集、记录、整理、分析、研究市场的各种状况及其影响因素，并由此得出结论的系统活动过程。市场营销是以市场和消费者需求为基础而开展的经营活动，科学地认识市场和消费者，准确地把握市场和消费者的实际情况是市场营销的出发点。为了了解和掌握市场和消费者的实际情况，市场调研也就成了市场营销活动一个必不可少的、最基本的环节。

5.1.1　市场调研的类型

1. 根据市场调研的目的划分

按照市场调研的目的，可以将市场调研划分为探索性调研、描述性调研和因果关系调研三类，这三类市场调研方法比较见表5-1。

表5-1　三类市场调研比较

项目	探索性调研	描述性调研	因果关系调研
调研目的	发现“存在的是什么问题”	明确“存在的问题是什么状况”	发现“问题产生的原因”
适用方法	观察法	询问法	实验法
适用阶段	初步调查	正式调查	追踪调查与深入调查

(1)探索性调研

探索性调研是为了使问题更加明确而进行的小规模调查研究活动。这是在企业情况不明时，为了找出问题的症结和明确进一步研究的具体内容及重点而进行的初步研究。即将广义的、模糊的陈述变成明确、具体的假设。应用探索性调研去发现问题，形成假设。至于问题如何解决，则有待于进一步的研究。因此它只是通过调研发现“存在的是什么问题”，但并不能揭示问题的本质，因此，它大多作为一个大型的市场调研项目的前奏。

(2)描述性调研

描述性调研是指对需要研究的客观事实资料进行收集、记录、分析的正式调查研究。主要明确“存在的问题是什么状况”。描述性调研的设计通常需要明确回答与调研有关的六个基本问题:调研对象是谁?调研什么事情?什么时间调研?什么地点调研?为什么调研?用什么方法调研?这六个问题简称“6W”。大多数的市场调研都属于描述性调研。例如,对企业市场潜力和市场占有率,产品的消费群结构,竞争企业状况的描述等。在描述性调研中,可以发现其中的关联因素,但此时并不能说明两个变量哪个是因,哪个是果。与探索性调研相比,描述性调研的目的更加明确,研究的问题更加具体。

(3)因果关系调研

因果关系调研的目的是找出关联现象或变量之间的因果关系。描述性调研可以说明某些现象或变量之间的相互关联,但要说明某个变量是否引起或决定着其他变量的变化,就要用到因果关系调研。也就是说,因果关系调研进一步回答了“为什么”的问题。

三种调研类型是一个连续的调查过程。当调研人员还不能肯定问题的性质时,适合进行探索性调研;当调研人员意识到了问题,但对有关情形缺乏完整的认识时,通常进行描述性调研;当调研人员需要对问题严格定义时,适合进行因果关系调研。

2.按市场调研的范围划分

(1)专题性调研

专题性调研,是指调研主体为解决某个具体问题而进行的调查研究。其优点是组织实施灵活方便,所需人力、物力、财力和时间有限,对调研人员要求相对较低。但同时调研获得的信息比较有限,企业无法对市场营销状况进行全面了解。在市场营销实践中,大多数的市场调研就是专题性调研。

(2)综合性调研

综合性调研,是指市场营销的调研主体为全面了解市场营销的状况而对市场营销进行的各个方面的调研。综合性调研提供的信息能比较全面地反映市场营销的全貌。但由于此类调研涉及面广,组织实施比较困难,调研过程需要投入较多的人力、物力、财力,对调研人员的要求相对比较高,因此,在市场营销实践中运用较少。

5.1.2 市场调研的内容

由于企业的市场调研内容很广,调研目的又各有不同,因而也就有着不同的归纳方法。总体来说市场调研主要有以下几个方面的内容:

1.市场环境信息

利用宏观市场环境调查,跟踪最新的政治、经济、社会、文化发展动态,借以寻找企业新的发展机会,同时及早发现可能存在的威胁,作好应变准备。宏观市场营销环境主要包括政治法律、社会经济、社会文化、科学技术、自然地理、社会人口六大类营销方面的信息。具体的营销实践中可根据具体问题,针对其中某一类宏观环境因素进行调研,对于那些影响较小的因素则可以不作考虑。

2.市场需求调研

某种产品的市场需求是指在特定时期消费者愿意并且有能力购买的产品的数量。市场需求是组成市场最主要的部分。市场需求也是市场调研中最重要的内容,因为需求是营销管理的核心,企业只有在确定和捕捉消费者需求之后,才有可能采取适当的营销组合,满足消费者需求,最终实现企业目标。

市场需求调研内容主要包括以下几个方面:

(1)市场需求总量的调研。通过调研,了解市场购买的产品数量以及购买水平。

(2)市场需求构成的调研。通过调研,了解顾客对各种产品在数量、质量、品种、式样、价格等方面的要求。

(3)消费者购买动机、购买方式以及购买习惯的调研。即通常所讲的"6W1H"调研。使用行为包括消费者使用产品的方式、频率、品牌偏好及对本企业产品的满意度等;另外关于消费者生活方式的特点和差异也是营销中比较关注的问题。调研的目的是制定企业的产品、价格、渠道和促销等方面的策略。

(4)消费者对企业营销策略的反馈情况、对企业产品与价格的满意度、对营销服务的要求等情况的调研。调研的目的是改进企业的生产,提高企业的营销能力。

3.竞争状况调研

调研的内容主要包括:有没有直接或间接的竞争对手;如果有的话,是哪些?竞争对手的所在地和活动范围;竞争对手的生产经营规模和资金状况;竞争对手生产经营商品的品种、数量、价格、服务方式及在消费者中的声誉和形象;竞争对手技术水平和新产品开发经营情况;竞争对手的销售渠道;竞争对手的宣传手段和广告策略;现有竞争程度(市场占有率、市场覆盖面等)、范围和方式以及潜在竞争对手状况。通过调研,可将本企业的现有条件与竞争对手进行对比,为制定有效的竞争策略提供依据。

4.营销组合因素调研

(1)产品调研。主要了解消费者对产品的用途、质量、性能、售后服务等评价和要求,消费者对研制新产品有何要求,对拟推出的新产品的评估,产品正处于市场生命周期的什么阶段等。

(2)价格调研。了解消费者和中间商对现有产品价格的反应,他们认为适宜的售价是多少,新产品如何定价,老产品如何调整,应采取什么样的价格策略以及产品价格的变动对消费者购买量以及满意度的影响等。

(3)营销渠道调研。了解目前采用的分销渠道效果如何,是否需要调整;结合目前企业的产品和市场特点,是运用直接渠道还是间接渠道,是宽渠道还是窄渠道;消费者对销售网点的分布有何要求等。

(4)促销调研。促销调研主要是对企业在产品或服务的促销活动中所采用的各种促销方法的有效性进行测试和评价。如广告目标、媒体影响力、广告设计及效果;公共关系的主要方式及效果;企业形象的设计和塑造等。

5.1.3 市场调研的步骤

市场调研必须根据人们的认识规律,科学地安排市场调研的程序。一般而言,市场调研的过程如图 5-1 所示,主要有明确调研主题、拟订调研计划、收集调研信息、分析调研信息和提交报告五个阶段。

图 5-1　市场调研的过程

1. 明确调研主题

在这个阶段中，市场调研的主要职能是对所要进行的调研主题及目标进行非正式的探索性摸底调研，主要分三个阶段完成。

(1)明确问题

在开展市场调研任务之初，项目委托者会对市场调研的相关情况进行介绍，但这种介绍并不总是详尽或者确切的。这时市场调研人员必须搞清楚所要调研的问题究竟是什么，同时要了解调研的目的究竟是什么。

(2)情况分析

这是在明确调研问题的基础上，由市场调研人员利用自己的知识和经验，根据已经掌握的资料，进行初步分析。通过情况分析，调研人员会对调研的项目框架有个大致了解。

(3)初步调研

初步调研也称非正式调研，是由市场调研人员与一些和调研问题相关的、熟悉这方面情况的人士进行交谈，以进一步了解情况、积累资料。通过非正式调研可以及时终止那些不必要的调研内容；可以合理地界定调研范围和深度，为第二阶段的调研工作打下良好基础；有些问题如果可以通过非正式调研解决，则可以及时终止下一步复杂的正式调研。

2. 拟订调研计划

调研计划是有关如何深入分析相关问题，达到调研目标的活动安排。企业在开展深入市场调研之前，必须对调研项目有一个总体的设计和规划，并做好充分的准备工作。调研计划的内容包括：规定收集什么样的资料，找谁收集资料，谁来收集资料，如何收集，费用预算等。具体来说，主要应规划好“6W2H”八个方面的内容，见表 5-2。

表 5-2　调研计划的框架

项目	含义	任务
What	调研什么	明确调研主题
Why	调研目的(原因)	明确调研目的、意义与目标
Which	调研对象	随机抽样、非随机抽样
Who	调研主体	委托外部机构调研、自己独立调研、内外协作调研
When	调研时间	调研日程、信息时限
Where	调研范围	明确调研总体与总体单位
How to do	调研方法	询问法、观察法、实验法；原始资料，二手资料
How much	调研预算	人力、财力、物力消耗预算

3. 收集调研信息

(1)资料来源

市场调研的资料来源与收集方法见表 5-3，主要分为原始资料与二手资料收集两类。

表 5-3　　市场调研的资料来源

<table>
<tr><th colspan="2">项目</th><th>方法</th><th>具体方法</th><th>优点</th><th>缺点</th></tr>
<tr><td rowspan="8">资料来源</td><td rowspan="2">二手资料</td><td rowspan="2">案头调研</td><td>内部资料查询</td><td rowspan="2">费用成本低、快捷方便</td><td rowspan="2">缺乏针对性，可靠性、准确性、客观性需进一步验证</td></tr>
<tr><td>外部资料收集</td></tr>
<tr><td rowspan="6">原始资料</td><td rowspan="4">询问法</td><td>问卷调研</td><td rowspan="6">信息资料准确可靠，针对性、有效性强</td><td rowspan="6">费用成本高、周期长</td></tr>
<tr><td>访谈调研</td></tr>
<tr><td>电话调研</td></tr>
<tr><td>会议调研</td></tr>
<tr><td>观察法</td><td>人工观察、机器观察</td></tr>
<tr><td>实验法</td><td>无控制实验、有控制实验</td></tr>
</table>

原始资料是指市场调研所需的信息没有被别人收集或别人已经收集但调研单位无法获取的资料，通常需要调研人员通过现场实地调查直接收集的资料。二手资料是指经过他人收集、记录、整理所积累的各种数据和资料的总称。二手资料主要来源于企业内部各部门，如档案部门、资料室等；企业外部，如图书馆、档案馆、政府机构、国际组织、新闻出版部门等；行业组织与其他企业等。

(2)调研方法

市场调研收集原始资料的方法主要有询问法、观察法和实验法三大类。

①询问法

询问法是调研人员将拟定的调研问题通过询问的办法向调研对象获得回馈资料信息的方法。询问法主要由留置问卷、邮寄问卷、访问法、小组讨论法、电话询问、网站发布调查问卷等方法组成。

询问法调研的主要优点是灵活性强，可以收集不同场合下的各种信息。其缺点是需要足够的样本规模与有效的组织策划。如果没有足够的样本规模，收集到的信息就会缺乏代表性；如果组织不好、问卷设计不好或者信息资料回收率低，就很难收集到有效的信息。

②观察法

观察法是调研人员在收集资料时，在调查现场不直接向被调查者提出问题，而是通过有针对性地观察来收集原始资料，以此来研究被调查对象的心理与行为。这种调查是在被调查者没有觉察的情况下完成的，可用于获取被调查对象不愿意或不能提供的信息。观察法除了人员观察外，还可以由机械来处理，如许多广告效果资料通常用机械记录器来收集。

观察法由于是有目的地直接观察，减少了调查者主观偏见带来的影响，所得资料比较客观和准确，实用性也比较强。但是由于它只能看到事态的现象，不能说明原因，特别是被调查者的感情、动机、态度等无法触摸到，所以调研人员在使用观察法的时候还要配合使用其他信息收集方法。

③实验法

实验法通常是为了验证某个问题假设，目的是为了说明事物间的因果关系。它是在给定条件下，通过实验对比，对营销环境与营销活动过程中的某些变量之间的因果关系及其发展变化进行观察分析。

实验法多用于调研市场营销策略、销售方法、广告效果以及各种营销因素(如产品设计、价格、包装等)的变动对销售的影响。实验法的缺陷是时间长、费用大;选择实验的市场不一定有代表性;影响市场需求的可变因素很多且不易把握;所得结论不容易互相比较等。

这三大类调研方法比较见表 5-4。

表 5-4　调研方法比较

项目	询问法	观察法	实验法
优点	调研方法灵活方便、调研问题全面深入	调研方法直接有效、调研结果客观准确实用	验证因果关系、发现内在规律
缺点	周期长、组织难度大	重于表象、缺乏深度	时间长、费用大

4. 分析调研信息

此阶段主要工作是整理、分析所获取的资料,撰写调研报告,提出结论和意见。通过调查和实验得来的原始数据必须加以分析和鉴别。通过整理,务求资料系统化、简单化和表格化,达到准确、适用和完整的目的。调研报告要紧密围绕调研的目的与要求,做到有的放矢,同时应力求简明、准确、完整、客观,作为科学决策的依据。

5. 提交报告

调研人员向营销主管提出与进行决策有关的主要调查结果。调研报告应力求简明、准确、完整、客观,为科学决策提供依据。调研报告的编写与提交,并不是整个调研过程的结束,需要继续追踪调研,对原结果进行补充、修正和完善。

5.2　掌握市场调研技术

在实地调查时,由于时间、财力、物力的限制,有时不可能进行全面调查,更多的时候是通过抽取合适样本的方法,通过对样本的调查结果来推断总体的情况进行的,那么如何进行抽样操作呢?

抽样技术就是指在抽样调研时采用一定的方法,抽选具有代表性的样本,以及实施各种抽样操作技巧和工作程序的总称。市场调研的抽样方法类型见表 5-5。

表 5-5　市场调研的抽样方法

项目	抽样方法		方法特征
随机抽样	简单随机	抽签法	将样本编号后随机抽取
		乱数表抽样	对总体单位编号查乱数表抽取
	机械随机抽样		按顺序排列总体单位后,等距离抽取
	分层随机抽样		按某属性将总体单位分层,然后按层抽取
	分群随机抽样		将总体分群,抽出某一群后全面调查
非随机抽样	任意抽样		在总体中任意抽取一定数量样本调研
	判断抽样		由调研员或专家依据主观判断抽样
	配额抽样		按属性将总体单位分类后分配样本数额
	固定样本连续调查		固定选定的样本,长期进行调查

1.随机抽样技术

随机抽样技术是对总体中每一个个体给予平等的抽样机会，排除了人的主观因素选择的抽样技术，它又可简单划分为简单随机抽样、机械随机抽样、分层随机抽样和分群随机抽样四种方法。

(1)简单随机抽样

它要求在总体中不做任何有目的地选择，保证样本个体机会均等，同时样本具有代表性。常用的简单随机抽样方法有以下两种：

①抽签法

在抽取样本时，将所要调查的样本总体全部编写上号码，写在卡片或纸上，并将其搅拌均匀，任意从中抽选，直到满足预定的样本数目为止。

②乱数表抽样(或随机数表)

乱数表是指含有一系列组别的随机数字的表格。利用特制的摇码机或计算机在0～9的阿拉伯数字中，按照每组数字位数的要求(2位、3位等)，自动随机逐个摇出或由计算机打出一定数目的号码以备查用，或参照乱数表选择。使用乱数表时，首先要把调查总体中的所有单位加以编号，根据编号的位数确定使用若干位数字，然后查乱数表。在乱数表中任意选定一行或一列的数字作为开始数，接着可从上而下，或从左至右，或一定间隔(隔行或隔列)的顺序取数，凡是编号范围内的数字号码即可视为被抽取的样本。如果不是重复抽样，碰上重复数字应该舍掉，直到抽足预定样本数目为止。

(2)机械随机抽样

在总体中先按一定标志顺序排列，并依据总体单位数和样本单位数计算出抽样距离(即相同的间隔)，然后按相同的距离或间隔抽取样本。如调查某城市6000户居民购买电脑的需求，计划抽出样本26%，一共260家，即每20家选取一家，或者说每隔19家抽取一家。

机械随机抽样方法比较简单，且由于样本在总体中分配比较均匀，不会集中于某些层次，样本的代表性比较大。

(3)分层随机抽样

分层随机抽样是指把调查总体按其属性不同分为若干层次或类型，然后在各层次或各类型中随机抽取样本。如在调查人口时，可以按年龄、收入、教育程度、居住位置等标志划分为不同层次，然后按照要求在各个阶层中进行随机抽样。由于每一层群体所包含的要素在内部看是同质的，但在各层的群体之间却是异质的，所以抽出的样本也比较有代表性。

(4)分群随机抽样

分群随机抽样又称整群抽样，是把调查总体区分为若干群体，从中抽取某些群体，对抽出来的某些群体进行全面调查。分群随机抽样比较简单方便，但由于抽中的样本单位集中在某些群体，分布不均，如果群群之间差异较大，则抽样误差就大。

练一练

某班有42名同学，男同学15名，女同学27。学校正组织一次植树活动，需要每个班出10名同学参加，男女不限。在不实行自愿报名参加的前提下，这10名同学怎么确定呢？通过什么样的抽样方法确保抽出来的人员配置能最有利于植树活动的开展？

2. 非随机抽样技术

非随机抽样技术是指总体中每一个个体不具有被平等抽取的机会，而是根据一定的主观判断标准来抽取样本的抽样技术。非随机抽样可以充分利用已知材料选择较为典型的样本以更好地代表总体，同时节约调查时间、费用与人力等。但所选的标准由于主观因素多，因此，无法判断误差和调查结果的准确性。非随机抽样技术一般有下面四种类型。

(1)任意抽样

为了使调研人员的工作方便，在调研对象中任意抽取一定数量的样本进行调查。如进行现场访问，任意选择一群消费者或营业人员进行谈话，了解他们对商品质量的看法或购买动向。任意抽样一般适宜非正式的探索性调研，一般在调查总体中的每一个个体都同质时才会采用，但在现实中，并非所有总体中每一个个体都是相同的，所以抽样结果偏差比较大，可信度较低，在正式调研中很少采用。它的显著优点是简便、能够节约时间和费用。

(2)判断抽样

这种技术是由调研人员依据自己的经验抽取样本或由专家选定样本。判断抽样技术简便易行，符合调查目的和特殊需要，但易产生由于主观判断带来的抽样误差。同时由于判断抽样中各个调查单位被抽取的概率未知，因而无法计算抽样误差和可信程度。如果调查者经验丰富、知识面广、判断能力强，抽取的样本代表性就大，反之则小。此法适宜调查总体中各调查单位差异比较小，调查单位少，选择的样本有比较大的代表性时采用。

(3)配额抽样

这种技术是由调研人员对总体中所有单位按其属性特征进行分类，然后按其属性特征分配样本数额，并在分配数额内又由调研人员任意抽取样本。

(4)固定样本连续调查

这种技术是把选定的样本固定下来，长期进行调查。固定调查的调查对象稳定，可以及时全面地取得各种可靠的资料，费用低、效果好。它的缺点是调查户登记、记账的工作量大，长年累月地记账，负担比较重，难以长期坚持。为了保证样本的代表性和资料的连续性，同时减轻调查户的负担，可采用样本轮换的方法。在连续调查过程中，每隔一定的时期(一般一年或半年)部分轮换调查户(轮换数量大约是总体的四分之一)。这样，既可减少因样本多变而增加的误差，又可保证资料质量的稳定性，减轻调查对象的工作负担。

5.3　设计市场调研问卷

问卷也叫调查表，它是一种以书面形式了解被调查对象的反应和看法，并以此得到资料和信息的载体。问卷设计是依据调研目的，开列所需了解的项目，并依据一定的格式，将其有序地排列组合成调查表的活动过程。调研问卷是市场调研的基本工具，设计问卷是调研的基础。

设计问卷的目的是为了更好地收集市场营销信息，因此在问卷设计过程中，首先要把握调查的目的和要求,同时力求使问卷取得被调查者的充分合作,保证提供准确有效的信息。

5.3.1 问卷设计的主要步骤

1.确定调研的问题与目的

在市场调查中,问卷设计必须服从调研的问题与目的。这是设计问卷最基础、最关键的一步。在全面分析调研目的基础上,确定某一调研主题,由此才能明确调研所需要收集的特定范围的第一手资料。一般的调研目的和要求主要有企业在生产经营活动中出现了哪些问题,哪些问题已经得到了解决,哪些问题没有解决,在没有解决的问题中哪些问题需要市场调查来实现,企业对未来企业经营活动的预期是什么,发展战略是什么,企业认为未来发展会出现什么情况等。在此基础上,确定问卷能在上述内容中涉及哪些内容,确定市场调研的问题与目的,从而确定调研的范围和推论的范围。

2.收集相关资料

在确定了调研的问题与目的后,要依据上述目的,收集相关资料,找寻关于需要了解的问题是否已经有人做过了,能否找到。如果可以找到,再确定与本次调查的关系,确定是否可以减少调研的内容;同时,还要收集一切与调研内容有关的信息,作为调查的补充。另外,收集相关资料的过程也是最终确定调研内容的过程,因此,这一过程也叫探索性研究过程。

3.设计问卷初稿

问卷初稿的设计必须在假设和命题的基础上进行,没有假设与命题,问卷题目再多,也不可能完整地反映调研的目的,还会造成浪费。所以,设计问卷的初稿就是依据调研的假设与命题进行变量的操作化过程。

4.试调研

市场调研由于内容繁多,任何一个调研都必须经过严格的试调研过程。从试调研中发现哪些问题的提法有问题,哪些问题没有反映调研的目的等。试调研的样本量一般是60份问卷左右。

5.确定问卷

通过检验初始问卷,删除那些没有必要的问题或者无法分析的问题,修改那些提法有问题的问题,增加初始问卷没有反映清楚的问题,最终确定问卷。

6.制表、打印和印刷问卷

正式调查问卷确定以后,就进入制表、打印和印刷等环节。

5.3.2 设计问卷的问题与答案

问卷的语句由若干个问题所构成,问句是问卷的核心,在进行问卷设计时,必须对问句的类别和提问方法仔细考虑,否则会使整个问卷产生很大的偏差,导致市场调研失败。市场调查问卷中所说的问句主要有两个方面的含义,一是问句不单指询问的语句,还包括将要记录的答案、计算机编号和说明怎样回答四个部分;二是问句不一定采用问的形式和口吻,也可以采用叙述一种情况或事实然后征求意见的方式。

1.问句种类

(1)按照问句内容的结构来分

可以将问句分为组织化—非伪装问句、非组织化—非伪装问句、非组织化—伪装问句、组织化—伪装问句四种类型。所谓组织化,是指有系统地询问并系列式地记录答案。伪装性即问句中试图隐藏调查目的。

①组织化—非伪装问句

这类问句应用最为广泛。在收集数据时,按照相同的顺序向被调查者询问相同措辞的问题,典型的题型为封闭型,以保证各被调查者回答的是相同的问题,从而得到的回答可以比较。

例如:对于目前浙江新闻和新闻联播之间播出的短广告条数,您认为:

□应删减一些 □还可以再增加 □不用改变 □没意见

上例中一方面明显表达出调查目的,想了解观众对这一段广告条数的看法;另一方面属于组织化形式,被调查者只能从四个选项中选择一个答案。这种问句的优势在于数据的可靠性比较强,问句易于管理与分析。缺点是可能诱导被调查者的回答。比如缺少选项等。

②非组织化—非伪装问句

调查的目的比较明显,但问句的回答是开放的。

例如:您选择服装时最注重的因素是什么?(单选)

A.颜色 B.款式 C.价格 D.品牌 E.质地 F.其他(请说明)

这类问句多用在深度面谈时,作为预备调查或试探性调查。优点是被调查者可以自由发表自己的意见,仔细而且有经验的访问员可以由此得出更深入、更准确的答案。缺点是对访问员素质要求较高;同时,由于访问时间较长,回答率可能较低;此外答案不便于分析。

③非组织化—伪装问句

在调查者不愿回答的情况下,掩藏调查目的,挖掘被调查者潜意识的动机和态度。该类问句经常采用词语联系法、句子完成法、讲述故事法等。

例如:目前浙江新闻和新闻联播之间播出的短广告____________________

晚上6:55分看完浙江新闻后我____________________

词语联系法和句子完成法是按固定顺序和语句提问,似乎是组织化的问题。但由于被调查者的回答与讲故事一样为非组织化的,所以也列为非组织化问题。该类问题可以解决敏感性、回答率较低问题,但可靠性差。主要适用于探索性调查。

④组织化—伪装问句

该类问句实践中使用较少。其特点在于:一方面,具有隐藏性,可以挖掘出被调查者潜意识的动机态度;另一方面,问句的组织化使答案便于整理分析。

例如:在浙江新闻和新闻联播之间常播放一些短广告,在看到这些广告时,您一般是:

□从头到尾都认真看广告

□只认真看感兴趣的广告

□不留意具体内容,但耐心等待下面的节目

□换频道看其他节目

□开着电视干其他事情

□其他

(2)按照问句要收集的资料性质来分

①事实问句

这是指收集的资料是事实，被调查者按自己的实际情况回答问题的问句。事实问句一般较容易回答。

例如：您最喜欢的洗发水是什么牌子的？

在设计事实问句时，要充分估计被调查者有可能因为时间关系记不清事实的确切情况。事实问句还必须有一个特定的范围，不能笼统地设问。

②意见问句

这是一类以收集被调查者的个人意见或评论性见解为目的的问句，也可以认为是一种态度调查问句。

例如：您对现在使用的手机品牌感到满意吗？

A. 满意　B. 无所谓　C. 不满意

态度调查不仅需要考虑真实的态度，还有必要考虑态度的强度，这就涉及态度测量的技术。态度调查常会出现态度判断的标准不一致的问题。例如上例中，何种程度才能称作满意，每一位被调查者对象的判断标准可能都不一致。因此，调查结果的误差有可能会较大。在这种情况下，我们往往建议将意见问句转化为事实问句，而将判断的标准统一掌握在调查人员手中。

还有些问句，是为了征询被调查者对问题的认识和理解。

例如：你认为海尔的成功之处在哪里？

这种问句常被看成是事实问句，好像问的是事实，其实是在问一种"你认为"的意见，认为的不一定是事实，被调查者的答案不一定是事实情况的反映，而仅代表一种个人的意见。故也属于意见问句。

③解释问句

被调查者通常很难一下子把理由完整地表达出来，因此，采用非伪装问句比较多，也即采用将答案列出的方式。有时候，解释问句又会遇到有关个人隐私等忌讳的问题，需要由高明的问句设计去攻克难关。

简言之，以上三类问句之间的区别是它们收集的资料分别属于"是什么"、"怎么样"和"为什么"。事实问句注重"是什么"，意见问句注重"怎么样"，而解释问句注重"为什么"。

2. 问句设计的难点和要则

(1)问句设计的难点

由于市场调查的对象在受教育程度、理解问题的能力、道德标准、职业以及生活习惯等方面均可能存在差异，这将会导致他们在回答问题时出现不一致。因此，在问句设计时遇到许多难题，要求设计人员加以克服，这些难题主要有以下几方面：

①被调查者不理解或误解问句的真实含义，导致无法回答或误答。

②被调查者理解问句的含义，也愿意作出回答，但已回想不起真实情况，产生资料的

误差。

③被调查者理解问句的含义，也有所需的资料，但不愿意回答，或者是不作真实的回答，造成资料的不正确。

④被调查者理解问句的含义，愿意回答，也有所需的资料，但是没有能力回答。这类能力的缺乏主要表现在如被调查者不太会表达意见而产生误差，也可能是被调查者不适合回答问句。

(2)问句设计的要则

要克服上述的难点，调查设计人员必须积累丰富的实际经验，掌握设计问句的要则和设计问句的技术。问句设计的要则主要有以下几点：

①要使被调查者容易并且能充分理解问句的含义。这是问句设计的最基本原则。问句要单纯明快，不要把几个问题组合在一个问句中，要用短而明确的句式，不要用长而复杂的问句，应使被调查者易读易懂，不要故意用双重否定来表示肯定的意思，产生理解上的歧义。尤其对由被调查者自己填写的问卷，因为调查者无法从旁解释，更要注意这一点，被调查者会因为阅读和理解太费力而干脆拒绝解答。

②要使被调查者能够并且愿意回答问题。不要设置那些他们不愿意回答或不愿意真实回答的问题；也不要设置时间跨度过大，他们记不太清楚的或无法回答的问题；更不要设置那些可能会令被调查者难堪或引起反感的问题。对于那些被调查者难以回忆的问题，要从容易记忆的事情问起，帮助他们通过联想逐步唤醒回忆；对于那些敏感的私人问题，如收入、文化、社会地位、女性的年龄等，不宜正面提问，而应安排一系列的问句旁敲侧击，或采取避实就虚的提问方式。

③要对问句确定界限，避免混淆。一是要注意一个问句一个要点，避免在一个问句中出现数个要点的情况。二是问句中对时间、地点、人物、事件、频率等问题的界限都应该有一个特定的范围，而不应该只是概括地表示。例如，“你最近经常上超级市场购物吗”问句中的“最近”的含义不确切，可改成“过去的三个月您去过几次超级市场购物”。

④问句要过滤样本，发掘动机。问卷是针对全体被调查者设计的，但具体的问句并不一定是针对全体被调查对象的。特别是有些问题是部分被调查者无法回答的，若不将这部分被调查者剔除出来，会影响结论的准确性。因此，必须要过滤样本，发掘动机，寻求适合回答的对象来进行询问。例如，在询问“您手机每个月的话费是多少”时，由于并不是每个被调查者都有手机，所以可以先设计一问句“您使用手机吗”过滤样本，然后针对使用手机的部分对象继续进行询问，而不使用手机的部分对象则跳过这一问句。这样才更可能得到准确的答案。

⑤问句要尽量获得具体或事实性的答案。设计问句过程中，尽量避开玄虚的意见，最好用具体的或事实性问题来设问，避免被调查者的回答表现为主观臆断。

⑥问句要克服偏差，追求精确。由于问句设计不当而导致答案误差的情况经常会发生。有的问句带有诱导含义，失去客观性。例如，“有人认为目前的电视广告过多，您的看法如何？”就带有明显的倾向性，容易诱导被调查者朝一个方面回答。因此，问句必须保持中立的态度，要客观、公正。有的问句则易引起反感。

例如：您至今未买电脑的原因是什么？

A. 买不起　B. 没有用　C. 不懂　D. 软件少

这种问句会伤及被调查者的自尊，不易得到准确答案。可以将备选答案改成：

A. 价格不合适　B. 用途较少　C. 性能不大了解　D. 其他

还有的问句没有给予被调查者充分的答案选择。例如，"您在业余时间是上网还是逛街"，这种问句往往令既不上网也不逛街的被调查者无从选择，或者上网和逛街都不是在业余时间常涉及的被调查者只能选择一个并非本意的答案。当然，在纯粹调查业余时间上网、逛街发生的概率时，可以这样提问。

3. 问句设计的形式

根据具体情况，可以将问句分成几种主要形式。

(1)开放式问句

所谓开放式问句又称自由式问句，是指被调查者可以自由做答，不受任何限制的问句。开放式问句的一般提问比较简单，答案是开放的，优点是被调查者可以按自己的意思进行回答，回答比较真实，调查人员可以获得足够全面的答案。缺点是结果难以做定量分析。在对其做定量分析时，通常是将答案进行分类。另外，若是由调查人员记录答案的话，还容易产生调查人员的理解误差，使答案与被调查者的本意出现偏差。

(2)封闭式问句

所谓封闭式问句是指已事先设计了各种可能的答案的问题，被调查者只要或只能从中选定一个或几个现成答案的提问方式。封闭式问句由于答案标准化，不仅回答方便，而且易于进行各种统计处理和分析。但缺点是回答者只能在规定的范围内被迫回答，无法反映其他各种有目的的、真实的想法。封闭式问句的具体形式又分为两项选择问句和多项选择问句。

例如：您家里现在有吸尘器吗？答案只能是"有"或"无"。

这是一个典型的两项选择问句。这类问句提出的问题仅有两种答案可以选择。"是"或"否"，"有"或"无"等。这两种答案是对立的、互斥的，被调查者的回答非此即彼，不能有更多的选择。

例如：您喜欢下列哪一个品牌的牙膏？（在您认为合适的□内打√号）

中华□　芳草□　洁银□　康齿灵□　美加净□　黑妹□

这是多项选择问句，是指所提出的问题事先预备好两个以上的答案，回答者可任选其中的一项或几项。

封闭式答案都是事先拟定好的，便于统计分析，也便于被调查者选择，节省调查时间。但是，它限制了被调查者的自由发挥，如果他们的答案不在所拟定的答案之中，就可能随意地选择一种并非真正代表自己意见的答案。

在作开放式问句和封闭式问句的选择时，建议以问句答案的分散性程度作为依据。如果可能性的答案较多，即答案的分散程度大，适于用开放式问句；反之，如果答案较少，使用封闭式问句比较方便。一般的，封闭式问句的答案以不超过 10 个为好，否则选择时相互比较会困难一些。在实际应用中，常会结合开放式问句与封闭式问句的特点，采用一种末尾开放式的问句来解决这一问题。

例如：您喜欢什么形状的车把（山地自行车）？

A. 平把 B. 燕形把 C. 羊角把 D. 牛角把 E. 其他

在问句的具体选项后加上答案 E. 其他，使之成为一个末尾开放式的问句。这样，如果被调查者喜欢其他款式的车把，就可以选择答案 E，而不会随便选择前四者之一了。调查人员可以对答案 E 进行分析，如果在答案 E 中能发现一些比较集中的答案类型，可将它们单独列出进行统计分析，而对一些偶尔出现的、频率极小的答案类型则予以排除。

(3)倾向性偏差式问句

这种问句通常提出态度不同的几个答案，以测定被调查者的态度转变需要偏差到何种程度。可以采用这种问句来测定对产品(品牌)的忠诚度。

例如：

问：现在您用何种牌子的洗衣粉?

答：奥妙。

问：目前市场上最受欢迎的是"雕牌"，今后您还打算用"奥妙"吗?

答：是。

问：如"雕牌"的价格降低三成，你还打算用"奥妙"吗?

答：是。

通过这样几个问句，就可以看出，消费者对一种品牌的忠诚度如何。如果价格降低到五成，消费者才回答用"雕牌"，就可以认为该消费者对"奥妙"洗衣粉的忠诚度相当高。

(4)态度测量问句

这是一种用来测量态度程度的问句。主要的问句形式有以下几种：

①顺位式问句

顺位式问句是列出若干答案，由回答者根据自己的看法决定先后顺序。

例如：您选购空调的主要条件是(请将所给答案按重要顺序 1，2，3……填写在□中)：

价格便宜 □　　外形美观 □　　维修方便 □　　牌子有名 □

经久耐用 □　　噪音低 □　　制冷效果 □　　其他 □

顺位法便于被调查者对其意见、动机、感觉等作衡量和比较性的表达，也便于对调查结果加以统计。但调查项目不宜过多，过多则容易分散，很难顺位。同时所询问的排列顺序也可能对被调查者产生某种暗示影响。这种方法适用于对要求答案有先后顺序的问题。

②语义差别式问句

语义差别式问句是通过文字含义的不同来区分态度强度的问句。

例如：您最近一个月中想出去旅游吗?

A. 很想去 B. 想去 C. 不一定 D. 不想去

语义差别式问句还有很多变形，比如平衡与非平衡问句、强迫回答与非强迫回答问句等，在问卷设计中，它的运用是十分广泛的。

③数值尺度式问句

数值尺度式问句是用数值来表示态度强度的问句。

例如：您认为联想品牌的知名度如何?

0　　30　　50　　80　　100

这种问句答案的标准经常会受被调查者性格的影响，比较大方豪爽的人可能给出的分值较高，相对严谨的人可能会压低分数值，这样一来，就可能造成答案准确度的偏差。

④对比式问句

在考虑的因素只有两种情况的时候，常用对比式问句来询问，简单明了。

例如：购买服装时，您认为料子与式样哪个重要？料子与价格哪个重要？价格与式样哪个重要？

4. 问句排列的原则

在设计问句中，问句的先后排序是一个关系到调查是否能够顺利完成的重要问题。问句排列除了必须遵循要有逻辑性，要考虑到被调查者的心理因素等重要原则外，还要注意以下几点：

(1)由易到难，由简单到复杂，由潜入深。询问开始时往往必须引起对方兴趣而且容易回答。通常可以由一个过滤性问句开始。

(2)由一个主题到另一个主题，需要有转接性地安排，保持问题的流畅，不要打断被调查者的思路。

(3)对于过滤性问句或其他的“接问”、“跳问第几题”等都要有妥善地排列，跳跃要注意逻辑性。

(4)一个主题或一个系列的问句要排列连贯，不能在出现隔断以后又回到主题上来，这样容易使被调查者思路紊乱。

第五，触及私人隐秘的，可能引起对方不愉快或困惑的问句要放在后面提出，因为经过一段时间的交谈，双方有了一定的熟悉程度，这类问题就比较容易被调查者接受。

5.3.3　问卷的结构

一份完整的调查问卷通常有前言、主体、附录三大部分。

(1)前言

前言包括标题、问卷说明等内容。

①标题

问卷的标题是概括说明调查研究主题，使被调查者对所要回答什么方面的问题有一个大致的了解。确定标题应简明扼要，易于引起回答者的兴趣。例如“大学生消费状况调查”，“高档住宅购买意向调查”等。而不要简单地采用“问卷调查”这样的标题，它容易引起回答者因不必要的怀疑而拒答。

②问卷说明

问卷说明旨在向被调查者说明调查的目的、意义。有些问卷还有填表须知、交表时间、地点及其他事项说明等。问卷说明一般放在问卷开头，通过它可以使被调查者了解调查目的，消除顾虑，并按一定的要求填写问卷。问卷说明既可采取比较简洁、开门见山的方式，也可在问卷说明中进行一定的宣传，以引起被调查者对问卷的重视。

(2)主体

①调查主题内容

调查的主题内容是调查者所要了解的基本内容,也是调查问卷中最重要的部分。它主要是以提问的形式提供给被调查者,这部分内容设计的好坏直接影响整个调查的价值。主题内容主要包括以下几方面:

➢对人们的行为进行调查。包括对被调查者本人行为进行了解或通过被调查者了解他人的行为。

➢对人们的行为后果进行调查。

➢对人们的态度、意见、感觉、偏好等进行调查。

②被调查者基本情况

这是指被调查者的一些主要特征,如在消费者调查中,消费者的性别、年龄、民族、家庭人口、婚姻状况、文化程度、职业、单位、收入、所在地区等。又如,在企业调查中,企业名称、地址、所有制性质、主管部门、职工人数、商品销售额(或产品销售量)等。通过这些项目,便于对调查资料进行统计分组、分析。在实际调查中,列入哪些项目,列入多少项目,应根据调查目的、调查要求而定,并非多多益善。

(3)附录

①编码

编码是将问卷中的调查项目变成数字的工作过程,大多数市场调查问卷均需加以编码,以便分类整理,易于进行计算机处理和统计分析。所以,在问卷设计时,应确定每一个调查项目的编号和为相应的编码作准备。通常是在每一个调查项目的最左边按顺序编号。如:①您的姓名;②您的职业……而在调查项目的最右边,根据每一调查项目允许选择的数目,在其下方画上相应的若干短线,以便编码时填上相应的数字代号。

②作为证明的记载

在调查表的最后,附上调查人员的姓名、访问日期、时间等,以明确调查人员完成任务的性质。如有必要,还可写上被调查者的姓名、单位或家庭住址、电话等,以便于审核和进一步追踪调查。但对于一些涉及被调查者隐私的问卷,上述内容则不宜列入。这部分一般放在封面的右下角,或者是放在简单问卷的最后,单独成为一部分。

③结束语

是问卷的最后部分,包括两部分内容,一部分内容为提出几个开放式问题,让研究对象深入自由地回答有关问题,在量化的基础上进行质的分析,加深对问题的认识;或让被调查者提出对本研究的建设性意见。另一部分内容是表示对被调查者合作的感谢。结束语可根据问卷的需要设置,也可以不要。

一份完整的问卷包括以上内容,但在实际调查过程中,不同访问方式对问卷设计的要求是不一样的。问卷主体内容是核心,必不可少,其他内容可酌情删减。

5.4 撰写市场调研报告

调研报告是企业为制定营销策略,在对营销活动深入实际地进行调查研究后所撰写的书面报告。它是市场营销调研结果的一种表现形式，主要是通过文字、数据分析、图表等形式将调查结果表现出来。

5.4.1 调研报告的撰写原则与要求

1. 客观的态度

撰写市场调研报告要用客观的态度反映调研过程，避免主观意识和个人偏见。坚持从客观事实出发，切忌先入为主，为事先已有的主观定论找依据。市场调研报告的内容力求客观、真实地反映实际情况，为企业管理者决策提供可靠的调研材料。

2. 鲜明的观点

撰写市场调研报告要态度明朗，对材料的判断、结论、意见和建议，一是一，二是二，不能含糊。

3. 简练的语言

市场调研报告在语言表达上要力求文字简练、数字精确、图表一目了然、不说废话，要开门见山。

4. 严谨的结构

市场调研报告要突出中心，把材料和观点紧密地结合起来。提出观点要有材料分析说明，列举材料要有观点，结构严谨，遵循一定的规则。

5.4.2 调研报告的写作步骤及格式

1. 调研报告的写作步骤

(1)构思：收集资料—认识事物—判断推理—确立主题；

(2)选材：数据(介绍情况—反映问题—提出建议)；

(3)初稿：写作格式、文字数量、图表和数据；

(4)定稿：征得各方意见进行修改、定稿。

2. 调研报告的写作格式

一份完整的调研报告要包括以下五部分：

(1)标题页

标题页包括的内容有报告的题目、报告的提供对象、报告的撰写者和发布(提供)日期。

(2)目录

除了只有几页纸的调研报告之外，一般的调研报告都应该编写目录，以便读者查阅特定内容。目录包含报告所分章节及其相应的起始页码。

(3)摘要

摘要需说明为何要开展此项调研、考虑到该问题的哪些方面、有何结果、建议要怎么做。摘要是调研报告的重要部分，必须写好。许多高层管理者通常只阅读报告的摘要。可见摘要很可能是调研者影响决策者的唯一机会。

摘要的撰写应该在报告正文完成之后。摘要是摘取报告的核心而成。它的长度以不超过两页为好，因此作者要仔细斟酌哪些东西是足够重要的，需要在摘要中写明。摘要不是报告正文各章节的等比例浓缩，它要写得自成一篇短文，既要概括调研结果的主要内容，又要简明，突出重点。

摘要通常包含四个方面内容：首先要申明报告的目的，包括重要的背景情况和项目的具体目的。接着，要给出最主要的结果，有关每项具体目的和关键结果都需写明。再往下是结论。最后是建议，或者提议采取的行动。这是以结论为基础而提出的。在许多情况下，高层管理者不希望在报告中提出建议。因此，是否在摘要中包括建议需要依报告的特定情况而定。

(4)正文

正文包括引言、调研方法、结果、结论和建议。

①引言

引言对为何开展此项调研和它旨在发现什么问题作出解释。引言中包括基本的授权内容和相关的背景材料。这些内容和材料应该足以讲清楚为什么值得做这个项目。当然，不重要的历史情况应略去。究竟写到什么程度，要看报告提交对象的需要。在介绍本项目旨在发现什么问题时，对于问题的表述可以采用在调研建议书中的提法。这里提到的每个问题在正文的某一部分应该提供相应的结果。

②调研方法

如何阐明所用的调研方法是一件不太轻松的事，因为对技术问题的解释必须能为读者所理解。在这里对所使用的一些材料不必详列，详细的材料可以放到目录中。

③结果

结果在正文中占较大篇幅。这部分报告应按某种逻辑顺序提出紧扣调研目的的一系列项目发现。前面所说的报告脉络主要是针对这一部分而言的。发现结果可以以叙述形式表述，以使得项目更为可信，但不可过分吹嘘。在谈论中可以配合一些总括性的表格和图像。详细和深入分析的图表宜放到附录中。

④结论和建议

调研报告正文的最后部分是有关结论和建议。正如前面提及的，结论是基于调研结果的意见，而建议是提议应采取的相应行动。正文中对结论和建议的产生应该比摘要中更为详细，而且要辅以必要的论证。

(5)附录

附录通常包括的内容有：调查提纲、调查问卷和观察记录表，被访问人名单，较为复杂的抽样调查技术的说明，一些次关键数据的计算，较为复杂的统计表和参考文献等。

以上提出了一份极为正规的调研报告应包含的所有组成部分。这种极为正规的格式用于企业内部大型调研项目，或调研公司向客户提供的服务项目。对于那些不很正规的报告，某些组成部分可以略去不写。视项目的重要程度和委托方的实际需要，可以从最正规的格式到只有一份报告摘要的这一逐渐简化系列中选择一个适当的设计。

查一查

请在课后查阅CNNIC关于中国互联网络发展状况统计报告，深入认识调研报告的组成内容以及写作规范。

【学习小结】

“没有调查就没有发言权”，企业在开展生产经营活动过程中，必须要对市场情况开展调查，熟悉目标市场的相关情况，才能为企业的生产经营活动提供正确的决策依据。

开展完整的市场调研工作，首先需要清楚企业在生产经营活动中遇到了什么问题，以便确定合理的调查目标。调查目标不能太过空泛，否则不易操作；也不能太过狭窄，否则失去调查的意义。在确定恰当调查目标的基础上，为使调研工作顺利展开，接下来需要拟订一份详细的、具备可操作性的、科学的市场调查方案。根据调查项目特点，可以选择探索性调查方案、描述性调查方案和因果关系调查方案。尽管调查方案没有特定的格式要求，然而，任何一个调查方案往往包括调研背景及目标、调研内容、调研范围和对象、调查方法选择、时间进度安排、费用预算、结果表现形式说明等。并根据调查内容的需要，考虑是否需要设计调查问卷。

设计出详细的市场调研方案后，接下来就是将方案付诸于实践，采用合适的方法去收集市场信息，并对收集回来的信息进行审核编辑、资料分类、数据编码、数据录入和数据分析等工作。在资料筛选、收集工作完成的情况下，最后就是要完成市场调研报告的撰写。调查报告是充分体现调查质量的关键环节，市场调查报告的内容、写作质量和提交方式决定着能否卓有成效地将市场调查人员结果传达给有关的公司或政府机构的决策人员，使他们能够很好地利用这些市场调查的成果进行有效决策。

案例分析

关于以学生为评价主体的高职教育满意度调查方案

一、调查背景

国家主席胡锦涛在十七大报告中指出：优先发展教育，建设人力资源强国。要全面贯彻党的教育方针，坚持育人为本、德育为先，实施素质教育，提高教育现代化水平，培养德智体美全面发展的社会主义建设者和接班人，办好人民满意的教育。当前，应届高中生“弃考现象”已经强烈地吸引了人们的眼球，2009 年应届高中毕业生报名人数为 750 万人，84 万人没有报名，这些都在一定程度上反映了人们对高等教育不完全满意的现实情况。高等职业教育已成为我国高等教育的重要组成部分，但质量问题令人担忧，高等职业院校培养的学生远不能适应社会的需要，作为接受教育服务的学生，在一定程度上表现出对现有高等职业教育的不满。

二、调查目的及意义

本次调查以高等职业院校在校学生为调查对象，目的是摸清学生对我国高等职业教育诸多方面的基本认识和看法，进一步探讨以不同评价主体的高等职业教育满意度问题，为高等职业教育的教学质量管理和教育行政主管部门的科学决策提供理论依据。

三、调查内容

根据调查目的，本次拟调查的内容如下：

1. 高等职业院校学生调查。主要包括：

(1)在校生的求学态度(包括求学志愿、学习目标、态度等);

(2)校园环境的满意度(包括校园文化氛围、寝室条件、周边环境等);

(3)教学质量的满意度(包括专业发展、师资队伍、教学水平、教学设备、教学管理、第二课堂等);

(4)后勤服务的满意度(包括后勤服务、医疗服务、就餐环境等);

(5)就业机会的满意度(包括就业机会提供、就业指导服务、就业水平等)。

2.学生家长调查。主要包括:

(1)家长安排学生就读高等职业院校的态度;

(2)校园环境的满意度(包括校园文化氛围、寝室条件、周边环境等);

(3)教学质量的满意度(包括专业发展、师资队伍、教学水平、教学设备、教学管理、第二课堂等);

(4)后勤服务的满意度(包括后勤服务、医疗服务、住宿条件、就餐环境等);

(5)学生管理的满意度(包括学生安全、招生就业服务、奖助学金等)。

四、调查范围及对象

为了收集相关调查信息,达到调查目的,本次调查范围界定为重庆市各高等职业院校;调查对象为各高等职业院校的在校学生及其家长。

五、调查方法

针对学生采用问卷调查法。随机抽取5所高等职业院校,抽取学生样本共计200份。

六、调查资料分析说明

对所采集的样本进行分类整理,利用Excel工具进行数据统计分析,以图表的形式展示。

七、调查进度计划

针对调查活动要求,本次调查活动进度安排如下表所示。

序号	项目	时间	目的要求	责任人	备注
1	调查方案设计与提交	4月24日～5月2日	提高调查方案的可操作性	××	
2	问卷的设计	5月3日～5月16日	内容全面、精简	××	
3	调查访问	5月17日～6月6日	态度端正、认真负责	××	
4	整理分析问卷	6月7日～6月20日	细心、精确	××	
5	制定调查报告并提交	6月21日～6月30日	按时保质	××	

八、经费预算

本次调查活动在重庆市内进行,主要费用预算如下表所示。

序号	费用支出项目	数量	单价/元	金额/元	备注
1	问卷打印费	300	0.15	85	
2	实际调查交通费	/	/	350	
总计				435	

九、市场调查结果的表现形式

本次调查结果的表现形式为调查书面报告,具体内容包括:前言、摘要、研究目的、研究方法、调查结果、结论和建议及附录七个部分。

思考:以上调研方案存在什么问题?

【学习小活动】

【活动目的】 掌握市场调研方法,并在实践活动中能有效运用各种方法。

【活动步骤】

第一步:学生分小组拟定市场调研的主题及目的(主题不限);

第二步:各小组根据调研的目的确定调研内容;

第三步:根据调研主题和调研内容拟定调研方法;

第四步:进行实地调研;

第五步:小组汇总调研结果,并推荐一名组员作陈述。

【活动建议】 调研活动宜小,最好在学院范围内进行。

【学习评价】

一、学习完本章节内容,你有什么收获?

1.从知识的角度:

2.从技能的角度:

3.从个人成长的角度:

二、学习完本章节内容,你还有什么疑难问题?

【作业】

李小姐准备在市中心的步行街开设一家品牌童装店,为了降低开店风险,她准备进行一次周密地市场调研。请分别描述李小姐需要调研的内容,以及可能用到的调研方法,并说明理由。

学习情境3 明确目标市场

任务提示

俗话说“萝卜青菜，各有所爱”，在现实生活中，不同的消费者在购买同类产品时选择的品牌会不同，产品价位会不同，购买产品的渠道会不同……站在营销者的角度，这些现象会给你什么样的营销启示？

学习目标

知识目标

➢准确描述市场细分的概念；

➢准确描述市场细分的方法和标准；

➢准确描述目标市场的含义；

➢准确理解并描述目标市场策略的类型和适用条件；

➢准确理解并描述市场定位的内涵；

➢准确描述市场定位的方法和依据。

技能目标

➢掌握市场细分的概念，能针对某一具体的产品运用市场细分的标准来做市场细分；

➢能够在对细分市场评估的基础上确定目标市场，并制定目标市场策略；

➢能够针对具体企业或者产品进行有效目标市场定位；

➢具备将市场细分的标准、变量和方法、目标市场策略及其选择、市场定位的方法运用于实践的综合能力。

情感目标

➢培养对身边营销现象的观察能力；

➢结合自己的专业，思考自身的职业定位，做初步的职业生涯规划。

学习任务

任务6　认识市场细分

任务7　确定目标市场

任务8　进行市场定位

任务6　认识市场细分

【任务信息】

小李在调查完大学城周边的环境之后，认为做餐饮业还是有良好前景的。结合自己是北方人，对东北菜比较了解以及身边有朋友擅长东北菜肴制作的优势，打算开一家东北特色菜馆。请帮小李想想，他的顾客消费群体可能有哪些？

【关键词】

市场细分　市场细分的标准　市场细分的方法

由于消费心理、购买习惯、收入水平、地理位置等差别，消费者对同种产品或同类产品的具体消费需求往往并不相同，甚至差别极大。这就决定了任何一个企业都不可能满足全部消费者对某种产品的需求。同时，由于企业资源、设备、技术等方面的限制，也不可能满足全部消费者的不同需求。因此，一个企业要想在市场竞争中求得生存与发展，必须通过市场调研，将消费者细分为需求不同的若干群体，从而专注于满足某一类或某几类特定消费者的需要，即作出"为谁的需要服务"的经营抉择，这种抉择就是目标市场的选择。那么，企业怎样才能科学地选定自己的目标市场呢？首先，必须对市场进行细分，市场细分是企业选择目标市场的基础和前提；其次，在市场细分的基础上，选择自己的目标市场；再次，根据目标市场的需求、竞争状况及竞争者的市场定位、企业自身的声誉及资源来确定自己的市场定位策略。

6.1　理解市场细分的内涵

市场细分(Market Segmentation)是在20世纪50年代中期，由美国市场营销学家温德尔・史密斯(Wendell R. Smith)首先提出来的一个概念。它是企业营销思想的新发展，是企业选择目标市场策略的思想，它适应了卖方市场向买方市场转变的这一新的市场形式，是企业经营贯彻以消费者为中心的市场营销观念的产物，从而成为市场营销观念的重要组成部分。

1. 市场细分的概念

市场细分就是企业通过市场调研，根据整体市场消费者需求的差异性，以影响消费者需求和欲望的某些因素为依据，将某一产品的整体市场划分为若干个需求不同的消费者群的市场分类过程。每一个消费者群就是一个细分市场，亦称"子市场"或"亚市场"，它是由需求相似的消费者构成的。因此，不同细分市场的消费者对同一产品的需求和欲望存在着明显差别，而属于同一细分市场的消费者，其需求和欲望则非常类似。需要强调的是，市场细分是对同种产品具有不同需求的消费者进行细分的，它是识别具有不同要求或需要的购买者或用户群的活动。

小案例

蒙牛牛奶产品有专供儿童食用的蒙牛未来星儿童成长牛奶；有针对中高端收入人群的蒙牛特仑苏牛奶；有专门针对中国人早餐习惯的蒙牛早餐奶；有主要针对中老年人群的高钙低脂牛奶；还有主要针对女性消费群体的红枣牛奶等。蒙牛这样的做法就是典型的市场细分。

2. 市场细分的客观基础

市场之所以能够细分，是有其客观基础的，具体如下：

(1)消费需求的差异性

市场之所以能够细分成若干个需求不同的细分市场，主要原因是消费者对同种产品的消费需求存在着差异性。从需求角度考察，产品市场可以分为两类：一类产品的市场叫作同质市场，另一类产品的市场叫作异质市场。同质市场就是指消费者或用户对某种产品的需求、欲望、购买行为大致相同，同时对企业营销策略的反应也具有极为相似的一致性。在现实生活中，消费者的需求实际上是千差万别的，因此，绝大多数产品的市场是异质市场。异质市场是指消费者或用户对某种产品的质量、特性、规格、档次、花色、款式、质量、价格、包装等方面的需求和欲望是不相同的，或者是在购买行为、购买习惯等方面存在着差异性。正是这些差异，使得市场细分成为可能。因此，市场细分也可描述为是将一个异质市场划分为若干个同质细分市场的过程。

(2)消费需求的相似性

市场细分并不总是意味着把一个整体市场加以分解。实际上，细分化是一个聚集过程而不是一个分解过程。所谓聚集过程，就是把对某种产品特点最易做出反应或具有相似需求的人们或用户集合成群，形成类似的消费者群，从而构成了具有一定个性特征、又相对独立且比较稳定的某一个细分市场。聚集的过程可以依据多种变量连续进行，直到鉴别出其规模足以实现企业利润目标的某一消费者群。

(3)企业资源和营销能力的有限性

任何企业，其资源和营销能力是有限的，不可能提供能够满足消费者所有需求的产品或服务，而只能在自身资源和营销能力所允许的范围内，生产经营某类或某几类产品或服务，以满足某些消费者群的某些方面的需求。这种资源和营销能力的有限性，要求企业必须对整体市场进行细分；然后选择与自身条件相匹配的细分市场(即目标市场)；充分发挥企业资源优势，采取有效的营销策略，满足其选定的目标市场需求。

6.2　认知市场细分的标准

市场细分的基础是消费需求的差异性，因此，可以运用影响消费者需求和欲望的某些因素作为市场细分的标准对市场进行细分。由于影响消费者市场和影响生产者市场需求的因素不同，故消费者市场和生产者市场的细分标准有差别。现分述如下：

6.2.1 消费者市场细分的标准

影响消费者需求的因素很多,可归纳为人口因素、地理因素、心理因素和行为因素四个方面。因此,我们可将影响消费者需求的四个方面因素作为消费者市场细分的标准。

1. 人口因素

按人口因素的市场细分是以描述人口一般特征的人口统计变量,如年龄、性别、民族、职业、教育程度、宗教、种族或国籍等将消费者市场划分为不同的消费者群。由于以人口统计变量细分市场比以其他变量细分市场更容易衡量,因此,该标准适用范围比较广泛,许多消费者市场都是按这一标准细分的,见表 6-1。

表 6-1　　人口因素细分标准

人口因素	具体人口因素市场细分
年龄	婴儿、学龄前儿童、学龄儿童、少年、青年、中年、老年等
性别	男,女
民族	汉族、满族、维吾尔族、回族、蒙古族、藏族、瑶族、土家族、白族等
职业	职员、教师、科研人员、文艺工作者、企业管理人员、私营企业主、工人、学生、家庭主妇、失业者等
家庭收入(年)	5000 元以下、5000～10000 元、10000～20000 元、20000～30000 元、30000～50000 元、50000 元以上等
家庭人口	1～2 人、3～4 人、5 人以上等
家庭生命周期	年轻单身、年轻已婚无小孩、年轻已婚小孩六岁以下、年轻已婚小孩六岁以上、已婚儿女 18 岁以下、中年夫妇、老年夫妇、老年单身等
教育程度	小学文化程度以下、小学毕业程度、初中程度、高中程度、大学程度、研究生程度以上等
宗教	佛教、道教、基督教、天主教、伊斯兰教等
种族	白色人种、黑色人种、黄色人种、棕色人种等
国籍	中国人、美国人、英国人、新加坡人等

(1)按年龄细分

人们在不同年龄阶段,由于生理、性格、爱好的不同,他们对同种消费品的需求往往存在着很大的差别,因此,按年龄变量可将某种产品的消费者市场细分出许多各具特色的细分市场,如儿童市场、青年市场、中年市场和老年市场等。

(2)按性别细分

许多商品在用途上具有明显的性别性,而且在购买行为、购买动机、购买角色等方面,两性之间也存在着很大的差别。因此按性别变量可将某种产品的消费者市场细分为男性市场和女性市场,如服装、化妆品等。

(3)按民族细分

世界和我国均有多种民族,这些民族都有自己的传统习俗、生活方式,过着不同的社会经济生活,从而呈现出各种不同的商品需求。因此,可按民族变量将某种产品的消费者市场细分为汉族市场、藏族市场等。

(4)按收入细分

收入水平的不同,不仅决定消费者购买商品的性质,而且还影响其购买行为和购买习惯。如收入高的消费者会购买高价产品,且一般喜欢到大百货公司和名牌专卖店购买;收入低的消费者会购买低价产品，且一般到超市、专业批发市场及普通商店购买。因此，按收入变量可将某种产品的消费者市场细分为高收入、中等收入和低收入等。

(5)按职业和教育程度细分

从事不同职业的人其收入不同，职业特点也不同，这会引起许多需求上的差异。教育程度不同的人，在志趣、生活方式、文化素养、价值观念等方面都会有所差异，因而会影响到他们的购买种类、购买行为和购买习惯。

想一想

哪些产品会主要考虑人口因素来细分市场？请举例说明。

2.地理因素

地理因素主要包括消费者所居住的地区以及这些地区的自然特点，如人口密度、气候、城市规模等。消费者的需求和欲望常常受到这些地理因素的影响，因此，企业可以分别利用各种地理变量或其组合来对产品的消费者市场进行细分，见表6-2。

表6-2　地理因素细分标准

地理因素	具体地理因素市场细分
地理位置	东北、华北、西南、华南等
气候	南方、北方、亚热带、热带、温带等
人口密度	城市、郊区、乡村、边远地区等
城市规模(人口)	特大城市，大、中、小城市等；或0.5万人以下，0.5万～2万人，2万～5万人，5万～10万人，10万～25万人，25万～50万人，50万～100万人，100万～400万人，400万人以上等

(1)按地理位置细分

处在不同地理位置的消费者，其购买力、购买习惯、购买方式和购买行为等方面都存在着很大的差异。以饮食为例，南北方消费者的饮食习惯等方面的需求差别十分明显。按地理位置变量可将某种产品的消费者市场细分为东北、华北、西南、华南或山区、平原、沿海等。

(2)按气候细分

地区气候的不同会影响一系列商品的消费，如东北地区对服装的需求就与华南有较大区别，又如滑雪娱乐场只能在长期下大雪或气温低于零度的地区开办。按气候变量可将某种产品的消费者市场细分为热带、亚热带、温带等细分市场。

(3)按人口密度细分

人口密度意味着该地区是否有足够的消费者，即市场规模的大小以及它所产生的销售额和营销活动代价的大小。按人口密度变量可将某种产品的消费者市场细分为城市、郊区、乡村(农村)等。

想一想

在你所用的日用品中，有哪些产品主要考虑地理因素来细分市场？请举例说明。

3.心理因素

按心理因素的市场细分是根据消费者所处的社会阶层、生活方式、个性特点等变量将消费者细分成需求不同的群体，即同一人口统计变量的消费者对同种产品的需求表现出差异性甚大的心理现象，见表 6-3。

表 6-3 心理因素细分标准

心理因素	具体心理因素市场细分
生活方式	平淡型、时髦型、知识型、名士型等
人格特征	外向型或内向型、理智型或冲动型、积极型或保守型、独立型或依赖型等
社会阶层	上上层、上下层、中上层、中下层、下下层等

(1)按生活方式细分

生活方式是人们生活及花费时间和金钱的模式。根据消费者的不同生活方式可以将消费者市场细分为各种不同的细分市场，如深居简出者、时髦者、事业心强者等。例如，妇女时装生产商将女性服装市场细分为“纯朴女性”、“时髦女郎”、“男性化女士”等，并分别为这三个细分市场设计不同款式的服装。

(2)按社会阶层细分

同一社会阶层的消费者，往往具有相类似的行为标准、价值观；而处于不同社会阶层的消费者，其行为标准、价值观等存在着较大的差异，因而他们对同种商品表现出不同的需求。如不同社会阶层的消费者对服装、娱乐活动等产品和服务的需求差异较大，对广告媒体的偏爱也不同。按社会阶层可将某种产品的消费者市场细分为上层社会、中层社会和下层社会等。

4. 行为因素

按行为因素的市场细分是根据消费者对产品的理解、态度、使用情况等将消费者细分成不同需求的群体。许多营销学者认为，行为因素是构建细分市场的最佳起点，见表6-4。

表 6-4 行为因素细分标准

行为因素	具体行为因素市场细分
购买时机	日常购买、特别购买、节日购买、规则购买、不规则购买等
追求利益	廉价、时髦、安全、刺激、新奇、豪华、健康等
使用者情况	从未使用者、曾经使用者、潜在使用者、首次使用者、经常使用者等
使用数量	少量使用者、中等使用者、大量使用者等
品牌忠诚度	坚定忠诚者、弹性忠诚者、转移忠诚者、随机者等
态度	热情、肯定、无所谓、否定、敌视等

(1)按购买时机细分

按消费者提出需要、购买和使用产品时机的不同细分，可将消费者划分为不同的群体。例如旅游公司根据游客的需求时机不同，将游客划分为不同的细分市场，暑假主要做教师和学生市场，农闲时间做农民市场，春秋季节做政府机关和社会团体市场。

(2)按追求利益细分

追求利益细分是建立在因果关系变量而非描述性变量基础上的一种市场细分方法。其基本思路是：消费者往往出于满足不同需求的动机，去购买不同的品牌，因此，可以按照消费者追求的不同利益，将消费者划分为不同的消费群体。如购买汽车，有的追求经济实惠，价格低廉；有的追求耐用可靠和使用维修方便；还有的偏向名牌高价，以显示社会地位和富有等。

(3)按使用者情况细分

按消费者进入市场程度的不同细分,可将消费者市场细分为:经常使用者、首次使用者、潜在使用者、曾经使用者、从未使用者等细分市场。大企业往往注重将潜在使用者变为现实使用者,小企业则努力争取让使用竞争者产品的消费者转向使用本企业的产品。企业应对潜在使用者和经常使用者分别采用不同的营销方法。

(4)按使用数量细分

按消费者使用某种产品数量的多少细分,可将消费者市场细分为:大量使用者、中等使用者和少量使用者等细分市场。大量使用者的顾客数量可能并不多,但他们的消费量在全部消费量中却占很大的比重,管理学中的20/80原则在这里得到了充分的体现。

(5)按品牌忠诚度细分

按消费者对品牌的忠诚度细分,可将消费者市场细分为:坚定忠诚者、弹性忠诚者、转移忠诚者和随机者等细分市场。坚定忠诚者是一贯购买某一品牌产品的消费者,表现出对该品牌产品的忠诚不移。弹性忠诚者是忠诚于2～3种品牌产品的消费者。转移忠诚者是从一种原来喜爱的产品品牌转移到另一种产品品牌的消费者。随机者是对任何品牌的产品都不忠诚的消费者。

(6)按购买的准备阶段细分

按消费者对各种信息的获取及对各种产品的了解程度细分,可将消费者市场细分为:不知某种产品已存在、知道某种产品但没有考虑购买、正在考虑购买等细分市场。对处于不同购买阶段的消费者,企业应采用不同的营销策略与其沟通,说服其购买。

想一想

以服装品牌(护肤品品牌、家电品牌等)为例,试分析这些品牌在细分市场时用到了什么心理和行为因素?请以一具体的品牌为例来阐述。

6.2.2　生产者市场细分的标准

许多消费者市场细分的标准,同样可用于对生产者市场的细分。但是,由于生产者市场细分的对象是企业,其不同于消费者市场的细分对象,所以,生产者市场细分的标准,除了运用前述的消费者市场细分的一些标准外,还需运用一些新的细分标准。生产者市场最常用的细分变量有以下几类:

1.按最终用户要求细分

产品的最终用户,是生产者市场细分最常用的标准。不同的使用者,对产品有不同的需求。如地毯生产厂生产的地毯按最终用户不同,可分为客车制造市场、建筑业市场、宾馆饭店市场等。电子元件厂根据最终用户不同,可分为军工市场、工业市场和商业市场等。企业应按照最终用户的不同,制定不同的营销策略,以满足不同用途生产者的需要和提供相应的售前、售中和售后服务。

2.按用户规模细分

用户的规模是生产者市场细分的重要标准。用户规模决定了其购买力的大小。大用户数量少，但购买量大；小用户数量多，但购买量不大。用户规模不同，企业营销组合方案也应不同。如，对于大用户，往往建立直接的业务联系，不经过中间环节；对于众多小用户，则可通过批发商或零售商组织销售。

3.按用户地理位置细分

大多数国家和地区由于自然环境、地理位置、社会环境和历史承继，以及生产的相关性和连续性的不断加深等方面的原因，其生产力的布局会形成若干个产业区或工业区，如我国的山西煤矿工业区、辽宁冶金工业区、北京电子工业区和浙江丝绸工业区等。这就决定了生产者市场比消费者市场更为集中。企业按用户的地理位置来细分市场，可选择用户较为集中的地区作为自己的目标市场，这不仅联系方便、信息反馈快，而且可以更有效地规划运输路线，节省运力与运费，同时，也能更加充分地利用销售力量，降低销售成本。

6.3 掌握市场细分的方法

1.完全无细分

完全无细分，即有意识地不根据消费者需求的不同加以细分。这样做的目的是强调市场中的共性，漠视个性，以减少生产、营运成本。在实际营销中，越来越多的产品必须按细分因素进行细分，但是，有少数的产品是不需要的，如电力、煤炭、自来水等。由于此类产品消费共性大，价格高低是老百姓最为关心的，为了减少成本，企业可以采取不加细分的方法。

2.完全细分

完全细分又称为极端细分或超细分，即认为每一个购买者都可能是一个单独的市场，完全可以按照这个市场所包括的购买者数目进行最大限度地细分，细分后的小市场也就是构成此市场的购买者数目。在实际营销中，当整个市场内只有少数几个购买者，而且这些购买者的需求都有很大的差异时，有少数产品确实具有按照这种方法细分的特性。但在绝大多数情况下，要把每一个购买者当作一个市场，并分别地生产仅符合这些单个购买者需要的各种产品，从经济效益上看是不可取的，而且实际上也是行不通的。因为市场细分本身，会引起工商企业营销费用的增加。首先在生产方面，生产的种类越多，每种产品的生产数量就不可能太多，从而得不到大规模生产的利益，生产成本必然会提高。其次在销售费用开支上，范围过小的市场细分，其市场推销费用分担额也必然很高，因此，大多数销售企业还是按照购买者对产品的要求或对市场营销手段的不同反应，将他们作概括性地分类。

3.按一个因素细分

按一个因素细分，即对某些通用性比较大，挑选性不太强的产品，按一个对购买者需求影响最强的因素加以细分。如儿童书籍市场，影响此市场的最主要因素是儿童的生理年龄，因此，可以按照儿童的年龄划分为学龄前儿童、学龄儿童、少年等书籍市场。

4.按两个或两个以上因素细分

大多数产品的销售都受购买者多种因素的影响。如不同年龄范围的消费者，因生理或心理的原因对许多商品有不同的要求；同一年龄范围的消费者，因收入的不同，也会产生需求的差异;同一年龄范围和同一收入阶层的消费者,更会因性别、居住地区及其他许多情况的不同而呈现复杂的、互不相同的需求。因此,大多数产品都需按照两个或两个以上的因素细分。

5.按系列因素细分

按系列因素细分,即以多层变量为依据,由宏观到微观、由粗到细,层层深入地进行市场细分。

6.4 判断有效市场细分

企业在市场细分时选用的细分标准越多,相应的子市场也就越多,每个子市场的容量也就越小。相反,选用的细分标准越少,子市场就越少,每个子市场的容量则相对较大。事实上,无论是消费者市场,还是生产者市场,并非所有细分出来的细分市场都是有效的。有效的细分市场应具备以下三个条件:

1.可衡量性

是指可以识别和衡量的细分市场,亦即细分出来的市场范围明确,容量大小能够判断,购买力和细分市场规模等因素能够测定。这样,企业才能决定其相应的生产规模,进行合理定价,建立合适的分销渠道,采取适当的促销方式。

2.可进入性

是指企业通过市场营销组合能够有效进入的细分市场,并能较好地满足细分市场的要求。这主要表现在两个方面:一是企业能够通过一定的媒介将产品信息传递到该细分市场;二是企业产品能够经过一定的销售渠道抵达该细分市场。细分市场的可进入性,实际上就是企业营销活动的可行性。很明显,企业不能进入或难以进入的细分市场对企业是没有意义的。

3.实效性

是指有一定的规模、足够的发展潜力、能够获利和相对稳定的细分市场。比如细分市场的范围狭窄、发展潜力不大,企业的投资就得不到补偿,预期的利润目标就得不到实现。如果细分市场的需求变化过快,不具有相对的稳定性,则会关系到企业生产结构、产品组合的稳定,增加企业的经营风险,严重影响企业的经济效益。

【学习小结】

由于消费心理、购买习惯、收入水平、地理位置等差别,购买者对同种产品或同类产品的具体消费需求往往并不相同,甚至差别极大。这就决定了任何一个企业都不可能满足全部消费者对某种产品的需求,有必要对市场进行细分。

所谓市场细分就是企业通过市场调研,根据整体市场消费者需求的差异性,以影响消费者需求和欲望的某些因素为依据,将某一产品的整体市场划分为若干个需求不同的消费者群的市场分类过程。根据顾客购买特征的差异性,我们将消费市场划分为为满足家庭和个人需要的消费者市场和组织市场。细分消费者市场的因素主要有人口因素、地理因素、心理因素和行为因素,细分组织市场的主要变量有用户的规模、地理位置、用户对产品的最终用途等。对这些变量运用不同的方法来进行细分,就会获得不同的细分市场,我们称之为“子市场”或者“亚市场”。

但不是所有细分出来的子市场都是有效的市场，判断是否是有效市场的标准主要有可衡量性、可进入性、时效性等。在判断出了有效的市场之后才能为后续的企业营销行为打下基础。但我们更需要进一步清楚，不是所有有效的市场都能成为企业的目标市场。这在接下来的学习任务中会进一步阐述。

【学习小活动】

【活动目的】 深入理解并运用市场细分的变量来开展产品市场细分工作。

【活动内容】 教师指定某一产品，请同学分小组在规定时间内讨论针对这一产品可以划分出哪些子市场？划分这些子市场运用到的细分变量有哪些？

【活动建议】 以小组竞答形式进行，竞答获胜的小组给予一定的奖励。

【学习评价】

一、学习完本章节内容，你有什么收获？

1. 从知识的角度：

2. 从技能的角度：

3. 从个人成长的角度：

二、学习完本章节内容，你还有什么疑难问题？

【作业】

请查阅伊利集团相关牛奶产品资料，并总结出这些产品分别满足什么样的消费群体？运用所学知识深入分析，你还可以为伊利集团牛奶产品找出哪些未被找出的细分市场？

任务7 确定目标市场

【任务信息】

小李现在面对细分出的众多的子市场又开始犯愁了。有的人口味偏清淡,有的人喜好麻辣,有的人消费能力很强,有的人经济实力又不济……针对这一学生消费群体,就可以划分出如此多需求各异的潜在的消费群体,到底谁才是他最理想的目标市场呢?

请站在小李的角度上,帮他分析,并确定要进入的目标市场。

【关键词】

目标市场 评价细分市场 目标市场策略

市场细分的目的在于发现市场机会,即从一系列细分市场中,选择出最适合企业经营的市场,即确定目标市场。在市场细分的基础上,企业怎样选择和确定目标市场?这就是目标市场策略研究的内容。

目标市场是指通过市场细分,被企业所选定的,准备以相应的产品和服务去满足其现实或潜在需求的那一个或几个细分市场。

7.1 评价细分市场

评价细分市场是选择目标市场的前提。评价细分市场的目的在于弄清楚这些细分市场是否值得企业进入及企业能否进入该细分市场。因此,企业在评价细分市场时,必须采用具体的评价指标。一般来说,评价细分市场至少应该包括以下几个方面的指标:

1. 规模

细分市场的预计规模是企业决定是否进入该细分市场的主要因素。如果企业选择的细分市场过于狭窄,企业有可能达不到它所期望的销售额和利润;如果企业选择的细分市场过于广泛,企业就会使自己的市场营销力量铺得过宽而显得单薄,增加的消费额和利润可能不足以弥补增加的开支。由此可见,市场规模不是越大越好,而是要适当。至于什么规模适当,不同企业之间的选择相差很大。这里的“适当”是相对于企业实力而言的。

2. 市场增长率

市场增长率是指企业在某一细分市场上、在一定时期内销售额或利润增长的百分率。有的市场现在规模虽然不大,但未来可能会迅速增长,或预计会有所增长。处于发展中不断增长的市场更被看好。要判断市场的预期增长程度,则需要企业综合考虑行业相关的经济、技术、政治、社会等环境因素,并具有敏锐的洞察力。

3. 结构吸引力

一个具有适度规模和良好潜力的细分市场,如果存在所需的原材料被一家企业所垄断、退出壁垒很高、竞争者很容易进入等问题,想必它对企业的吸引力会大打折扣。因此,对细分市场的评价除了考虑其规模和发展潜力外,还要对其吸引力作出评价。波特认为有五种力量决定整个市场或其中任何一个细分市场的长期内在吸引力。这五种力量是：

(1)行业内部竞争

即细分市场内同行业之间是否存在激烈的竞争。如果某个细分市场存在为数众多的竞争者，或者竞争者的实力强大，或者竞争者的攻击意识强烈，这意味着企业可能要面临价格战、广告战的威胁。为了在竞争中取得优势，企业可能还要不断推出新产品并投入大量的资金来攻守该细分市场，那么该细分市场就可能会失去吸引力。

(2)潜在竞争对手的进入威胁

即新的竞争者能否轻易地进入该细分市场。如果细分市场的进入壁垒很低，而且原有企业对新进入者不会采取任何报复或阻拦措施，那么该细分市场就容易吸引新竞争者加入。新竞争者加入越多，市场占有率的争夺就会越激烈，该市场的吸引力也就越低。

(3)替代品的威胁

即细分市场上是否存在着替代品或者有潜在的替代品进入。替代品的威胁越大，细分市场内企业的价格和利润就越受限制，该细分市场的吸引力就会越低。

(4)顾客的议价能力

即顾客讨价还价的能力是否很强或正在增强。顾客的议价能力越强，对产品的价格、质量和服务的要求就会越高，企业之间为了获得订单的争夺就越激烈，细分市场的吸引力就越低。

(5)供应商的议价能力

即供应商的讨价还价能力是否很强或正在增强。如果供应商所提供的原材料没有替代品或替代品少、供应商集中或者有组织，其议价能力就强，企业可能在价格、质量和服务等方面受制于供应商，而这将直接威胁企业的盈利能力，因此，细分市场的吸引力就会受到影响。

4.市场机会及获利状况

(1)市场机会分析

即分析企业所拥有的资源和经营目标是否能够与细分市场的需求相吻合。企业的任何活动都必须与企业的目标保持一致，如果某一细分市场的选择虽然能给企业带来短期的利益，但不利于企业长期目标的实现或者偏离企业的既定发展轨迹或者对企业主要目标的完成带来影响，这时企业一定要慎重。细分市场的选择，首先，应服从于企业的长期目标和主要目标；其次，企业还应具备在该细分市场上获得成功所需的资源和能力；再次，与竞争对手相比，企业还应具有竞争优势。因此，对市场机会的分析要综合考虑细分市场、企业自身和竞争对手三个方面的因素。

(2)获利状况分析

即企业对细分市场获利状况的分析。获利状况分析虽然是对细分市场评价的最后一个环节，但它是必不可少也是最为重要的。企业经营的目标最终要落实在利润上，只有有了利润，企业才能生存和发展。因此，细分市场必须是能够使企业获得预期的利润或合理的利润。

议一议

小李在选择目标市场时，需要考虑哪些因素？请具体阐述。

7.2　清楚目标市场策略

7.2.1　目标市场策略类型

根据各细分市场的独特性和企业自身的目标，有三种目标市场策略可供选择。

1. 无差异性目标市场策略

无差异性目标市场策略是指企业将整个市场作为企业的目标市场，推出一种产品，实施一种营销组合策略，以满足整个市场尽可能多的消费者的某种共同需求。采用该策略的企业，主要着眼于顾客需求的共性或同质性，忽略顾客需求的差异性，对市场不进行细分，只求满足大多数顾客的共性需求。

无差异性目标市场策略的最大优点在于成本低、经济性好。首先，不对市场进行细分，可以节省营销调研、市场分析等方面的成本；其次，单一的产品，可以取得最大规模生产带来的成本方面的优势，也可节省产品设计及研发费用；再次，统一的营销组合，可以大大节省渠道、促销等方面的费用。

虽然无差异性目标市场策略具有显著的优点，但真正能成功实施的企业并不多见，其缺点也是显而易见的。首先，忽视了市场要求的差异性，难以满足顾客的个性化需求；其次，容易导致竞争激烈和市场饱和，企业难以保持持久的规模经济效益。所以这种策略只适用于少数大家有共同需求，差异不大的商品。

2. 差异性目标市场策略

差异性目标市场策略是企业在市场细分的基础上，选择多个细分市场作为企业的目标市场，并针对各个细分市场的不同特点，分别设计不同的产品，运用不同的营销组合策略，以满足多个细分市场消费者的不同需求。采用该种策略的企业，主要着眼于消费者需求的差异性，体现了以消费者需求为中心的现代营销观念。

和无差异性目标市场策略相比，差异性目标市场策略的优点在于：一是可以更好地满足消费者的多样化需求，提高整体销量；二是由于企业在多个细分市场上开展营销，一定程度上可以降低投资风险和经营风险。实行差异性目标市场策略的缺点在于：一是企业生产多种产品，采用多种营销组合，增加了生产成本和营销成本；二是企业的资源分散在多个领域，导致企业不能集中使用资源，甚至企业内部出现彼此争夺资源的现象，容易失去竞争优势。差异性目标市场策略适用于异质市场和实力强的企业。

3. 集中性目标市场策略

集中性目标市场策略又称密集性目标市场策略，是选择一个或少数几个细分市场或一个细分市场的一部分作为目标市场，集中企业全部资源为其服务，实行专门化生产和营销。与前两种策略不同，集中性目标市场策略不是以整个市场、也不是以多个细分市场作为目标市场，而是选择一个或少数几个细分市场，通过专业化生产和营销更好地满足这部分消费者的需求。也就是说,采取集中性目标市场策略的企业不求四处出击,而求重点突破;追求的不是在较大市场上占有较小的市场份额,而是在较小的市场上占有较大的市场份额。

集中性目标市场策略的优点在于:一是营销目标集中,便于企业深入了解市场需求变化,能充分发挥企业优势;二是营销组合策略的针对性强,可以节约生产成本和营销费用;三是生产的专业化程度高;四是能满足个别细分市场的特殊需求,有利于企业产品在该细分市场取得优势地位,提高企业的市场占有率和知名度。集中性目标市场策略的缺点在于:一是目标市场过于狭小,市场发展潜力不大,企业的长远发展可能会受到限制;二是企业目标市场过于集中与狭小,产品过于专业化,一旦市场发生变化(比如强大的竞争对手介入、购买力下降或兴趣转移、替代品出现等),会给企业带来极大的威胁。集中性目标市场策略适用于生产周期短、需求量波动大的产品和资源有限、实力不强的中小企业。

7.2.2 影响企业目标市场策略选择的因素

前述三种目标市场策略各有利弊,并适用不同的情况。企业在具体运用时,应综合考虑企业产品和市场等多方面因素予以决定。

1.企业能力

企业能力是指企业在研发、生产、技术、分销、促销、管理和资金等方面力量的总和。如果与竞争对手相比,企业能力强,可以考虑采用差异性目标市场策略或无差异性目标市场策略。如果企业能力有限,则宜采用集中性目标市场策略。

2.产品的同质性

产品的同质性,即产品的相似程度。这里所指的产品相似,更多的是从消费者角度而言,也就是说,即使企业之间生产的产品客观上存在属性和产品品质上的差异,但消费者并不看重,认为它们在满足功能和情感利益方面没有差异,就认为该种产品的同质性高。如煤气、电力、石油等未经加工的初级产品,需求相似,同质性较高,该类产品宜采用无差异性目标市场策略。而对服装、家电等产品,消费者需求的差异性大,选择性强,同质性较低,异质性大,对这类产品,可根据企业的资源,采用差异性目标市场策略或集中性目标市场策略。

3.产品所处的生命周期阶段

产品处于投入期,一方面作为新产品,市场竞争不激烈;另一方面,企业致力于满足消费者的基本需求,需求的差异性还没有集中体现,这时企业可以采用无差异性目标市场策略。产品处于成长期和成熟期,市场竞争激烈,消费者的需求差异性较大,适宜采用差异性目标市场策略或集中性目标市场策略。

4.市场的同质性

如果消费者的需求、偏好比较接近,对市场营销刺激的反应差异不大,可采用无差异性目标市场策略;否则,应采用差异性目标市场策略或集中性目标市场策略。

5.竞争者的目标市场策略

如果竞争者采取无差异性目标市场策略,为了避免直接对抗,可以采取差异性目标市场策略或集中性目标市场策略;如果竞争者采取差异性目标市场策略,为了在竞争中获胜，需要进行更深层次细分基础上的差异性目标市场策略或集中性目标市场策略。

【学习小结】

因为企业经营目标的差异性和资源的相对有限性，决定了不是所有有效的细分市场都能成为企业的目标市场，评价细分市场就成了选择目标市场的前提和重要准备工作。一般来说，评价细分市场至少应该包括规模、市场增长率、结构吸引力、市场机会及获利状态等。在确定了目标市场之后，接下来就需要考虑目标市场策略。

企业可以采取的目标市场策略有无差异性目标市场策略、差异性目标市场策略和集中性目标市场策略。但究竟什么样的目标市场策略适合企业，则可以综合企业能力、产品的同质性、产品所处的生命周期阶段、市场的同质性、竞争者的目标市场策略等因素来考虑。

【学习小活动】

【活动目的】 掌握目标市场评估、选择的标准，并能正确分析现有市场上的企业正在实行的目标市场策略。

【活动内容】 请选择在一个行业里处于不同竞争地位的企业，分析它们的目标市场策略。

【活动建议】 调研活动宜小，最好在学院范围内进行。

【学习评价】

一、学习完本章节内容，你有什么收获？

1. 从知识的角度：

2. 从技能的角度：

3. 从个人成长的角度：

二、学习完本章节内容，你还有什么疑难问题？

【作业】

总结目标市场策略类型，并用现实营销案例来阐述说明。

任务8 进行市场定位

【任务信息】

在小李确定了目标市场之后，又出现了一个新的难题。在他选定的目标市场上存在着做同类餐饮的商家，有的还做得很不错。如果小李的东北特色菜馆做不出特色的话，结果可想而知。那他的特色何来？如何才能让他的餐馆与其他的商家区别开来呢？

【关键词】

市场定位　市场定位的依据　市场定位的策略

企业选定目标市场后，便应考虑如何为自己的产品在拟进入的目标市场上进行有效定位问题。因为，在企业所选定的目标市场上存在着一些捷足先登的竞争者，甚至有的竞争者已占据了“地盘”，树立了独特的形象。这样，新进入的企业便有一个如何使自己的产品形象与现有竞争者的产品形象相区别的问题，这就是市场定位问题。

8.1 认知市场定位的内涵

市场定位(Marketing Positioning)是根据竞争者的现有产品在目标市场上所处的地位，且针对目标市场对产品某些属性的变化程度，塑造出本企业产品与众不同的鲜明个性或形象，并把这种形象传递给目标市场，使本企业产品在目标市场上占据强有力的竞争地位。简而言之，市场定位就是为本企业产品建立有别于竞争者的形象，即塑造产品形象。

从上述定义可以看出，市场定位的主要作用在于确定产品或品牌的竞争优势，着重推出与竞争者产品和品牌不同的产品以满足消费者需求，更有效地吸引目标市场的消费者，尤其是有利于消费者迅速作出购买决策，重复购买本企业产品。因为在当今信息爆炸的社会，消费者被过量的产品和服务的信息所困惑，他们不可能在作每项购买决策时都对产品作重新评价，为了简化购买决策，消费者往往会将产品加以归类，即将产品和企业在他们心目中“定个位置”，这种产品位置是消费者将某种产品与竞争者产品相比较而得出的一组复杂的感觉、印象和感想。产品进行了有效的定位，就可使消费者产生深刻、独特的印象和好感，对该产品和品牌形成习惯性购买，从而使企业的市场不断巩固和发展。

想一想

“同是苹果，若别人是红苹果，那你就是青苹果。”这是有人对市场定位的一种理解。请思考此话蕴含了什么道理？对你自身有何启发？

8.2 清楚市场定位的依据

市场定位的实质是基于消费者心理的差异化。那么差异化源于何处，有哪些方面的差别会有助于牢牢抓住消费者的心呢？首先来探寻差异化的途径。按照菲利普·科特勒的分析，企业可以从产品、服务、渠道、员工和形象五个方面体现差异化。

1. 产品差异化

产品差异化(Product Differentiation)是指在产品实体方面能让消费者感觉到的差别。具体包括以下几点：

(1)特征。即对产品基本功能赋予新的特征以区别于其他竞争对手。如宝洁公司的洗发产品在满足基本的清洁头发和保护头发要求的同时，增加了去头屑的功能，使产品的竞争力得到提升。

(2)性能质量。一般而言，消费者在购买价值昂贵的产品时，都要比较不同品牌之间的性能质量。产品性能好，且价格未高出消费者所预期的范围时，消费者一般都愿意选择性能质量好且价格较高的产品。

(3)一致性。即产品的设计和运行特点与预期的符合程度。若消费者购买的产品实际功能或技术指标与企业的承诺相符合，这种产品的一致性就高。

(4)耐用性。即产品的预期使用寿命。一般而言，消费者愿意为耐用的产品支付高价，但这一点也会受到某些限制。比如时尚产品或技术更新快的产品，消费者就不会为耐用性付出较高的代价。

(5)可靠性。是衡量产品在一定时期内不会发生故障的指标。消费者通常愿意为质量稳定可靠的产品支付高价，他们希望以此避免因发生故障而形成的高维持费用。

(6)可维修性。即当产品失灵或无法工作时，易于修理。

(7)式样。是产品给予消费者的视觉效果和感觉。有时候产品的性能尽管不是很好，但由于其独特的外形，依然有消费者愿为其支付高价。

(8)设计。是一种整合力量。以上七个方面严格意义上讲，都与设计相关。随着竞争的加剧，设计将成为企业实施产品差异化的有效武器。耐用消费品、服装业及零售业、商品包装业等领域尤为重要。

2. 服务差异化

服务差异化(Services Differentiation)是指企业向目标市场提供与竞争者不同的优质服务。尤其是难以突出有形产品的差别时，竞争成功的关键常常取决于服务的数量与质量。区别服务水平的主要因素有以下六个方面：

(1)交货。即如何将产品和服务送到顾客手中，包括送货的速度、准确性和对产品的保护程度等。

(2)安装。即将产品安放在指定位置上，使之正常运转。

(3)顾客培训。即对购买产品的用户进行培训，让他们能正确有效地使用所购产品，包括培训的方式、地点、时间及连续性等。

(4)咨询服务。即企业向购买者提供资料、给予指导等。如咨询的范围、咨询服务的方式、是否收费等。

(5)维修服务。即企业向产品购买者提供的修理项目。

(6)其他服务。如担保、顾客会员俱乐部等。

3. 渠道差异化

渠道差异化(Channel Differentiation)可以从渠道的模式、渠道成员的能力及渠道管理政策等方面具体体现。戴尔公司独树一帜的定制直销模式成为它在计算机市场上获得成功的重要因素。

4. 员工差异化

员工差异化(Personnel Differentiation)是指通过聘用和培训比竞争者更为优秀的员工以获得竞争优势。员工差异化的特征主要表现在以下六个方面:

(1)称职。员工具备必需的技能和知识。

(2)礼貌。员工对顾客的态度友好,充满敬意。

(3)诚实。员工值得信赖、信任。

(4)可靠。员工能自始至终并准确地提供服务。

(5)敏捷。员工能对顾客的需要和有关问题迅速做出反应。

(6)沟通。员工能尽力去理解顾客,并能准确地与顾客交流。

在有形产品的差别很难突出的服务行业,比如旅游业、金融业、运输业等,尤其值得采用。

5. 形象差异化

形象差异化(Image Differentiation)是可以通过一些标志、文字、媒体、气氛、事件和员工行为来表述。

(1)标志。易于识别企业或品牌的一个或多个标志,可能是图案,也可能是文字、色彩等。以色彩来说,百事可乐的蓝色都能够让消费者在众多的同类产品中很容易地识别出来。

(2)媒体。即可以传递形象的各种有效载体,如宣传手册、大众传媒、公司的信、员工的名片等。

(3)气氛。在生产或运送产品或服务的有形空间营造形象,宣传气氛。如房地产公司通过公司建筑物营造企业形象。

(4)事件。通过赞助的各类活动来塑造形象。如农夫山泉2001年推出"一分钱"活动支持北京申奥,2002年推出"阳光工程"支持贫困地区的基础体育教育事业。通过这样的公益服务活动,农夫山泉获得了较好的社会效益,提升了品牌形象,实现了形象差异化。

想一想

你所学的专业在重庆市有多少高校在开设?这些高校中分别属于什么办学层次?与其他同专业的同学相比,你与他们有何差别?你将如何打造自身的差异化竞争优势?

8.3 掌握市场定位的策略

企业在具体探讨定位策略时,大致有六种定位策略可供选择。

1.比附定位

比附定位就是攀附名牌,比拟名牌来给自己的产品定位,以借名牌之光而使自己的品牌生辉。比附定位的主要方法有三种:

一是甘居"第二"。就是明确承认同类产品中另有最负盛名的品牌,自己只不过是第二而已。这种策略会使人们对企业产生一种谦虚诚恳的印象,相信企业所说是真实可靠的,这样自然而然地使消费者能记住这个通常不容易为人重视和熟记的序位。

二是攀龙附凤。其切入点亦如上述,首先是承认同类产品中已有卓有成效的名牌,本品牌虽然自愧不如,但在某些地区或某一方面还可与这些最受消费者欢迎和信赖的品牌并驾齐驱。例如,内蒙古的宁城老窖,以"宁城老窖——塞外茅台"的广告诉求来定位,就是一个较好的例子。

三是奉行"高级俱乐部策略"。就是企业如果不能取得第一名,或攀附第二名,便退而采用此策略,借助群体的声望和模糊数学的手法,打出入会限制严格的俱乐部式的高级团体牌子,强调自己是这一高级群体的一员,从而提高自己的地位形象,如宣称自己是某某行业的三大公司之一,50强大公司之一,10家驰名商标之一,等等。

2.属性定位

属性定位是指根据特定的产品属性来定位。例如,广东客家酿酒总公司把自己的"客家酿酒"定位为"女人自己的酒",突出这种属性对女性消费者来说就很具吸引力。因为一般名酒酒精度都较高,女士们多少无福享用,客家酿酒宣称为女人自己的酒,就塑造了一个相当于"XO"是男士之酒的强烈形象,不仅可在女士心目中留下深刻的印象,而且会成为不能饮高度酒的男士指名选用的品牌。

3.利益定位

利益定位是指根据产品能满足的需求或提供的利益、解决问题的程度来定位,通常可采用一种、两种或三种利益进行产品定位。如中华牙膏和白玉牙膏的定位为"超洁爽口";广东牙膏的定位为"快白牙齿";洁银牙膏的定位为"疗效牙膏",宣称对牙周炎、牙龈出血等多种口腔疾患有显著疗效。这三种定位是一种利益定位。又如正大青春宝美容胶囊的定位为"更白、更亮,肌肤更光洁",这是三种利益定位。

4.与竞争者划定界限的定位

与竞争者划定界限的定位是指与某些知名又属司空见惯类型的产品作出明显的区分,给企业的产品定一个与竞争者相反的定位。例如,美国的七喜汽水,之所以能成为美国第三大软性饮料,就是因为采用了这种定位策略,宣称自己是"非可乐"型饮料,是代替可口可乐和百事可乐的清凉解渴饮料,突出其与"两乐"的区别,因此吸引了相当部分的"两乐"品牌转移者。

5.市场空当定位

市场空当定位是指企业寻找市场上尚无人重视或者未被竞争对手控制的位置,使企

业推出的产品能适应这一潜在目标市场需求的策略。作出这种决策,企业必须对下列问题有足够的把握:

(1)制造这种产品在技术上是可行的;

(2)按既定计划价格水平,在经济上是可行的;

(3)有足够的喜欢这种产品的购买者。

如果上述问题的答案是肯定的,则可在这个市场空当进行填空补缺。

6. 质量/价格定位

质量/价格定位是指结合并对照产品的质量和价格的定位。产品的质量和价格属性通常是消费者在作购买决策时最直观和最关注的要素,且往往是将两者结合起来综合考虑的,但不同的消费者又会各有侧重。某种选购品的目标市场是中等收入的理智型的购买者,则可将产品定位为"物有所值",作为与"高质高价"或"物美价廉"相对立的定位。

8.4 清楚市场定位的步骤

市场定位的关键是企业要设法在自己的产品上找出比竞争者更具有竞争优势的特性。竞争优势一般有两种基本类型:一是价格竞争优势,就是在同样的条件下比竞争者定出更低的价格。这就要求企业采取一切努力来降低单位成本。二是偏好竞争优势,即能提供确定的特色来满足顾客的特定偏好。这就要求企业采取一切努力在产品特色上下工夫。因此,企业市场定位的全过程可以通过以下三大步骤来完成:

1. 分析目标市场的现状,确认潜在的竞争优势

这一步骤的中心任务是要回答以下三个问题:一是竞争对手产品定位如何?二是目标市场上顾客欲望满足程度如何以及确实还需要什么?三是针对竞争者的市场定位和潜在顾客的真正需要的利益要求企业应该以及能够做什么?要回答这三个问题,企业市场营销人员必须通过一切调研手段,系统地设计、搜索、分析并报告有关上述问题的资料和研究结果。通过回答上述三个问题,企业就可以从中把握和确定自己的潜在竞争优势在哪里。

2. 准确选择竞争优势,对目标市场初步定位

竞争优势表明企业能够胜过竞争对手的能力。这种能力既可以是现有的,也可以是潜在的。选择竞争优势实际上就是一个企业与竞争者各方面实力相比较的过程。比较的指标应是一个完整的体系,只有这样,才能准确地选择相对竞争优势。通常的方法是分析、比较企业与竞争者在经营管理、技术开发、采购、生产、市场营销、财务和产品七个方面究竟哪些是强项,哪些是弱项。借此选出最适合本企业的优势项目,以初步确定企业在目标市场上所处的位置。

3. 显示独特的竞争优势和重新定位

这一步骤的主要任务是企业要通过一系列的宣传促销活动,将其独特的竞争优势准确传播给潜在顾客,并在顾客心目中留下深刻印象。为此,企业首先应使目标顾客了解、知道、熟悉、认同、喜欢和偏爱本企业的市场定位,在顾客心目中建立与该定位相一致的形象。其次,企业通过各种努力强化目标顾客形象,保持目标顾客的了解,稳定目标顾客的

态度和加深目标顾客的感情来巩固与市场相一致的形象。最后，企业应注意目标顾客对其市场定位理解出现的偏差或由于企业市场定位宣传上的失误而造成的目标顾客模糊、混乱和误会，及时纠正与市场定位不一致的形象。

企业的产品在市场上定位即使很恰当，但在下列情况下，还应考虑重新定位：

(1)竞争者推出的新产品定位于本企业产品附近，侵占了本企业产品的部分市场，使本企业产品的市场占有率下降。

(2)消费者的需求或偏好发生了变化，使本企业产品销售量骤减。

重新定位是指企业为已在某市场销售的产品重新确定某种形象，以改变消费者原有的认识，争取有利的市场地位的活动。重新定位对于企业适应市场环境、调整市场营销策略是必不可少的，可以视为企业的策略转移。重新定位可能导致产品的名称、价格、包装和品牌的更改，也可能导致产品用途和功能上的变动，企业必须考虑定位转移的成本和新定位的收益问题。

拓展阅读

市场定位理论的发展

定位这一概念最早出现在艾尔·里斯与杰克·特劳特在1969年6月*Industry Marketing*杂志上发表的一篇论文中，这是“定位”这个词第一回用来描述这样一个过程：如何应付人们头脑中已经被一个规模更大、资格更老的竞争对手占据的地位。当然，定位观念也并不是在一篇文章中一蹴而就的，而是在多年的营销实践中发展、成熟和完善起来的。

1. 产品至上时代与USP理论

20世纪50年代之前，产品市场基本上属于供不应求的卖方市场，而消费者又比较注重产品功能实效，并进行理性购买。可以说，在这一时期，“你所需要的只是一个更好的捕鼠器以及用些钱去推销它”。

此时，R. 雷斯提出USP(Unique Selling Proposition，即独特销售主张)理论在广告界受到热烈欢迎。USP核心内容有三点：

(1)必须包含特定的商品利益，即明确告知消费者从产品消费中能得到什么好处；

(2)必须是独特的，即广告必须说明该商品利益是独一无二的，是其他竞争对手做不到或无法提供的；

(3)必须与销售相联系，即广告所强调的内容必须能打动消费者，让其前往购买，进而有助于促进销售。

2. 形象至上时代与品牌形象理论

20世纪60年代以后，一方面由于产品间的相互效仿，产品间的差异性越来越小，而在另一方面随着生活水平的提高，消费者求实心理有所变化，开始注重心理上的满足，企业和产品在人们心理上的形象开始出现差别。

此时，广告大师D. 奥格威提出品牌形象管理理论受到广告界的追捧，广告进入了形象至上时代。该理论认为：

(1)消费者购买时追求的是“实质利益＋心理利益”，即人们不仅注重产品的特性，也重视产品背后的企业形象和产品声誉；

(2)对同质性很高产品的形象描绘比对其具体功能特征的强调更为重要；

(3)每一广告都是企业品牌形象的长期投资，其主要目标在于树立并维持一个品牌的良好形象。

3. 信息爆炸时代与定位理论

20 世纪 70 年代以后，企业和商品成几何级数增长，产品供远大于求，企业间竞争加剧乃至白热化；同时市场上充斥着繁多的信息（产品名称、产品功能、企业/产品形象等），消费者在作出购买抉择时，信息往往就变成了噪音，让消费者无所适从。至此，消费者采取了对所接收到的信息在头脑中进行排序和简化，只接收少数几个的信息。

艾尔·里斯与杰克·特劳特提出并成熟化了定位理论。他们认为这是一个创造力不再是成功关键的时代，发明或发现了不起的事物并不重要，重要的是要进入潜在消费者的心灵。简言之，定位理论的逻辑是：传播过度的社会＋过分简单的头脑→（呼吁）极其简化的信息。

4. USP 理论、品牌形象理论、定位理论的比较（见下表）

	USP 理论	品牌形象理论	定位理论
核心理论、主张	强调产品独特的具体功能和利益	塑造形象长远投资	创造心理位置强调第一
方法与依据	实证	精神和心理满足	差异化
传播着眼点	物	艺术、视觉效果	心理上的认同

议一议

收集身边的营销案例，请举例说明某一企业在做定位时采取的是哪一种理念指导，有何体现？请作具体阐述。

【学习小结】

所谓市场定位，简单而言就是相对于竞争者，在顾客心目中为自身创设一个独特的形象。企业开展市场定位，首先需要在实地调查的基础上明确自身差异化的优势，这些差异化可以从产品、服务、渠道、员工和形象等方面来寻找。在明确自身优势的基础上，企业可以强化优势并开展市场定位。在开展具体的市场定位中，市场定位的策略可以从产品定位、竞争定位、消费者定位等方面入手，具体有比附定位、属性定位、利益定位等策略可以选择。在做市场定位的时候切忌犯定位不足、定位过头、定位混乱等错误。

案例分析

“一品堂”芦荟排毒胶囊称雄北京市场

广州市一品堂生物工程有限公司的前身是广东百思得集团有限公司。“百思得”创建于 1995 年，公司主营电视直销业务，是中国电视购物产业的开创者和奠基者之一。

1999 年，公司在取得一定的经济效益以及积累了丰富的社会资源的同时，也认识到健康产业将是 21 世纪的朝阳行业，进入健康产业，公司将有质的飞跃和全新的发展空间。

于是，在公司董事长郝照明先生的带领下，“百思得立即购”成功转型，成立“广州市一品堂生物工程有限公司”，开始进军健康产业。

实战业绩：三个月成功占领北京市场，六个月内销量稳居全国市场榜首。芦荟排毒胶囊妙用“深层排毒”区隔策略，创新传播，成功塑造行业领先地位，直逼市场霸主排毒养颜胶囊，成为中国保健品行业颇具实效性的创新营销典范。

保健品也在“品牌定位”，可是只闻其声，就是没有见到大的行动，要么定位不准，要么定位模糊，没有多少真正意义上做到像“与狼共舞，尽显英雄本色”品牌的气概，也没有做到像贵人鸟那样“天地任我行”！只是涌现一些像黄金搭档、脑白金一样“送礼”或像生命1号一样“改善大脑营养”的“功能”产品定位，要么就是定位在“滋补”的产品上，让人觉得没有多少形象可言，而“芦荟排毒胶囊”的定位是明确的、具体的。

市场上，盘龙云海的“排毒养颜胶囊”稳居市场霸主地位，其他同类产品竞争力明显偏弱，一品堂针对排毒养颜胶囊，同时采取“市场跟随”和“市场挑战”策略，即从正面跟进市场，借其势，进行排毒保健功能诉求，分享现有市场份额，初步建立产品认知度；同时，实施差异化市场策略，从侧翼强力攻击，破其势，争夺现有市场，挖掘潜在市场，夺取相对市场竞争优势。

借势其实很简单，即在产品诉求的大方向上与排毒养颜胶囊保持一致，进行同样的排毒功能诉求。真正的难点在“破势”上，即如何对领导品牌的先入为主优势进行破解，树立芦荟排毒胶囊的独特产品地位。为此，一品堂对排毒养颜胶囊进行全方位“挑刺”。“排毒养颜”最初是一个崭新的概念，对消费者具有振聋发聩的作用，诱发了巨大的市场需求，成功开辟出一个空白市场。然而，在市场步入稳定期的今天，排毒概念因耳熟能详而显陈旧，消费者对排毒养颜产品的价值需求日益加深，排毒怎么排更安全、健康？什么样的排毒产品真正具有养颜功能？排毒养颜胶囊的成分和功能点，侧重对肠胃消化系统的速效速决，排泄明显，效果直观，但支撑点单一，附加值并不大。而且目标人群定位宽泛，男女老少无所不包，一方面扩大了产品销售面，另一方面也导致产品诉求缺乏个性。所以，排毒养颜胶囊先入消费者心里的概念优势今非昔比。

直接瞄准排毒养颜胶囊的弱点，一品堂深入芦荟排毒胶囊产品本身，掘地三尺，以期提出犀利的市场定位。芦荟排毒胶囊的主要成分——美国库拉索芦荟内含有一种珍贵的排毒物质“ALOIN(芦荟甙)”，深入人体微循环系统，清毒能力极强，而且具有非常突出的美颜功能。一品堂意识到，这是同类产品所不具备的产品力优势。

一品堂在研究相关科研资料时，发现：1999年，美国佐治亚州大学生命科学研究院人体微循环实验室的首席科学家斯皮格博士发表的著名《代谢与微循环》一文，明确指出：人体内毒素不仅分布在胃肠道系统，还存在于血液、淋巴、皮肤等微循环组织器官中，从而导致口臭、便秘及内分泌失调、气血不畅、脸色晦暗等症状。毒素在人体内埋藏越多，越难排出，对人体健康的危害也就越大。人体内毒素分布的复杂性和多层性引起了一品堂极大的关注，这是以往任何一个排毒产品都没有明确指出和强调的，消费者也往往习惯把排毒直接等同于排消化系统的毒，不假思索。而库拉索芦荟富含的强力排毒成分“ALOIN”，恰恰能够全面清除人体内的各种毒素。这可能正是问题的突破口。

在确定毒素在人体内的分布是多层次的这样重要的信息后，一品堂直接将位于血液、淋巴等组织器官内的毒素定位为“深层毒素”;很显然,人体胃肠系统的毒素自然成了“浅层毒素”。

“深层排毒”的独特销售主张,不仅成功与排毒养颜胶囊等同类产品的模糊诉求相区隔,重新划分出一块空白的深层排毒市场,而且向消费者暗示了芦荟排毒胶囊是更有效、更高级的更新换代排毒产品,立刻与同类产品划清界限。同时,大大提升了产品的科技含量和附加值,也能有力支撑“排毒养颜”的深层功效。在目标人群细分上,一品堂将芦荟排毒胶囊锁定在市场购买力最强的20～45岁的中青年女性,采取高质高价的定价策略。

芦荟排毒胶囊原有广告语为“排毒肠动力,美颜新主张”,听起来虽然比较唯美,但仍然没有脱离传统保健品诉求的窠臼——“大而空,言之无物”。“排毒肠动力”,一般消费者难以理解,不知所云;“美颜新主张”,只是流于口号形式,没有折射出产品提供给消费者的切实利益点。好的广告语一定要讲究“实效”,即将产品的独特功效表达出来,并针对目标消费者的心理,通过一定的表达方式(可能是煽情的,也可能是直白的),一举击中目标消费者内心最需要的那个“临界点”,同时也是产品提供给消费者的“利益点”。只有按实效原则创作的广告语,才真正具有市场销售力。“深层排毒”,体现了实效广告的核心原则。

配合360度立体活动组合出击——“精准产品定位十新闻营销十终端媒体化”的组合出击,快速完成了产品市场导入期的教育工作,但要真正实现产品持续热销,广告、终端与促销一个都不能少,一品堂为芦荟排毒胶囊的全年市场推广制订了“360度立体拉网式活动组合计划”,该计划由四类活动组成,具有时间上纵向连续运作和空间上多重角度渗透的作用特点。芦荟排毒胶囊始终成为受人瞩目的市场亮点,产品销量节节攀升,创造“销售无淡季”称雄北京市场的佳话。

思考:

1. 作为后起之秀,一品堂的卖点是什么?

2. 如果产品的宣传攻势降低的话,一品堂应当从哪些地方入手去支撑市场的销量?

【学习小活动】

【活动目的】 充分理解市场细分、目标市场策略以及市场细分的内涵。

【活动步骤】

第一步:学生分小组收集不同行业不同品牌的有关产品、广告语等资料;

第二步:运用本章所学理论知识分析这些品牌的目标市场以及市场定位;

第三步:小组成员汇总意见,并推荐一名组员作陈述。

【活动建议】 学生先作陈述,教师点评,学生再作总结。

【学习评价】

一、学习完本章节内容,你有什么收获?

1. 从知识的角度:

2.从技能的角度：

3.从个人成长的角度：

二、学习完本章节内容，你还有什么疑难问题？

【作业】

2010 年 12 月 23 日，海尔在北京发布了首款除甲醛空调，首发价位在 3600 元左右。在生活节奏加快，甲醛成为新婚新居人群头号“杀手”的今天，95％以上受访者都表示“希望有一种方式或方法能一步到位解决这些问题”。海尔趁此宣布推出除甲醛空调，其以产品为载体同步启动的免费“送甲醛检测、设计方案、效果检测”的“三送”服务入户，让新婚新居人群足不出户享受安全舒适。

仔细阅读以上案例，请回答海尔此款空调采取了什么定位策略？并查找相关数据验证这款空调的市场表现怎么样？出现这样结果的原因是什么？

学习情境4 制定市场竞争战略

任务提示

任何一个企业家无不希望自己的企业做大做强，基业长青，但市场上有那么多的竞争者存在，怎么才能去赢得竞争呢？竞争的利器又何在？营销实战专家路长全说过一句话：没有哪一个品牌强大到无法被挑战，没有哪一个企业弱小到不能去竞争。对于一个企业来讲，竞争战略规划是否正确，决定了一个企业发展的长短。

学习目标

知识目标

- 准确理解行业和竞争的概念，正确识别竞争对手；
- 准确描述市场领先者、市场挑战者、市场跟随者和市场利基者的战略。

技能目标

- 初步具有判断竞争者的战略、目标、优势和劣势、反应模式及制定竞争战略的操作能力；
- 能够结合特定环境，正确选择企业处于不同竞争地位的竞争战略。

情感目标

- 培养自己敏锐的市场分析能力；
- 树立不惧挑战，勇于面对困难的精神。

学习任务

任务9　选择竞争战略

任务9　选择竞争战略

【任务信息】

通过前期的市场分析，小李经营的餐馆有了明确的市场定位和发展目标。然而，面对周边形形色色的竞争者，他知道任何企业组织要求得生存和发展，除了企业所具备的核心能力外，还需要制定适宜的竞争战略，战胜竞争对手。在竞争激烈的市场环境中，企业组织往往是“优胜劣汰，适者生存”，为了餐馆能得到生存和发展，你们帮小李出出主意，该如何与竞争对手竞争呢？

【关键词】

市场竞争者　市场竞争战略

9.1　认识市场竞争者

1.从行业竞争角度识别竞争者

行业的定义为一组提供一种或一类相互密切替代产品的公司群。描述一个行业的出发点就是要确定销售商的数量以及产品是同质的还是高度差异的。根据这一出发点，可划分四种行业结构类型：

(1)完全垄断。一个行业中只有一个公司在一个国家或一个地区提供一定的产品或服务(地方电力或供水公司)。

(2)寡头垄断。一个行业的结构是少数几个大企业生产从高度差别化到标准化的系统产品。

(3)垄断竞争。垄断竞争的行业由许多能从整体或部分区别出它们所提供的产品或服务并使其具有特色的公司(餐厅、美容院等)所组成。其中许多竞争者趋向针对某些它们能够更好地满足顾客需要的细分市场并索取溢价。

(4)完全竞争。完全竞争行业是由许多提供相同产品或服务的公司所组成(股票市场、农产品市场等)。因为没有差别的基础，所以竞争者的价格将是相同的。除非广告能产生心理差别，否则就没有竞争者会做广告(香烟、啤酒等)。在这种情况下，把行业说成是垄断竞争可能更合适。

2.从市场竞争角度识别竞争者

除了从行业竞争角度识别竞争者外，还可以从市场竞争角度，即把其他竞争者看作力求满足相同消费需求或服务于同一消费者群的企业。从市场竞争角度看，对竞争者的识别开阔了企业的视野，扩大了实际和潜在竞争者的范围，使企业能制定出更具竞争性的营销战略。这样我们可以区分四种类型的竞争者：品牌竞争者、产品形式竞争者、一般竞争者、愿望竞争者(详见3.1.2微观环境)，其关系如图9-1所示。

以上四种类型的竞争者如果从消费者的角度看，是企业间的产品在满足消费者需求

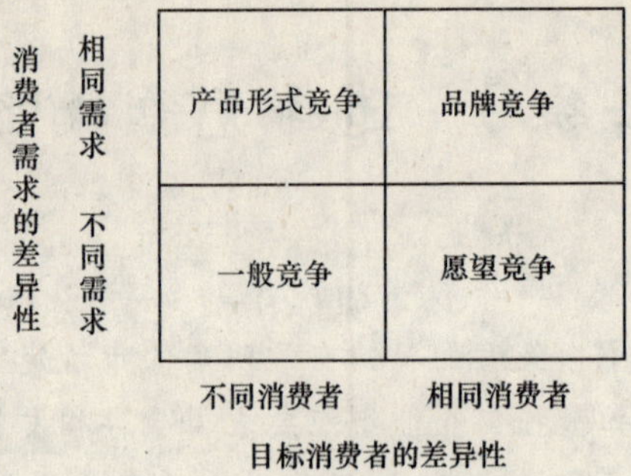

图 9-1　竞争类别分析图

的替代性方面的竞争。品牌竞争的替代性最高,竞争也最直接、最激烈,而愿望竞争是在消费者有限购买能力的条件下,吸引消费者购买满足不同欲望的产品。因此从表面看,并没有表现为直接的竞争,也正因为这样,这种类型的竞争容易被企业所忽略。

由此可见,竞争者的范围十分广泛,不能仅仅理解为提供同类产品和服务,以相似价格供给同一市场的竞争对手。必须分析四种类型竞争者的各种竞争关系,才能真正把握与本企业争夺消费者的竞争者究竟有哪些。

9.2　掌握市场竞争战略

每个企业都要依据自己的目标、资源和环境,以及在目标市场上的地位,来制定竞争策略。即使在同一企业中,不同的业务、不同的产品也有不同要求,不可强求一律。因此,企业应当先确定自己在目标市场上的竞争地位,然后根据自己的市场定位选择适当的营销战略。企业在市场中竞争地位有多种分类方法。根据企业在行业中的竞争地位,可将竞争者分为以下四种类型:市场领先者、市场挑战者、市场跟随者和市场利基者。

9.2.1　市场领先者战略

1. 市场领先者的含义

所谓市场领先者,是指在相关产品的市场上市场占有率最高的企业。一般来说,大多数行业都有一家企业被公认为市场领先者,它在价格调整、新产品开发、分销渠道建设和促销力量方面对本行业和其他企业起着主导作用。它是市场竞争的导向者,也是竞争者挑战、效仿或回避的对象。国内冰箱行业的海尔集团、电脑行业的联想集团、微波炉行业的格兰仕集团等都是处于市场领先地位的竞争者。

这些市场领先者的地位是在竞争中自然形成的,但不是固定不变的。如果它没有获得法定的特许权,必然会面临着竞争者的无情挑战。市场领先者的竞争策略的核心是守住自己的市场,保持自己的优势地位。因此,企业必须随时保持警惕并采取适当的措施以保持自己的领先地位。

2. 市场领先者的战略

一般来说,市场领先者为了维护自己的优势,保持自己的领先地位,通常可采取三种战略:一是设法扩大整个市场需求;二是采取有效的防守措施和攻击战术,保护现有的市场占有率;三是在市场规模保持不变的情况下进一步扩大市场占有率。

(1)扩大市场需求总量

一般来说,当一种产品的市场需求总量扩大时,受益最大的是处于市场领先地位的企业。因此,市场领先者应努力从以下三个方面扩大市场需求总量:

①开发新用户。每一种产品都有吸引消费者的潜力,因为有些消费者或者不知道这种产品,或者因为其价格不合适或缺乏某些特点等而不想购买这种产品,这样,企业可以从三个方面发掘新的使用者。一是转变未使用者。即说服那些尚未使用本行业产品的人使用,把潜在消费者转变为现实消费者。二是进入新的细分市场。这是针对现有细分市场中还未使用的产品的消费者,或偶尔使用的消费者,说服他们使用产品,比如说服不用香水的妇女使用香水。三是地理扩展。寻找尚未使用本产品的地方。如摩托车在大城市销量有限,可以向中小城市和广大农村市场转移。

②开辟产品新用途。企业也可通过发现并推广产品的新用途来扩大市场。同样,消费者也是发现产品新用途的重要来源,公司必须注意消费者对本公司产品使用的情况。

③扩大产品的使用量。促使使用者增加用量也是扩大需求的一种重要手段。主要方法包括提高使用频率、增加每次使用量、增加使用场所等。例如牙膏生产厂家劝说人们每天不仅要早晚刷牙,最好每次饭后也要刷牙,这样就增加了牙膏的使用量。

(2)保护市场份额

处于市场领先地位的企业,在努力扩大整个市场规模时,必须注意保护自己现有的业务,防备竞争者的攻击。

市场领先者如何防御竞争者的进攻呢?最有建设意义的答案是不断创新。市场领先者不应满足于现状,必须在产品创新、提高服务水平和降低成本等方面真正处于该行业的领先地位。同时,应该在不断提高服务质量的同时,抓住对方的弱点主动出击,此所谓“进攻是最好的防御”。

市场领先者即使不发动进攻,至少也应保护其所有战线,不能有任何疏漏。由于资源有限,市场领先者不可能保卫它在整个市场上的所有阵地。因此,必须善于准确地辨认哪些是值得耗资防守的阵地,哪些是可以放弃而不会招致风险的阵地,以便集中使用防御力量。防御策略的目标是要减少受到攻击的可能性,将攻击转移到威胁较小的地带,并削弱其攻势。具体来说,有六种防御策略可供市场领先者选择。

①阵地防御。阵地防御就是在现有阵地周围建立防线,这是一种静态的消极的防御,是防御的基本形式,但是不能作为唯一形式。对于营销者来讲,单纯防守现有的阵地或产品,就会患“营销近视症”。

②侧翼防御。侧翼防御是指市场领先者除保卫自己的阵地外,还应建立某些辅助性的基地作为防御阵地,或必要时作为反攻基地。特别要注意保卫自己较弱的侧翼,防止对手乘虚而入。

③先发制人防御。这种更积极的防御策略是在敌方对自己发动进攻之前,先发制人抢先攻击。具体做法是,当竞争者的市场占有率达到某一危险的高度时,就对它发动攻击;或者是对市场上的所有竞争者全面攻击,使得对手人人自危。有时,这种以攻为守是着重心理作用,并不一定付诸行动。如市场领先者可发出市场信号,迫使竞争者取消攻

击。当然，企业如果拥有强大市场资产——品牌忠诚度高、技术领先等，面对对手挑战，可以沉着应战，不轻易发动进攻。如美国亨氏公司对汉斯公司在番茄酱市场上的进攻就置之不理，结果后者得不偿失，以败阵告终。

④反攻防御。当市场领先者遭到对手降价或促销攻势，或改进产品、实施市场渗透等进攻时，不能只是被动应战，应主动反攻。市场领先者可选择迎击对方的正面进攻、迂回进攻等策略。例如，美国西北航空公司最有利的航线之一——明尼波里斯至亚特兰大航线受到另一家航空公司降价和促销进攻时，西北航空公司采取的手段是将明尼波里斯至芝加哥航线的票价降低，由于这条航线是对方主要收入来源，结果迫使进攻者不得不停止进攻。

⑤运动防御。运动防御要求市场领先者不但要积极防守现有阵地，还要扩展到可作为未来防御和进攻中心的新阵地，它可以使企业在战略上有较多的回旋余地。市场拓展可通过两种方式实现：一是市场扩大化，企业将其注意力从目前的产品上转到有关该产品的基本需求上，并全面研究与开发有关该项需求需要的科学技术。如"石油"公司变成"能源"公司就意味着市场范围扩大了。二是市场多样化，即向无关的其他市场拓展，实行多元化经营。

⑥收缩防御。有时，在所有市场阵地上进行全面防御会力不从心，从而顾此失彼，在这种情况下，最好的行动是实行战略收缩——收缩防御，即放弃某些薄弱的市场，把力量集中用于优势的市场阵地中。

(3)扩大市场份额

市场领先者设法提高市场占有率，也是增加收益、保持领先地位的一个重要途径。随着企业在其所服务的市场上获得市场占有率超过其竞争者，其盈利就会增加。

不过，企业切不可认为在任何情况下市场占有率的提高都意味着收益率的增长，这还取决于为提高市场占有率所采取的营销策略是什么。有时为提高市场占有率所付出的代价会高于它所获得的收益。

总之，市场主导者必须善于扩大市场需求总量，保卫自己的市场阵地，防御挑战者的进攻，并在保证收益增加的前提下，提高市场占有率。这样，才能持久地占据市场主导地位。

9.2.2 市场挑战者战略

在行业中名列第二的企业称为亚军企业或者追赶企业。它们虽然实力不及市场领先者，但在市场中瓜分了相当多的市场份额，并且实力远远强于市场中的其他竞争者。例如汽车行业的福特汽车公司、软饮料行业的百事可乐公司等。这些亚军企业对待当前的竞争形势有两种态度：一种是向市场领先者和其他竞争者发动进攻，以夺取更大的市场占有率，这时它们可称为市场挑战者；另一种是维持现状，避免与市场领先者和其他竞争者产生争端，这时它们称为市场跟随者。市场挑战者如果要向市场领先者和其他竞争者挑战，首先必须确定自己的战略目标和挑战对象，然后再选择适当的进攻策略。

1. 明确战略目标和竞争对手

战略目标同进攻对象密切相关，企业战略目标不同，进攻的对象不同。因此，针对不同的对象存在不同的目标。一般来说，挑战者可以选择以下三种企业作为攻击对象。

(1)攻击市场领先者

市场领先者在市场上占有最大的市场份额，实力强，而且拥有一大群对企业产品忠诚度很高的消费者，因此进攻市场领先者这一战略风险很大，但是挑战者进攻战略若能奏效，则其市场地位能迅速提升，潜在的收益可能很高。为取得进攻的成功，挑战者要认真调查研究消费者的需要及其不满之处，这些就是市场领先者的弱点和失误。此外，通过产品创新，以更好的产品来夺取市场也是可供选择的策略。挑战者进攻市场领先者，通常有两种意图：一种是要争夺市场占有率，而不在于马上打垮市场领先者；另一种是击败对手取而代之。

(2)攻击与自己规模相当的企业

挑战者对一些与自己势均力敌的企业，可选择其中经营不善而发生危机者作为攻击对象，以夺取它们的市场。挑战者在采取这一策略时应认真研究竞争对手的抵御能力，如消费者满意度以及该企业的创新能力等。

(3)攻击区域性小型企业

一些地方性小企业中经营不善而发生财务困难者，可作为挑战者的攻击对象。以较小的代价获得其人员和资产。例如中国青岛啤酒公司一举收购了全国各地的一百多个啤酒品牌，成为中国最大的啤酒生产厂家。

2.选择进攻策略

在确定了战略目标和进攻对象之后，挑战者要考虑进攻的策略问题。其原则是集中优势兵力于关键的时刻和地方。总的来说，挑战者可选择以下五种战略。

(1)正面进攻(Frontal Attack)

正面进攻就是挑战者集中兵力向对手的主要市场发动进攻，打击的目标是敌人的强项而不是弱点。这样胜负便取决于谁的实力更强，谁的耐力更持久，进攻者必须在产品、广告、价格等主要方面大大领先对手，方有可能成功。

进攻者如果不采取完全正面的进攻策略，也可采取一种变通形式，最常用的方法是针对竞争对手实行削价。通过在研究开发方面大量投资，降低生产成本，从而在低价格上向竞争对手发动进攻，是持续实行正面进攻策略最可靠的基础之一。日本企业是实践这一策略的典范。

(2)侧翼进攻(Flanking Attack)

侧翼进攻就是集中优势力量攻击对手的弱点，有时也可正面佯攻，牵制其防守兵力，再向其侧翼或背面发动猛攻，采取“声东击西”的策略。侧翼进攻可以分为两种：一种是地理性侧翼进攻，即在全国或全世界寻找对手相对薄弱的地区发动攻击。另一种是细分性侧翼进攻，即寻找市场领导企业尚未很好满足的细分市场。

侧翼进攻不是指在两个或更多的公司之间“浴血奋战”来争夺同一市场，而是要在整个市场上更广泛地满足不同的需求。因此，它最能体现现代市场营销观念，即“发现需求并且满足它们”。同时，侧翼进攻也是一种最有效和最经济的策略，较正面进攻有更多的成功机会。

(3)包围进攻(Encirclement Attack)

包围进攻是一种全方位、大规模的进攻策略，它在几个战线发动全面攻击，迫使对手在正面、侧翼和后方同时全面防御。进攻者可向市场提供竞争者能供应的一切，甚至比对手还多，使自己提供的产品无法被拒绝。当挑战者拥有优于对手的资源，并确信围堵计划的完成足以打垮对手时，这种策略才能奏效。日本精工表在国际市场上就是采取这种策略。在美国，它提供了约 400 个流行款式，不断更新的产品和各种吸引消费者的促销手段，取得了很大成功。

(4)迂回进攻(Bypass Attack)

这是一种最间接的进攻策略，它避开了对手的现有阵地而迂回进攻。具体办法有三种：

①发展无关的产品，实行产品多元化经营。

②以现有产品进入新市场，实现市场多元化。

③通过技术创新和产品开发，以替换现有产品。例如美国高露洁公司在面对强大的宝洁公司竞争压力下，就采取了这种策略：即加强高露洁公司在海外的领先地位，在国内实行多元化经营，向宝洁公司没有占领的市场发展，迂回包抄宝洁公司。该公司不断收购了纺织品、医药产品、化妆品及运动器材和食品公司，结果获得了极大成功。

(5)游击进攻(Guerrilla Attack)

游击进攻主要适用于规模较小、力量较弱的企业，目的在于通过向对方不同地区发动小规模的、间断性的攻击来骚扰对方，使之疲于奔命，最终巩固永久性据点。游击进攻可采取多种方法，包括有选择的降价、突袭式的促销行动等。应该指出的是，尽管游击进攻可能比正面进攻或侧翼进攻节省开支，但如果想打倒对手，光靠游击战不可能达到目的，还需要发动更强大的攻势。

从以上可以看出，市场挑战者的进攻策略是多样的。一个挑战者不可能同时运用所有策略，但也很难单靠某一种策略取得成功，通常是设计出一套策略组合，通过整体策略来改善自己的市场地位。

9.2.3 市场跟随者战略

市场跟随者与挑战者不同的是它不向主导者发动进攻并企图取而代之，而是紧随其后自觉地维持共存局面。因此每个市场跟随者必须懂得：如何保持现有消费者，并争取一定数量的新消费者；必须设法给自己的目标市场带来某些特有的利益，如地点、服务、融资等；还必须尽力降低成本并保持较高的产品质量和服务质量。市场跟随者也不是被动地单纯追随主导者，它必须找到一条不致引起竞争性报复的成长途径。以下是三种可供选择的跟随策略：

1. 紧密跟随

这种策略是在各个子市场和营销组合方面，尽可能仿效主导者。这种跟随者有时好像是挑战者，但只要它不从根本上侵犯到主导者的地位，就不会发生直接冲突，有些甚至被看成是靠拾取主导者的残余谋生的寄生者。

2. 有距离地跟随

这种跟随者是在主要方面，如目标市场、产品创新、价格水平和分销渠道等方面都追随主导者，但在包装、广告和价格方面又与主导者保持若干差异。这种跟随者可通过兼并小企业而使自己发展壮大。如果模仿者不对领导者发起挑战，领导者不会介意。

3.有选择地跟随

这种跟随者在某些方面紧跟主导者，而在另一些方面又自行其是。也就是说，它不是盲目跟随，而是择优跟随，在跟随的同时还要发挥自己的独创性，但不进行直接的竞争。这类跟随者之中有些可能发展成为挑战者。此外，还有一种“跟随者”在国际市场上十分猖獗，即名牌货的伪造者或仿制者，它们的存在对许多国际驰名的大公司是一个巨大的威胁。据法新社报道，在巴黎有的假冒名牌货在市场的流通量竟比真货多出8倍。一件真正的鳄鱼牌高级衬衣标价350法郎，而在一些店铺里用几十法郎就可买到同样商标的冒牌货。假冒伪劣商品泛滥，已成为新的国际公害。现在这种假冒活动的危害在我国也日益严重。对此，必须设法清除和击退，必须引起全社会的重视，特别是要加强执法的力度。

9.2.4　市场利基者战略

市场利基者（又称市场补缺者）是指专门为规模较小或较大企业不感兴趣的细分市场提供产品和服务的企业。市场利基者拾遗补缺、见缝插针，虽然在整体市场上仅占有很少份额，但是比其他企业更了解和满足某一细分市场，同样能通过提供高附加值得到高利润和快速成长。

每个行业几乎都有这样的小企业，它们精心服务于市场的某些细小部分，而不与主要的企业竞争，只是通过专业化经营来占据有利的市场位置。这种市场位置（利基）不仅对于小企业有意义，而且对某些大企业中的较小部门也有意义，它们也常设法寻找一个或几个这种既安全又有利的利基。一个最好的利基应具有以下特征：

①市场规模能保证一定利润，并有增长的潜力。

②企业可为之提供有效服务。

③对主要竞争者不具有吸引力。

④当这个市场利基成长到具有更大吸引力时，企业所具备的技术和信誉足以对抗主要竞争者的进攻。

那么，一个企业如何取得利基呢？取得利基的主要策略是专业化营销。营销者为了取得利基，可在市场、顾客、产品或渠道等方面实行专业化。下面是几种可供选择的专业化方案：

(1)按最终使用者专业化。专门致力于为某类最终使用者服务，如电脑行业有些小企业专门针对某一类用户（如诊疗所、银行等）进行营销。

(2)按垂直层面专业化。专门致力于生产—分销渠道中的某些层面，如制铝厂可专门生产铝锭、铝制品或铝质零部件。

(3)按顾客规模专业化。专门为某一种规模（大、中、小）的客户服务，如有些小企业专门为那些被大企业忽略的小客户服务。

(4)按特定顾客专业化。只对某一个或几个主要客户服务，如美国有些厂商专门为西尔斯百货公司或通用汽车公司供货。

(5)按地理区域专业化。专为国内外某一地区或地点服务。

(6)按产品或产品线专业化。只生产一大类产品，如美国的Wrigley公司专门生产口香糖一种产品，现已发展成为一家世界著名的全球性公司。

(7)按质量和价格专业化。专门生产经营某种质量和价格的产品,如专门生产高质高价产品或低质低价产品。

(8)按服务项目专业化。专门提供某一种或几种其他企业没有的服务项目,如美国有一家银行承办电话贷款业务,并为客户送款上门。

在选择市场利基时,多重利基比单一利基更能减少风险,增加保险系数。因此,营销者通常选择两个或两个以上的利基,以确保企业的生存和发展。总之,只要营销者善于经营,小企业也有许多机会可以在获利的条件下提供优质服务。

议一议

在重庆乳制品市场上,天友集团处于什么样的市场地位,它有哪些竞争者?为赢得竞争,它采取了什么样的竞争战略?请查阅相关资料,并作分析。

【学习小结】

任何企业开展营销活动,首先,必须清楚在所处市场范围内面临的竞争环境是完全垄断、寡头垄断、垄断竞争或者完全竞争中的哪种类型。其次,企业应当确定自己在目标市场上的竞争地位,然后根据自己的市场定位选择适当的营销战略。企业在市场中竞争地位有多种分类方法。根据企业在行业中的竞争地位,可将竞争者分为以下四种类型:市场领先者、市场挑战者、市场跟随者和市场利基者。不同的竞争者制胜的市场竞争战略也有差异。企业需在正确判断自身竞争地位的基础上正确选择竞争战略。

案例分析

华龙的崛起与发展

1994年春天的一个晚上,范现国把8位朋友叫到一起,说了一句让大家吃惊的话:咱们建一个方便面厂吧。几个朋友大多是做过些生意的,他们知道,要建一个方便面厂,至少也得200万元的投资,而当时全国已经有2000多条方便面生产线,其中有一半以上已经处于停产或半停产状态。同时,"康师傅"、"统一"已经盘踞了中国方便面市场的大片江山,其地位可谓固若金汤。

一个在别人看来已接近"夕阳"的产业,一个已经强手林立的市场格局,后来者还有发展的余地和做大的机会吗?范现国之所以有这样的胆量,是因为他引领一家食品企业已经搞过两年的方便面,他认同一个说法:只有夕阳企业,没有夕阳产业。一种产品、一些企业的衰退,不等于整个产业都衰退。市场永远都有商机,关键是你怎么干。范现国说服了8位朋友,面对许多业内人士并不看好的市场,开始了"华龙"方便面的创业历程。他们共投资218万元,上了两条班产3万包的方便面生产线。

让朋友们想不到的是,仅仅10年的时间,华龙就从这么两条生产线开始迅速攀升,在全国建成16个生产基地并拥有了100多条生产线。企业规模与综合实力扩张了1000多倍,品牌价值更是飙升至82亿多元。它拥有了20多个系列、80多个口味、200余个规格的方便面产品家族,同时还集方便面、精粉、汤料、调味品、饼业、包装、运输等配套极强的关联产业为一体。2003年销售收入达40多亿元，在国内同业中坐上了第二把交椅，并跻身世界方便面业的前10位。

一个不起眼的地方，一个不起眼的产品，华龙能把它做到行业老二，理所当然地会吸引日清的目光。同样，进入中国10年，却只占领了内地2%市场份额，远逊于“康师傅”、“统一”的业绩，使号称方便面鼻祖的日清深以为憾，因此最终选择搭乘华龙的快车，更像是为了了却其多年来一直未完成的心愿——做中国方便面市场的老大。而双方谈判仅5个月就一举敲定了投入15亿元的额度，日清对华龙的倚重可窥一斑。

对华龙来说，此举也正是水到渠成。范现国已经观察到，市场竞争目前正呈现出“国内竞争国际化，国际竞争区域化”的发展态势。在制面行业，少数企业占领多数市场的局面即将形成，大打价格战的无序竞争趋势正在逐渐降温。优势企业间强强联合实现双赢，是当今市场竞争的新动向。因此，双方的此次战略合作，就是要尽快整合两家企业的资源优势，大力加强新产品开发和对国内国际两个市场的拓展力度。

对这15个亿的资金，华龙确定了基本的去向。一是用于研发高品质、高营养的方便面，实现产品结构的调整，借助日清的领先生产技术、现代管理水平、世界一流的研发机构以及雄厚的资金实力，实践自己“创造东方制面好品质，创新现代饮食新概念”的经营理念；二是向“面”以外的产品延伸。新公司目前的名字由原来定位于面业改为华龙日清食品有限公司，而食品的大概念，显然为日后的多元发展埋下了伏笔。

华龙的发展靠什么？——从“农村包围城市”战略看华龙的抉择

一个发端于河北偏于一隅的小县城的企业，究竟凭什么能在全国做大，甚至要引领中国乃至试图引领世界潮流呢？

华龙的诞生日，正是全国方便面企业的“受难日”。

从20世纪90年代开始蜂拥而起的中国方便面企业，到1994年达到极度饱和。全国大大小小的生产厂家有1000多家，生产线1800多条。由于产销严重失调，一多半企业处于停产半停产，有人断言方便面业的冬天来了。那时候，别人都在往外跑，而华龙却反而要往里挤，这在当时看来，不是傻子就是疯子。但常人不可理喻的偏执也许正是优秀企业家特有的素质。而范现国就是这样一个不按常理出牌，反其道而行之的人，这或许就是他敢走偏锋的过人之处，从他为华龙选择的市场路径就可看出他的思维路线。

作为后来者，盲目跟进只能是找“死”。只有会钻市场的空子才能找到捷径，而发现空当要靠准确的判断力。1994年的方便面市场，“第一战场”在城里，且各方势力已经分化。除倒掉的一些厂子外，暂时取得胜势的一些大企业、大集团都把眼光盯在高档消费上，几乎都在高端市场打拼，没人顾得上大众市场。即使在今天，不少企业仍然只盯着3亿多城市人的钱袋子，没几个愿意跟穷人打交道的。

“退一步海阔天空”，股东会上范现国的这句话点中的正是华龙的市场空间所在。他们没有盲目地加入到与他人的短兵相接中，而是留意起被这些先来者有意无意中忽略的一大块市场——城市平民及广大农民的需求。“农村包围城市，最后夺取城市”的市场策略就此出笼。更具体一点，就是华龙常说的“大众面铺市场、中档面创效益、高档面树形象”的产品三部曲战略。为实现这种市场定位和战略，华龙采取了步步为营建立经销基地的销售策略。

1996 年,他们在长江以北地区建立了 600 个经销基地,“华龙面”的牌子逐渐亮了起来。“华龙面天天见”的广告几乎覆盖了长江以北的省道、国道两旁的墙壁和路牌,也出现在中央及省市各级的电视台上。1997 年,十五大对民营企业的进一步解套,让华龙感觉到向中等城市进军的时机到来。2000 年,对华龙更是重要的一年,范现国提出了“三到”的营销服务方针,即:到农村去铺货,到城镇去设点,到夫妻店去工作。抓小求得大市场,营销网络甚至渗透到了夫妻店,华龙这种拉网式的营销模式几乎就是一场“人民战争”。

当初的放弃城市战略,使华龙避免了与强劲对手的正面冲突,选择非“敌占区”开辟自己的战场。他们在广大的中低端市场默默耕耘,不仅树立了较好的品牌形象,更积累了雄厚的资金实力,10 年后,他们迈向高端市场的机会成熟了,到了农村包围城市,并最终夺取城市的时候了。

2002 年初,华龙用两年时间研究开发,倾尽全力打造的高档面品牌“今麦郎”弹面系列全新上市。也就是从那一刻起,独霸中国方便面高端市场 10 年的“康师傅”部分销量开始让渡给“今麦郎”。业内分析,这是华龙挟“今麦郎”在大城市发起的“最后夺取城市战役”。

华龙精心打造的此款产品,从品质上说,已达到国内一流水平,在面身等诸多方面甚至已超过了日本、韩国。其更大的新闻点则在于,它的出现标志着对方便面食“营养瓶颈”的突破。通过在面粉中加入微量元素和在粉包、酱包中加入天然肉骨骨素抽取物,华龙的“今麦郎”系列产品经中国营养学会鉴定,其营养成分含量已符合国家 DRIs 标准,突破了过去方便面食只管方便不管营养的困局,第一个打出了方便面食的营养大旗。

今天的“今麦郎”不仅从河北的农村卖到了北京、上海,并且已从中国销往了美国、德国、捷克、澳大利亚、新西兰等十几个国家和地区。毋庸置疑,“今麦郎”系列正是华龙推进实施“夺取城市”战略的核心武器。在其推出之后,果然在业界引起强烈反响,业内人士惊呼,“今麦郎”将导致中国高档面市场格局的重新划分。

就在华龙积极挺进大中城市之时,行业老大“康师傅”却突然牵手在华龙眼皮底下的河北中旺,意欲借助这个后起之秀近年来在农村市场的地盘向当年自己未能顾及的低端市场进军。有人说这是“康师傅”在华龙后院点的一把火。“康师傅”欲抄华龙后路,“围魏救赵”之举也从一个侧面再次印证了当年华龙市场战略的前瞻性。

夹缝里求生存——华龙的边缘战略

从农村包围城市到最后夺取城市,华龙仅用了 10 年时间。

在他起家的 1994 年,“康师傅”和“统一”几乎封死了高端市场,如果要取胜的话,首先要从边缘和薄弱市场入手,也就是抢占空白点。10 年来,华龙甩掉“统一”并最终撕开“康师傅”的口子,靠的就是这个“边缘战略”。事后证明“康师傅”1992 年在中国取得胜利以后,一批外资方便面品牌如日本的日清、新加坡的美厨等都来争抢这个非常诱人的市场,但这些后来的合资品牌几乎都失败了,华龙却胜利了。华龙的启示就在于创业者如何避开锋芒而发现、创造、填补市场空隙。

说实话,10 年前的范现国从起步的那天起眼睛就没离开过城市,他的“农村包围城市”只是个策略,而“夺取城市并走向世界”才是他的终极目标。当普通老百姓看着 1 元一包的“康师傅”只能咂吧咂吧嘴时,他心中想的只是如何让他们也能便宜地吃到好一点的方便面。

这是范现国的经营理念，也是他的做人信念。有一年，国际棕榈油紧缺，而方便面销售形势却异常火爆，采购部进了一批符合国标但不符合企业标准的“次品油”，范现国发现后勒令退回，宁可停产一天损失几百万。范现国常对员工说；我们从事的是“良心事业”，我们必须对出厂的每一包产品负责！生产部门的工作人员曾经想用提高刀速的办法来快速提高产量，而范现国坚决不干，他说：宁愿客户挤破门，质量不差半毫分。华龙能从低端一路走到高端，靠的正是这种拗劲。在华龙面卖得最火的时候，在原材料一路上涨时，不断有人提议应涨点价，范现国仍是不同意，而是用“不涨价扩规模，利用优势再造优势”来解决这一矛盾。在淡季建厂，在旺季投产，靠大生产大销量来提高利润。10年来消费者给了他热情的拥抱，一年72亿包的销量使华龙面真正成了中国人“天天见”的方便面。他就这样靠打“时间差”打进了北京，冲出了国门，在“康师傅”和“统一”的夹缝里建起了他的“方便面王国”。

产品从农村到城市，总部从隆尧到北京，品牌从中国到世界，华龙的10年，是中国民营企业大腾挪的10年，是中国的草根阶层从压制到解放的10年。

华龙之路，无疑是中国民企的一条跨越式发展的成功之路。

思考：华龙发展历程中，它的市场地位发生着怎样的改变？运用了什么样的市场竞争战略？

【学习小活动】

【活动目的】 能正确分辨竞争者类型，并能识别不同类型的竞争者采取的竞争战略。

【活动步骤】

第一步：在市场上任意选择一家企业；

第二步：查阅相关资料并结合实地调查，分析这家企业在某一市场范围内的竞争对手，并指出其在这个市场上的竞争地位；

第三步：查找相关资料，并结合其市场表现，指出这家企业采取了何种竞争战略，并分析其战略实施的成效。

【活动建议】 学生独立作业，并在教师的指导下完成。

【学习评价】

一、学习完本章节内容，你有什么收获？

1. 从知识的角度：

2. 从技能的角度：

3. 从个人成长的角度：

二、学习完本章节内容，你还有什么疑难问题？

【作业】

王老吉把凉茶从传统的“药饮”概念做成了“饮料”，并突破了原有的消费地域限制，打翻了消费者对其原来的狭隘理解，取得了全国市场的成功。

思考：如果你是中国其他凉茶品牌，你该如何进攻王老吉？

学习情境5 制定营销策略

任务导航

A公司是一家省级商贸企业,主营业务是家电产品。该公司计划把业务做到周边区县去。由于周边区县消费者人口统计特征与大城市存在较大差异,该公司必须在其产品、价格、分销和推广方面下工夫,该怎么去做呢?

学习目标

知识目标

➢准确描述产品整体概念和五个层次构成、产品组合策略、产品生命周期策略及品牌策略的含义;

➢准确描述各种定价方法和定价策略,并能说明其使用条件;

➢准确描述影响企业分销渠道设计的因素,以及企业分销渠道的设计和管理;

➢准确描述促销的四种方式,以及不同促销手段的技巧。

技能目标

➢能够使用产品整体概念及层次构成解释产品营销中的实际问题;

➢能够结合企业的经营目标正确运用产品组合策略、品牌策略以及产品生命周期理论;

➢能够结合企业的经营目标制定有效的价格策略;

➢能够结合企业特征和具体产品属性,构建合理的分销渠道;

➢能够结合企业的产品正确运用促销组合的基本策略、常用方法和技巧,占领目标市场。

情感目标

➢培养学生合作沟通的能力,增强职业情感;

➢树立学生产品经理及营销管理的意识;

➢树立学生自我推销的意识。

学习任务

任务10　制定产品策略

任务11　制定价格策略

任务12　制定渠道策略

任务13　制定促销策略

任务 10 制定产品策略

【任务信息】

经过一段时间的筹备,小李的餐馆正式运营了。作为一家在重庆开设的北方菜馆,如何吸引更多的消费者前来就餐,小李煞费苦心。同时,他还发现很多餐馆的菜品在不断推陈出新,不同季节卖的菜品都有变化,甚至连周边的麦当劳等西式快餐连锁店也卖中餐了。小李知道,他必须对其产品(菜品)和服务进行合理规划,这是首要的任务。你认为,小李该如何规划其产品和服务的组合呢?

【关键词】

产品整体概念 产品组合 产品生命周期 品牌 包装 品牌策略 包装策略

营销组合即营销手段,是市场营销中的一个最基本概念,指企业根据顾客的需求和企业的营销目标来确定可控营销因素的最佳组合。

由于市场营销组合主要有三个特点:可控制性、动态性、整体性,因此一个企业在销售工作中突出什么策略,兼顾什么策略,就要根据企业内外部环境以及考虑市场营销组合的各个约束条件来作出决定。这些约束条件包括企业的营销战略、企业营销环境、目标市场特点、企业资源情况等。

营销组合基本策略包括产品策略、价格策略、渠道策略和促销策略四种。

10.1 认识产品与产品组合策略

10.1.1 产品简述

1.产品概念

关于产品的概念,有狭义和广义之分。狭义的产品概念是局限于某种物质的形态和具体的用途上,一般被表述为:由劳动创造,具有价值和使用价值,能满足人类需求的有形物品。广义的产品概念具有极其宽泛的外延和深刻的内涵,一般被表述为:能够通过交换满足消费者或用户特定需求和欲望的一切有形物品和无形服务。其中,有形物品包括产品实体及其品质、款式、特色、品牌和包装等;无形服务包括可以使顾客的心理产生满足感、信任感以及各种售后支持和服务保证等。

2.产品整体概念

消费需求不断地扩展和变化使产品的内涵和外延不断扩大。从内涵看,产品从有形物品扩大到服务、人员、地点、组织和观念;从外延看,产品从实质产品向形式产品、附加产品拓展。为此,联系消费者需求和企业间的产品竞争,从整体上对产品进行研究,这就是市场营销学提出的产品整体概念,如图 10-1 所示。

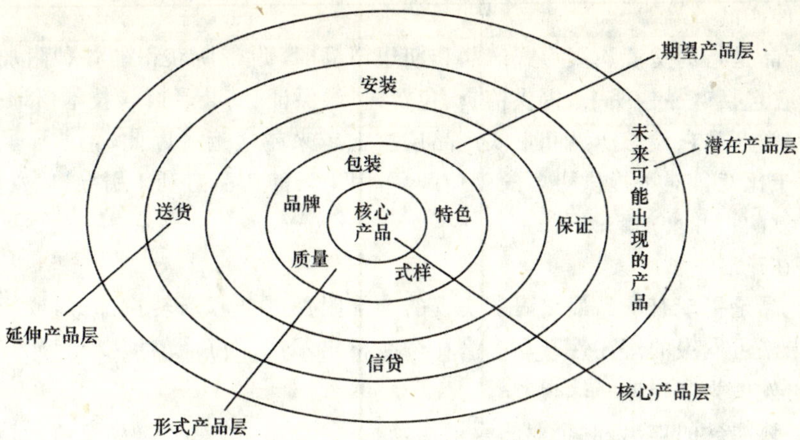

图 10-1 产品整体概念的五个层次

关于产品整体概念，学术界曾用核心产品、形式产品和延伸产品（附加产品）三个层次内容加以表述。但近年来，以菲利普·科特勒为代表的北美学者提出产品整体概念包括核心产品、形式产品、期望产品、延伸产品和潜在产品五个层次内容。他们认为这样做能够更深刻而逻辑地表达产品整体概念的含义。

（1）核心产品

核心产品是指向消费者提供的基本效用或利益，是消费者真正要买的东西，是产品整体概念中最基本、最主要的内容。消费者购买产品，并不是为了获得产品本身，而是为了满足自身某种特定需要的效用和利益。如人们购买洗衣机，不是为了买到装有电动机、开关按钮的大铁箱这一物体，而是为了通过洗衣机的洗涤功能，使其代替人工洗衣，减轻家务劳动，方便日常生活。消费者愿意支付一定的费用购买产品，首先在于购买该产品的基本效用，并从中获得利益。因此，企业产品的生产经营活动，首先应考虑能为消费者提供哪些效用或利益，并且着眼于产品的这些基本效用或利益上。

（2）形式产品

形式产品是指产品的本体，是核心产品借以实现的各种具体产品形式，是向市场提供的产品实体的外观。形式产品由产品质量（品质）、特色（特征）、式样、品牌和包装五个方面的有形因素构成。具有相同效用的产品，其存在形态即形式产品可能有较大的差别。消费者购买某种产品，除了要求该产品具备某些基本功能，能提供某种核心利益外，还要考虑产品的品质、造型、款式、颜色以及品牌声誉等多种因素。产品的基本效用必须通过某些具体的形式才能得以实现。因此，企业进行产品设计时，应着眼于消费者所追求的核心利益，同时还要重视如何以独特的形式将这种利益呈现给消费者。

（3）期望产品

期望产品是指消费者购买产品时，期望得到的与产品密切相关的一整套属性和条件。如旅馆的客人期望得到清洁的床位、浴巾的服务等。因为大多数旅馆均能满足旅客的这些一般期望，所以旅客在选择档次大致相同的旅馆时，一般不是选择哪家旅馆能提供期望产品，而是根据哪家旅馆就近和方便而定。

(4)延伸产品

延伸产品是指消费者购买形式产品和期望产品时,附带所获得的各种附加服务和利益的总和,它包括产品说明书、提供信贷、免费送货、保证、安装、维修、技术培训等,不同企业提供的同类产品在核心产品和形式产品层次上越来越接近。因此,企业要赢得竞争优势,应着眼于比竞争对手提供更多的延伸产品,因为延伸产品有利于引导、启发、刺激消费者购买、重复购买和增加购买量。

(5)潜在产品

潜在产品是指现有产品最终可能实现的全部附加部分和新转换部分,或指与现有产品相关的未来可发展的潜在性产品。潜在产品指出了产品可能的演变趋势和前景,如彩色电视机可发展为多媒体终端视频等。

产品整体概念的提出,对企业的营销活动具有多方面的意义。首先,它向企业昭示,明确消费者所追求的核心利益十分重要。其次,企业必须特别重视产品的无形方面,包括产品形象、服务等。消费者对产品利益的追求包括功能性和非功能性两个方面,前者更多地体现了消费者在物质方面的需求,后者则更多地体现了消费者在精神、情感等方面的需求。随着社会经济的发展和人民收入水平的提高,消费者对产品非功能性利益越来越重视,在很多情况下甚至超越了对功能性利益的关注。由此,要求企业摆脱传统的产品概念,重视产品非功能性利益的开发,更好地满足消费者的需求。再次,企业在产品方面的竞争可以从多个层次展开。对于在功能、品质上极为接近的成熟产品,企业难以制造较大的差异,但这并不意味着企业之间的竞争只有在价格上相互拼杀。产品整体概念的提出,给企业带来了新的竞争思路,那就是可以通过在款式、包装、品牌、售后服务等多个层面创造差异来确立市场地位和赢得竞争优势。

产品整体概念清晰地体现了以消费者为中心的市场营销观念。这一概念的内涵和外延都是以消费者需求为标准的,并由消费者的需求来决定。可以说,产品整体概念是建立在"需求=产品"这样一个等式基础之上的。

想一想

作为消费者,我们更关心产品的哪些层次?对营销者来说有什么营销启示?

10.1.2 产品组合

产品组合是指企业生产或销售的全部产品的大类产品项目组合。产品组合不恰当可能造成产品滞销积压,甚至引起企业亏损。产品组合相关概念有:

1.产品线

指同一产品类中具有密切关系的一组产品,它们或者以类似的方式发挥作用、销售给同类顾客、通过同一类型的渠道销售、满足消费者相同的需要,或者售价在一定的幅度内变动等。

2.产品项目

指产品线中不同规格、型号、款式、特色、价格水平的具体产品。如雅芳的产品线包括主要的化妆品、珠宝首饰、时装和日常用品。每条产品线还包括几个子产品线,如化妆品可细分为口红、眼线笔、粉饼。每条产品线都有许多单独的产品项目。

3. 产品组合宽度

指一个企业的产品线总数。产品线也称产品大类、产品系列，是指一组密切相关的产品项目。这里的密切相关可以是使用相同的生产技术，产品有类似的功能、同类的顾客群。

4. 产品组合长度

指一个企业的产品项目总数。通常，每一条产品线中包括多个产品项目，企业各产品线的产品项目总数就是企业产品组合长度。

5. 产品组合深度

指一个企业所经营的每一条产品线中所包含的产品项目的数量，产品项目越多，其产品组合的深度就越深，反之就越浅。

6. 产品组合的关联度或相容度

指各条产品线在最终用途、生产条件、分销渠道或其他方面的相互关联的程度，即产品种类之间的一致性。

分析产品组合，既包括分析企业每一项产品所处的市场地位及其在企业经营中的重要程度，也包括各个不同产品项目的相互关系和组合方式的分析，其最主要的目的在于弄清在不断变化的市场营销环境中企业现有的产品组合与企业的总体战略、营销策略的要求是否一致，并根据内外部环境的要求对现有的企业产品组合进行调查。

查一查

查找相关企业网站，例如海尔、李宁、蒙牛等，请分析其产品组合，并算一算其产品组合的宽度、长度等。

10.1.3　产品组合分析方法

为了优化企业的产品组合，使每一条产品线及其各产品项目都能取得良好的经济效益，企业应对现有产品组合进行系统分析和评价，据此调整企业的产品发展和投资战略。产品组合评价的第一步是鉴定企业的关键产品线或产品项目；第二步是对各产品线或产品项目作出评价，进而作出资源配置决策。分析、评价产品组合的方法很多，主要有：波士顿矩阵法、GE矩阵法、产品定位图分析法和产品项目分析法。这里我们主要介绍波士顿矩阵法。

1. 波士顿矩阵法

波士顿咨询集团(Boston Consulting Group)是美国一流的管理咨询公司，在20世纪60年代初期，首创和推广了“市场增长率—相对市场占有率矩阵”分析方法，由于该方法构造了一个四象限的分析矩阵，因此称为波士顿矩阵法(BCG Matrix)。该方法利用两阶矩阵，共分四个区，如图10-2所示。矩阵图中的纵坐标代表市场增长率，即产品销售的年增长速度，一般以10%为高低分界线，10%以上为高增长率，10%以下为低增长率。矩阵图中的横坐标代表相对市场占有率，它表示企业某产品的市场占有率与同行业最大竞争者的该产品市场占有率之比，一般以1为分界线分为高低两个部分，1以上为高相对市场占有率,1以下为低相对市场占有率。如果相对市场占有率为0.4,则表示本企业的市场占有率为最大竞争者市场占有率的40%;如果相对市场占有率为2,则表示本企业的市场占有率是同行业最大竞争者市场占有率的2倍,则本企业是市场的领导者。

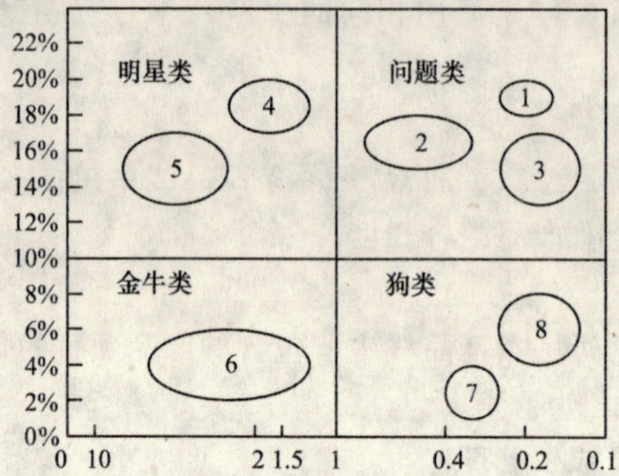

图 10-2　波士顿矩阵

2.产品组合的分析与评价

波士顿矩阵图中的圆圈代表产品线或产品项目(以下简称为产品单位),圆圈的位置是由产品单位的市场增长率和相对市场占有率所确定的;图中每个圆圈表示一个产品单位,圆圈的大小表示每个产品单位销售额的多少。波士顿矩阵图把企业的产品单位分为四种不同的类型:

(1)明星类(Stars)

明星类产品单位具有高市场增长率和高相对市场占有率的特点,它是企业当前经营比较成功、具有市场领先地位的产品单位。这类产品有很高的市场需求,因而具有较高的市场增长率。但这类产品需要企业投入大量的资金来维持市场增长率和应对竞争者的各种挑战。所以明星类产品常常是“现金的消耗者”而非“现金的生产者”;随着市场增长速度放慢,这类产品有可能成为企业未来的“金牛类”,成为企业的高盈利产品项目。一个企业如果没有适量的明星类产品,企业的发展就缺乏后劲。

(2)金牛类(Cash Cows)

金牛类产品单位具有低市场增长率和高相对市场占有率的特点。当某产品的年市场增长率下降到10%以内,但它继续保持较高的相对市场占有率,这时,明星类产品就成了金牛类产品。这类产品能给企业带来大量的现金流。由于市场增长率低,企业不必投入大量的资金,同时也因为该产品的企业是市场领先者,它还享有规模经济和较高利润率的优势,并从这类产品中获得大量的现金。企业金牛类产品获得的收入,是用以支付当前营销管理活动的各种费用,用以支持明星类和问题类产品的发展,用以维持狗类产品。如果企业的金牛类产品过少,可用于维持企业生存和发展的资金就少,这样的产品组合是不合理的。

(3)问题类(Question Marks)

问题类产品单位具有高市场增长率和低相对市场占有率的特点。企业的大多数产品都是从问题类开始的。这类产品的存在具有两种原因:一是这类产品的市场需求发展很快，而企业过去对这些产品的投资少，因而市场占有率小；二是企业的这类产品与竞争对手的同类产品相比，缺乏竞争优势。因此，如果企业要进一步发展问题类产品，则需要投入大量的资金，添置厂房、设备和人员，以此跟上迅速成长的市场需要和赶超市场领导者。如果企业对这些产品继续增大投资，而最终不能使企业获得一个有利的市场竞争地位，将无法收回其投入的资金或者不能达到预期的投资回报率。因此，对这类产品是要进行大量投资使之转为明星类，还是精简合并以至于放弃，企业应慎重考虑并及时作出决策。对于问题类产品应区别对待，择优发展。

(4)狗类(Dogs)

狗类产品单位具有低市场增长率和低相对市场占有率的特点。一般来说，狗类产品的利润很低甚至亏损，发展前途暗淡。狗类产品一般是进入了产品衰退期，或者是企业缺乏竞争优势，经营不成功。狗类产品的存在必须有足够的理由，或是市场增长率有可能回升，或是有可能重新成为领导者等，否则，就应放弃这类产品。

上述四类产品单位在波士顿矩阵图中的位置不是固定不变的。任何产品都有其生命周期，随着时间推移，这四类产品单位在波士顿矩阵图中的位置也会发生变化。

想一想

针对以上四种类型，企业可以采取什么样的策略？

10.1.4 产品组合策略

企业调整产品组合，实际上就是根据环境变化、实际需要及生产经营能力，调整产品组合的宽度、深度和相关性，改善产品组合的结构状况。企业调整产品组合的决策主要有以下几个方面的内容。

1.拓展产品组合策略

企业可以充分利用资源，发展优势，分散企业的市场风险，增强竞争力。其渠道主要是扩大产品组合的宽度和加深产品组合的深度，即增加一条或多条生产线，拓宽产品经营领域和在原生产线的基础上增加新的产品项目。实行这一策略其主要特点是降低企业的市场风险或平衡风险，但企业的投入将增加，成本提高，利润可能减少。扩大产品组合的方式可归纳为以下三种：

(1)平行扩大法，即企业在生产设备、技术力量和流动资金允许的范围内充分发挥企业潜能，向专业化和综合化方向扩展。在原有产品线的基础上增加产品项目，在产品线层次上平行延伸。

(2)系列扩大法，即企业增加产品系列或产品线，同时也增加产品项目，向产品的多规格、多类型、多款式、多花色发展，增强生产经营的灵活性。在产品项目层次上向纵深扩展。

(3)综合利用扩大法，即生产企业生产与原有产品系列不相关的异类产品，通常与综合利用原材料、处理积压产品等结合进行。

2.缩减产品组合策略

与拓展产品组合策略相反，企业为了减少不必要的投资，降低成本，增加利润，必须发展获利较多的产品线和产品项目。该策略的主要特点是集中企业优势发展利好产品，降低成本，但增加了企业的市场风险。缩减产品组合，一般可以采用以下几种方式：

(1)削减产品线，即根据市场发展的变化，减少经营的产品线，集中企业的优势资源，生产经营少数几个有市场潜力的产品系列，并力争在市场竞争中取得主导地位，弥补因减少产品类别给企业带来的利润损失，在所经营的产品线中创造更大的利润。

(2)减少产品项目，即减少产品系列内的不同品种、规格、款式的生产和经营，淘汰低利润产品，尽量经营销路好、利润高的产品。

3.产品延伸策略

即企业根据市场的需求，重新对全部或部分产品进行市场定位。对产品线内的产品项目进行延伸。所谓产品延伸策略是指全部或部分地改变企业原有产品的市场定位，将企业现有产品大类延长的一种策略。具体来说有三种做法：

(1)向上延伸

向上延伸是指原来生产经营低档产品的企业后来决定增加高档产品，即高档产品策略，就是在产品组合的某一条产品线中增加新的高档高价的产品项目，以提高企业现有产品的市场声望。这样既可提高企业原有产品的销售量，又可使企业的产品逐步转入高档产品市场，从而谋求企业的长远利益。

(2)向下延伸

向下延伸是指原来生产经营高档产品的企业后来决定增加低档产品，即低档产品策略，就是在原来产品组合的高档产品线中增加廉价的产品项目。低档产品策略的目的是要充分利用高档名牌产品的声誉，吸引买不起高档产品的消费者购买高档产品线中的廉价产品。这样既满足了消费者各种不同的需求，又增加了企业的销售额。

(3)双向延伸

双向延伸是指原定位于中档产品的企业掌握了市场优势以后，决定向产品的上下两个方向延伸，一方面增加高档产品，另一方面增加低档产品，把产品项目扩大到高、中、低三个档次。

在现代市场经济条件下，企业的产品大类具有不断延伸的趋势，但是，一家企业所能达到的最大产品大类的长度并不一定是其产品大类的最佳长度。产品大类并非越长越好，关键是要作切实有效的市场调查，不能盲目地实施产品延伸策略。

查一查

在相关网站上查阅五粮液集团及贵州茅台酒集团在产品组合方面的策略，并分析它们各自做法的优劣。

10.2　认识产品生命周期

10.2.1　产品生命周期概念

产品生命周期，是指产品从投放市场到被淘汰出市场的全过程，是产品在市场上的存在时间。理解这个概念应注意以下几点：

(1)产品生命周期不同于产品使用寿命。产品生命周期是指产品在市场上存在的时间，是产品的经济寿命，其长短受到社会生产力发展水平、产品更新换代速度、消费者需求变化和企业间竞争状况等因素的影响。而产品使用寿命是指产品从投入使用到损坏或消失所经历的时间，它与产品的自然属性和使用强度有关。

(2)市场营销中所研究的产品生命周期，严格地讲是指产品品种的生命周期。产品种类（如电视机、洗衣机）、产品品种（如黑白电视机、彩色电视机）、产品品牌（如创维牌电视机、海信牌电视机）的生命周期各不相同，但其中产品种类的生命周期是最长的，如电视机、洗衣机等种类的产品，而某些品种、某些品牌的电视机、洗衣机随时都有可能被市场淘汰。

(3)产品的生命周期只是一种理论上的描述。一般认为，典型的产品生命周期可划分为四个阶段：投入期、成长期、成熟期和衰退期。根据实践经验，销售增长率不足 10%时为投入期；在 10%以上时为成长期；0%～10%时为成熟期；衰退期的销售增长率则为负数。如图 10-3 所示。

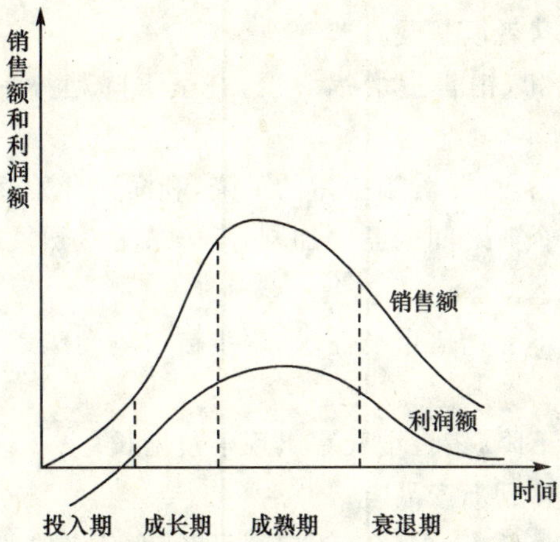

图 10-3　产品生命周期

但并非所有产品生命周期都要依次经过投入期、成长期、成熟期和衰退期这四个阶段，有些产品一上市就很快进入成长期，没有经过投入期的缓慢增长过程；有些产品则没有成长期，从投入期直接进入成熟期；有些流行产品，昙花一现，很快就退出市场。

研究产品生命周期理论有着特别重要的意义。它可以帮助企业正确判断不同产品的销售趋势，有助于企业制定正确的产品策略以及各种市场营销策略，想方设法延长产品的生命，从而提高企业的经济效益。

10.2.2 产品生命周期各个阶段的特点

1. 投入期

又称引入期，试销期，导入期，指新产品试制成功，进入市场试销的阶段。其主要特征是：

(1)只有少数企业生产；

(2)由于消费者对产品不熟悉，广告促销费用较高；

(3)需作大量广告宣传，推销费用大；

(4)产品售价常常偏高。这是由于生产量小、试制费用大、成本高、广告促销费用较高所致；

(5)销售量增长缓慢、利润少，无利可图甚至发生亏损。

2. 成长期

又称畅销期，指产品通过试销阶段以后，转入成批生产和扩大市场销售的阶段。其主要特征是：

(1)消费者对产品已经熟悉并接受，销售量迅速上升，一般来说，销售增长率超过10%；

(2)生产规模扩大，产品成本下降，企业利润不断增加；

(3)同行业竞争者纷纷介入，竞争趋向激烈。

3. 成熟期

又称饱和期，指产品在市场上销售已经达到饱和状态的阶段。其主要特征是：

(1)产品被大多数消费者所接受；

(2)市场需求趋于饱和，销售量增幅缓慢，并呈下降趋势，一般来说，销售增长率为1%～10%；

(3)企业利润达到最高点，随着销售量的下降，利润也开始逐渐减少；

(4)市场上同类产品企业之间的竞争加剧，竞争最为激烈。

4. 衰退期

又称滞销期，指产品不能适应市场需求，逐步被市场淘汰或更新换代的阶段。其主要特征是：

(1)产品销售量迅速下降，销售增长率出现了负增长；

(2)消费者已完全转移到新产品上；

(3)产品价格已降到最低点，多数企业无利可图，竞争者纷纷退出市场。

10.2.3 产品生命周期各阶段的营销策略

1. 投入期的营销策略

营销策略重点突出一个“快”字，使产品尽快地为消费者所接受，缩短市场投放时间，扩大产品销售，迅速占领市场，促使其向成长期过渡。主要手段是广告和促销，使人们熟悉并了解新产品，扩大对产品的宣传，建立产品信誉，刺激中间商积极推销新产品。

对进入投入期的产品，企业总的策略思想应该是迅速扩大销售量，提高赢利，缩短投入期，尽量更快地进入成长期。具体策略有：

(1)促销活动的重点是向消费者宣传介绍产品的性能、用途、质量，使消费者尝试使用新产品；

(2)价格上可采取低价渗透策略，迅速扩大销售量占有一定的市场，以及高价撇脂策略提高赢利。

根据市场具体情况，将促销与价格组合运用，选择相应的策略：

(1)快速取脂策略。企业以高价格，配合大力度促销将新产品投放市场。

(2)缓慢取脂策略。企业以高价格，只进行适度的促销将新产品投放市场。

(3)快速渗透策略。企业以低价格，配合大力度促销将新产品投放市场。

(4)缓慢渗透策略。企业以低价格，只进行适度的促销将新产品投放市场。

2.成长期的营销策略

产品进入该时期，其销售额和利润都呈现出迅速增长的势头，故企业的策略思想尽可能延长成长期时间，并保持旺销的活力。

营销策略重点突出一个“好”字，强化产品的市场地位，尽可能提高销售增长率和扩大市场占有率。具体策略有：

(1)为适应市场需求，集中企业必要的人财物资源，改进和完善生产工艺，改进产品质量，增加花色品种，扩大产品批量；提高产品质量，扩充目标市场。企业应把提高产品质量放在首要位置。及时提供各种有效的服务，增加花色品种，推出多种包装、不同性能和款式的产品适应目标市场的需求，增强市场吸引力。

(2)进一步细分市场，扩大目标市场。

(3)加强分销渠道建设。加强与中间商的合作，巩固原有的分销渠道。根据市场扩展需要，增加新的分销渠道，进入有利的新市场，扩大产品销售网络，做到保证供应，方便购买。

(4)突出产品宣传重点。应从产品的知晓度转入产品知名度、美誉度的宣传。重点介绍产品的独特性能和相对优点，树立企业和产品的良好形象，争取创立名牌，培养消费者对产品的信任感和偏爱性。

3.成熟期的营销策略

产品进入该时期，其销售额和利润出现最高点。由于生产能力过剩，市场竞争加剧，销售增长速度缓慢甚至出现下降趋势，而此时期企业营销思想应尽量延长生命周期，使已处于停滞状态的销售增长率和利润率重新得以回升，营销策略重点突出一个“改”字，要采取各种措施，千方百计延长产品生命周期。具体策略有：

(1)市场改革策略，即开发新的目标市场，寻求新顾客。其方式有：

①发展产品的新用途，即不改变产品质量、功能而发掘产品新用途，用于其他领域，从而延长产品的生命周期。

②寻求新市场，相对产品原市场而言，原市场在本地区、本省或本国，则其他地区、外省或外国就是新市场。

(2)产品改革策略，即通过对产品自身作某种改进，来满足消费者不同需要，从而为消费者寻求新用途，使销量获得回升。可以从产品的特性、质量、式样和附加产品等方面进行改革。

(3)市场营销组合改革策略，即对产品、定价、分销渠道和促销这四个因素加以改革，以刺激销售额的回升，通常做法如降价、增加广告、改善销售渠道，以及提供更多的售后服务等。

4.衰退期的营销策略

该时期产品的销售和利润直线下降。营销策略重点突出一个“转”字，应积极开发新产品取代老产品。具体策略有：

(1)维持策略。继续沿用过去的营销策略，仍保持原有的细分市场，待到时机合适，再退出市场。

(2)收缩策略。大幅度缩减促销费用，把产品销售集中在最有利的细分市场，以求获取尽可能多的利润。

(3)放弃策略。对于大多数企业来说，应当果断地停止生产，致力于新产品的开发。在淘汰疲软产品时，是采取立即放弃，完全放弃还是转让放弃，应慎重抉择，力争将企业损失减小到最低限度。

总之，如何放弃衰退期产品是企业最难作出的决策问题，首先必须能正确判断产品是否已进入衰退期；其次选择淘汰产品的最佳方式。而解决好这些问题的基础就是有健全的商情分析制度和确切的市场信息资料。

查一查

在相关网站上查阅统一集团旗下统一鲜橙多、统一绿茶、统一冰红茶三者的相关资料，介绍一下其市场生命周期状况。

10.3 开发新产品

现代市场营销观念下的新产品概念是指凡是在产品整体概念中的任何一个部分有所创新、改革和改变，能够给消费者带来新的利益和满足的产品，都是新产品。

10.3.1 新产品的分类

按不同的划分标准，新产品可以分为不同的种类。

1.按产品研究开发过程划分

(1)全新产品，指应用新原理、新技术、新材料制造出前所未有，能满足消费者的一种新需求的产品。

(2)改进型产品，指在原有产品的基础上进行改进，使产品在结构、品质、功能、款式、花色及包装上具有新的特点和新的突破的产品。改进型产品有利于提高原有产品的质量或产品多样化，满足消费者对产品更高要求，或者满足不同消费者的不同需求。

(3)模仿型产品，指企业对国内外市场上已有的产品进行模仿生产，形成本企业的新产品。这类产品占新产品的比例为 20% 左右。

(4)降低成本型产品，指企业通过新科技手段，削减原产品的成本，但保持原有功能不变的新产品。

(5)重新定位型产品,指企业的老产品进入新的市场而被该市场称为新产品。

2.按地区、范围来划分

(1)世界性新产品。指世界上第一次试制成功,并生产和销售的产品。

(2)全国性新产品。指在国内试制生产并投入市场的产品。

(3)地区性新产品。指在其他地区已投入生产,但本企业所在地区是首次试制成功并投入市场的产品。

(4)企业新产品。指企业采用引进或仿制的方法首次生产和销售的产品。

10.3.2 新产品的发展趋势

(1)新产品的科技含量不断提高。企业必须在新产品开发中投入更多的科研力量,使之转化成更多的知识经济技术成果,确保新产品更加完美,更具有市场竞争力。

(2)新产品多样化。由于消费者的需求层次不同,喜好也不同,而且复杂多变,因而新产品开发应做到多样化,适应市场的发展趋势,以满足消费者多层次的需求。

(3)产品更美观,更舒适,更适用。消费者的物质文化生活水平不断提高,使得对产品的要求朝着舒适性、艺术性、功能更齐全的方面发展。

(4)"绿色产品"的发展。随着社会公众优化环境意识的提高,"绿色"消费迅速普及,因此,开发新产品时,除严格做到无污染外,还要注意保护环境,维护生态平衡。

10.3.3 新产品开发的方式

1.独立研制

所谓独立研制,就是企业依靠自己的科研技术力量研究开发新产品。这种方式能够结合企业的特点,形成自己的产品系列,使企业在某一方面具有领先地位。但因独立研制要求企业有较强的技术力量和较多的资金投入,所以一般适宜于那些拥有较强科研力量的大中型企业或企业集团采用。

2.协作开发

协作开发是指企业与科研机构、高等院校、社会上有关专家或其他单位联合进行新产品开发。这种方式可使科研人员迅速将其科研成果运用到实际中来,企业也可从产品设计和技术等方面得到指导和帮助,既充分发挥各自特长,又使双方都能受益。技术力量来自各个不同单位,各方有效协调是至关重要的,但在实践操作中往往很有难度。

3.技术引进

技术引进是指企业引进国外或地区外的成熟技术进行新产品开发,或直接引进设备生产新产品。采用这种方式,企业可以节省研究费用,缩短开发时间,能够较快地掌握产品制造技术,及时生产出新产品并投放市场,成功率较高。但也应注意,企业引进的技术或设备,通常是别人正在使用或已经使用过的,引进前必须认真进行市场容量和产品发展前景分析,充分重视技术或设备的先进性和适用性,避免因盲目引进而造成不良后果。

4.研制与引进相结合

研制与引进相结合是指企业在引进别人先进技术的基础上，结合自身专长研制新产品。这种方式可以使独立研制和技术引进相互补充，有机结合，加快消化吸收别人的先进技术，又能不断创新，不仅时间省、投资少、风险小，而且可使产品更具特色和吸引力，有利于促进企业的技术水平和提高经济效益。

10.3.4 新产品开发的程序

一个新产品从独立构思到开发研制成功，其过程主要经历八个阶段：创意产生、创意的筛选、概念发展和试制、试验与鉴定、市场分析、产品开发、市场试销和市场化。

1.创意产生

即提出新产品的设想方案，产生一个好的新产品构思或创意是新产品成功的关键。企业通常可以从企业内部和企业外部寻找新产品创意的来源。而寻求创意的主要方法有以下几种：

(1)产品属性列举法。指将现有产品的属性一一列出，寻求改良这种产品的方法。

(2)强行关系法。指列出多个不同的产品或物品，然后考虑它们彼此之间的关系，从中启发更多的创意。

(3)调查法。即向消费者调查使用某种产品时出现的问题或值得改进的地方，然后整理意见，转化为创意。

(4)头脑风暴法。即选择专长各异的人员进行座谈，集思广益，以发现新的创意。

2.创意的筛选

采用适当的评价系统及科学的评价方法对各种创意进行分析比较，选出最佳创意的过程。在这个过程中，力求做到除去亏损最大和必定亏损的新产品构思，选出潜在盈利大的新产品创意。

3.概念发展和试制

新产品概念是企业从消费者的角度对产品创意进行的详尽描述，即创意具体化，描述出产品的性能、具体用途、形状、优点、价格、提供给消费者的利益等。同时将筛选出的创意发展成更具体、更明确的产品概念，试制转变成真正的产品，而试制一般包括样品试制和小批量试制。

4.试验与鉴定

新产品试制后，需进行全面鉴定，对新产品从技术和经济上作出评价。鉴定的内容主要包括：设计文件的完整性和样品是否符合已批准的技术文件；样品精度与外观质量是否符合设计要求，并进行有关试验；对质量、工艺、经济性评价、改进意见，编写鉴定书。新产品只有通过鉴定合格，才可进行定型，正式生产产品。

5.市场分析

即对新产品估计的销售量、成本和利润等财务情况，以及消费者满足程度，市场占有率等情况进行综合分析，判断该产品是否满足企业开发的目标。

6.产品开发

主要解决产品构思能否转化为在技术上和商业上可行的产品。它通过对新产品的设计、试制、测试和鉴定来完成。

7.市场试销

将正式产品投放到有代表性的小范围市场上进行试销，旨在检查该产品的市场效应，然后决定是否大批量生产。通过试销可为新产品能否全面上市提供全面、系统的决策依据，也为新产品的改进和市场营销策略的完善提供启示。有许多产品是通过试销改进后才取得成功的，但并非所有的新产品都要经过试销，可根据新产品的特点及试销对新产品的利弊分析来决定。如果试销市场呈现高试用率和高再购率，表明该产品可以继续发展下去；如果市场呈现高试用率和低再购率，表明消费者不满足，必须重新设计或放弃该产品；如果市场呈现低试用率和高再购率，表明该产品很有前途；如果试用率和再购率都很低，表明该产品应当放弃。

8.市场化

新产品试销成功后，就可以正式批量生产，全面推向市场。而企业在此阶段应从以下几方面作好决策：

(1)何时推出新产品。即在什么时候将产品推入市场最适宜，针对竞争者而言，可以作三种选择：首先进入、平行进入和后期进入。

(2)何地推出新产品。企业如何推出新产品，必须制订详细的上市计划，如营销组合策略、营销预算、营销活动的组织和控制等。

(3)向谁推出新产品。企业把分销和促销目标面向最理想的消费者，利用他们带动其他消费者。

(4)如何推出新产品。即企业制定较为完善的营销综合方案，有计划地进行营销活动。

10.3.5　新产品的推广策略

人们对新产品的接受过程，存在一定的规律性，西方学者总结为五个阶段，即”认识—说服—决策—实施—证实”。根据这些阶段的特点，在推广新产品时可以采取以下几种策略：

(1)市场导向策略。即新产品投放市场，促销活动重点应该是向消费者宣传和介绍产品的用途、性能、质量，其主要手段可采用报刊、广告、新闻媒体等，引导和说服消费者购买新产品。

(2)技术领先型策略。即企业以掌握的先进技术，生产出科技含量较高的新产品，推入市场时着重展示产品的技术含量。

(3)竞争性模仿策略。即新产品进入市场时可以采纳或模仿成功品牌经验，如外形、色彩、营销策略等。

(4)综合性策略。即新产品投入市场可将以上策略结合起来使用。

10.4 认识品牌策略

10.4.1 品牌的概念

1.品牌的概念及内涵

品牌与包装都是产品整体观念的重要组成部分。品牌又称为产品的牌子，它是制造商或经销商加在产品上的标志，是指用来识别卖者的产品或劳动的名称、符号、象征、设计或由它们的组合所构成，用来区别本企业与同行业其他企业同类产品的商业名称。

品牌是一个集合概念，它包含品牌名称、品牌标志等。

(1)品牌名称：指品牌中可以用语言来称呼和表达的部分。

(2)品牌标志：指品牌中可被识别而不能用语言表达的特定标志。包括专门设计的符号、图案、色彩、文字等。

品牌建设的目标是使品牌具备品牌资产。品牌资产是这样一种资产，它能够为企业和顾客提供超越产品或服务本身利益之外的价值；同时品牌资产又是与某一特定的品牌紧密联系的；如果说品牌文字、图形作改变，则附属于品牌之上的财产将会部分或全部丧失。

品牌作为特定企业及其产品的形象标识，具有以下含义：

(1)属性。一种产品的品牌首先代表着该产品特有的一系列属性，如工艺精湛、性能卓越、高档贵重、转卖价值高等。

(2)利益。一种产品的品牌还意味着购买者可以从中获得的一系列独特利益。由于购买者真正要购买的不是产品的属性而是从中获得利益，因此只有当品牌意味的产品属性可以转化为购买者需要的功能性、经济性、情感性利益时才会为顾客接受。

(3)价值。一种产品的品牌也表示着一些生产经营者的价值，如高效率、守信用、可信赖、有声誉等。

(4)文化。一种产品的品牌还可能代表着一种特定的文化，如东方文明、乡村气息等。

(5)个性。一种产品的品牌也反映着产品的一定个性，展示着产品的一些独特格调。

(6)用户 。一种产品的品牌往往还暗示着购买或使用该品牌产品的消费者类型。

在以上六个方面中，品牌的价值、文化和个性是品牌的深层内涵和品牌中最持久的部分，是一个特定的品牌最不易于被他人模仿的东西。公众可以从以上六个方面识别的品牌为深度品牌，否则为肤浅品牌，只有深度品牌才能充分发挥品牌的作用。企业进行品牌决策时，必须注意品牌的一整套含义，必须注意对品牌深层次含义的策划。

品牌是一种资产，能以一定的价格买卖。但一般公司不把品牌资产列入资产负债表，因为评估有随意性。

议一议

在通州区梨园镇的一家饭店，许多顾客慕名来尝一种白酒。原来，这种产自贵州省茅台镇的白酒被销售代理公司起了个响亮的名字——“锅得缸”。这款酒的宣传横幅被摆在上楼处，外包装盒上画着一个很抽象的相声演员形象。盒子上还印有“非著名白酒品牌”

的广告词。

这个品牌名称是否恰当？请分析这个品牌的品牌内涵。

2.商标的概念

商标是一个专门的法律术语，品牌或品牌的一部分在政府有关部门依法注册登记后，获得专用权，受到法律保护的，称为商标。经注册登记的商标有“R”标记，或“注册商标”的字样。

(1)商标的特征

①商标是商品或服务的标志。非商品上的图案、符号、标记都不是商标。

②商标是受到法律保护的产权标志，是经商标局核准注册而取得的特殊权利，具有独占性，不容他人或企业侵犯。

③商标是生产者或经营者的标志，区别于其他商品，它是企业声誉和评价的象征。

(2)商标与品牌的联系与区别

联系：商标的实质是品牌，两者都是产品的标记。

区别：并非所有的品牌都是商标，品牌与商标可以相同也可以不同；商标必须办理注册登记，品牌则无需办理；商标是受法律保护的品牌，具有专门的使用权。

10.4.2 品牌策略

品牌策略是一系列能够产生品牌积累的企业管理与市场营销方法，包括4P与品牌识别在内的所有要素。主要有：品牌化决策、品牌使用者决策、品牌名称决策、品牌战略决策、品牌再定位决策、品牌延伸策略、品牌的更新。

1.品牌化决策

品牌化决策是指企业决定是否给产品起名字、设计标志的活动。

使用品牌对企业有如下好处：有利于订单处理和对产品的跟踪；保护产品的某些独特特征被竞争者模仿；为吸引忠诚顾客提供了机会；有助于市场细分；有助于树立产品和企业形象。

一般来说，对于那些在加工过程中无法形成一定特色的产品，由于产品同质性很高，消费者在购买时不会过多地注意品牌。此外，品牌与产品的包装、产地、价格和生产厂家等一样，都是消费者选择和评价商品的一种外在线索，对于那些消费者只看重产品的式样和价格而忽视品牌的产品，品牌化的意义也就很小。如果企业一旦决定建立新的品牌，那不仅仅只是为产品设计一个图案或取一个名称，而必须通过各种手段来使消费者达到品牌识别的层次，否则这个品牌的存在也是没有意义的。未加工的原料产品以及那些不会因生产商不同而形成不同特色的商品仍然可以使用无品牌策略，这样可以节省费用，降低价格，扩大销售。

2.品牌使用者决策

品牌使用者决策是指企业决定使用本企业(制造商)的品牌，还是使用经销商的品牌，或两种品牌同时兼用。

(1)制造商品牌

一般情况下，品牌是制造商的产品标记，制造商决定产品的设计、质量、特色等。享有盛誉的制造商还将其商标租借给其他中小制造商，收取一定的特许使用费。大多数企业在对产品命名时都采用的是自己的品牌，如海尔旗下的产品大多被冠以“海尔”品牌。

(2)中间商品牌

近年来，中间商的品牌日益增多。所谓中间商品牌就是批发商或零售商开发并使用的自有品牌。一般而言，中间商品牌策略的使用者基本上是实力雄厚的大型零售商。例如西方国家许多享有盛誉的百货公司、超级市场、服装商店等虽不生产产品，但都有自己的品牌，有些著名商家(如美国的沃尔玛)经销的90%商品都用自己的品牌。同时强有力的批发商中也有许多使用自己的品牌，增强对价格、供货时间等方面的控制能力。

当前，中间品牌已经成为品牌竞争的重要因素。但使用中间商品牌对于中间商会带来一些问题。中间商需大量订货，占用大量资金，承担的风险较大；同时中间商为扩大自身品牌的声誉，需要大力宣传其品牌，经营成本提高。中间商使用自身品牌也会带来诸多利益，比如因进货数量较大则其进货成本较低，因而销售价格较低，竞争力较强，可以得到较高的利润。同时中间商可以较好地控制价格，也可以在某种程度上控制其他中间商。

(3)混合品牌

在现代市场经济条件下，制造商品牌和经销商品牌之间经常展开激烈的竞争，也就是所谓品牌战。一般来说，制造商品牌和经销商品牌之间的竞争，本质上是制造商与经销商之间实力的较量。在制造商具有良好的市场声誉，拥有较大市场份额的条件下，应多使用制造商品牌，无力经营自己品牌的经销商只能接受制造商品牌。相反，当经销商品牌在某一市场领域中拥有良好的品牌信誉及庞大的、完善的销售体系时，利用经销商品牌也是有利的。因此进行品牌使用者决策时，要结合具体情况，充分考虑制造商与经销商的实力对比，以求客观地作出决策。

3.品牌名称决策

品牌名称决策是指企业决定所有的产品使用一个或几个品牌，还是不同产品分别使用不同的品牌。在这个问题上，可以大致有以下四种决策模式：

(1)个别品牌名称

即企业决定每个产品使用不同的品牌。采用个别品牌名称，为每种产品寻求不同的市场定位，有利于增加销售额和对抗竞争对手，还可以分散风险，使企业的整个声誉不致因某种产品表现不佳而受到影响。

(2)统一品牌名称

即企业的所有产品都使用同一种品牌。对于那些享有高声誉的著名企业，全部产品采用统一品牌名称策略可以充分利用其名牌效应，使企业所有产品畅销。同时企业宣传介绍新产品的费用开支也相对较低，有利于新产品进入市场。如美国通用电气公司的所有产品都用GE作为品牌名称。

(3)家族品牌名称

企业使用这种策略，一般是为了区分不同大类的产品，一个产品大类下的产品再使用共同的家族品牌，以便在不同大类产品领域中树立各自的品牌形象。

(4)父子品牌名称

即企业决定其不同类别的产品分别采取不同的品牌名称，且在品牌名称之前都加上企业的名称。企业多把此种策略用于新产品的开发。在新产品的品牌名称上加上企业名称，可以使新产品享受企业的声誉，而采用不同的品牌名称，又可使各种新产品显示出不同的特色。例如海尔集团就推出了“探路者”彩电，“大力神”冷柜，“大王子”冰箱、“小王子”冰箱和“小小神童”洗衣机。

议一议

请分析使用不同品牌名称决策时对企业的利弊有哪些？试举实际营销案例进行说明。

4.品牌战略决策

品牌战略决策有四种，即品牌延伸策略、多品牌策略、新品牌策略、合作品牌策略、品牌再定位策略。

(1)品牌延伸策略

品牌延伸策略是企业利用其成功品牌的声誉来推出改进产品或新产品。品牌延伸策略通常有两种做法：

①纵向延伸。是企业首先推出某一品牌，成功后，又推出新的经过改进的该品牌产品；然后再推出更新的该品牌产品。例如，宝洁公司在中国市场，先推出“飘柔”洗发香波，然后又推出新一代“飘柔”洗发香波。

②横向延伸。是企业将成功的品牌用于新开发的不同产品。例如，巨人集团以“巨人”品牌先后推出计算机软件、生物制品和药品等一系列产品。

品牌延伸可以大幅度降低广告宣传等促销费用，使新产品迅速、顺利地进入市场。这一策略如运用得当，有利于企业的发展和壮大。然而，品牌延伸未必一定成功。另外，品牌延伸还可能淡化甚至损害原品牌的形象，使原品牌的独特性被逐步遗忘。所以，企业在品牌延伸策略上应审慎行事，要在调查研究的基础上，分析、评价品牌延伸的影响，在品牌延伸过程中，应采用各种措施尽可能地降低对原品牌的冲击。

议一议

思考品牌延伸策略对企业的利弊，请用具体的案例来作分析、说明。

(2)多品牌策略

在相同产品类别中引进多个品牌的策略称为多品牌策略。一个企业建立品牌组合，实施多品牌策略，往往也是基于同样的考虑，并且这种品牌组合的各个品牌形象相互之间是既有差别又有联系的，使用多品牌策略基于以下考虑。

①培植市场的需要

没有哪一个品牌单独可以培植一个市场。尽管某一品牌起初一枝独秀，一旦等它辛辛苦苦开垦出一片肥沃的市场，其他人就会蜂拥而至。众多市场竞争者共同开垦一个市场，有助于该市场的快速发育与成熟。当市场分化开始出现时，众多市场贡献者的广告战往往不可避免，其效果却进一步强化了该产品门类的共同优势。多个品牌一同出现是支持一个整体性市场所绝对必需的，多个品牌使企业有机会最大限度地覆盖市场，没有哪一个品牌能单枪匹马地占领一个市场。随着市场的成熟，消费者的需要逐渐细分化，一个品牌不可能保持其基本意义不变而同时满足几个目标。这就是为什么有的企业要创造数个品牌以对应不同的市场细分的初衷。另一方面，近年来西方零售商自我品牌的崛起向制造商发出了有力的挑战，动摇着制造商在树立和保持品牌优势上的主动和统治地位。多品牌策略有助于制造商遏制中间商和零售商控制某个品牌进而左右自己的能力。

②多品牌提供了一种灵活性，有助于限制竞争者的扩展机会

使得竞争者感到在每一个细分市场的现有品牌都是进入的障碍。在价格大战中捍卫主要品牌时，多品牌是不可或缺的。把那些次要品牌作为小股部队，给发动价格战的竞争者以迅速的侧翼打击，有助于使挑衅者首尾难顾。与此同时，核心品牌的领导地位则可毫发无损。领先品牌肩负着保证整个产品门类的赢利能力的重任，其地位必须得到捍卫；否则，一旦它的魅力下降，产品的单位利润就难以复升，最后该品牌将遭到零售商的拒绝。

③突出和保护核心品牌

当需要保护核心品牌的形象时，多品牌的存在更显得意义重大，核心品牌在没有把握的革新中不能盲目冒风险。例如，为了捍卫品牌资产，迪斯尼企业在其电影制作中使用多个品牌，使得迪斯尼企业可以产生各种类型的电影，从而避免了损伤声望卓著的迪斯尼的形象。在西方，零售系统对品牌多样化的兴趣浓厚，制造商运用多品牌策略提高整体市场份额，以此增加自己与零售商较量的砝码。

所以，多品牌策略有助于企业培植、覆盖市场，降低营销成本，限制竞争对手和有力地回应零售商的挑战。

多品牌策略虽然有着很多优越性，但同时也存在诸多局限性。

(3)新品牌策略

为新产品设计新品牌的策略称为新品牌策略。当企业在新产品类别中推出一个产品时，它可能发现原有的品牌名不适合于它，或是对新产品来说有更好更合适的品牌名称，企业需要设计新品牌。例如，春兰集团以生产空调著名，当它决定开发摩托车时，采用春兰这个女性化的名称就不太合适，于是采用了新的品牌“春兰豹”。又如，蒙牛集团推出新的高档的液态奶时，采用了“特仑苏”这个品牌。

(4)合作品牌策略

合作品牌(也称为双重品牌)策略，指两个公司的品牌同时出现在一个产品上，这是一种伴随着市场激烈竞争而出现的新型品牌策略，它体现了公司间的相互合作。一种产品同时使用企业合作的品牌是现代市场竞争的结果，也是企业品牌相互扩张的结果。这种品牌策略现在很常见，比如“一汽大众”、“长安铃木”、“松下—小天鹅”等。

(5)品牌再定位策略

品牌再定位策略是指一种品牌在市场上最初的定位也许是适宜的、成功的，但是到后来企业可能不得不对之重新定位。原因是多方面的，如竞争者可能继企业品牌之后推出他的品牌，并削减企业的市场份额；顾客偏好也会转移，使对企业品牌的需求减少；或者公司决定进入新的细分市场。

想一想

请举例说说你所熟悉的企业，分析其采用了哪些品牌策略？

10.5 认识包装策略

10.5.1 包装的概念

包装是指产品的容器或外部包扎物，是产品策略的重要内容，有着识别、便利、美化、增值和促销等功能，是产品整体概念的重要组成部分。产品包装是一项技术性和艺术性很强的工作，通过对产品的包装可以达到多种效果；包装设计应适应消费者心理，显示产品的特色和风格，包装形状、大小应为运输、携带、保管和使用提供方便。

1.包装的作用

作为商品生产的最后一道工序和产品的外衣，包装的作用主要体现在以下几方面：

(1)保护商品。即保护商品质量安全和数量的完好无损，是商品包装的最原始、最基本的目的。商品在从生产领域向消费领域转移过程中，要经过多次运输和储存的环节。其中会出现震动、挤压、碰撞、日晒、变质等情况，造成一些不必要的损失。

(2)便于运输、携带和储存。产品的物质形态有气态、液态、固态、胶态等，它们的理化性也各异，可能是有毒的，有腐蚀性的或易挥发、易燃、易爆等，外形上可能有棱角、刃口等危及人身安全的形状。进行合理的包装，可便于商品的运输，从而节省流通时间及降低运输费用。经过合理包装的产品，便于储存和点检，有利于仓库作业，合理堆砌，保护商品品质，同时便于计数，有利于管理。

(3)便于使用。适当的包装可以起到便于使用和指导消费者的作用。

(4)美化商品，促进销售。产品采用包装后，首先进入消费者视觉的往往不是产品本身，而是包装。能否引起消费者的兴趣和激发购买动机，在一定程度上取决于产品的包装，因而包装成了“无声推销员”。产品经过包装，尤其加上装潢后，商品更加美化，一个好的包装还可以增加产品的价值，引起或刺激消费者的兴趣，从而促进产品的销售。

(5)增强竞争力。不同产品采用不同包装，或同类产品不同厂家、不同品牌采用不同包装，可以使消费者易于识别。同时，通过产品包装，企业可以与竞争者的同类产品有所不同，不易仿制和伪造，有利于维护企业信誉，增强企业竞争力，提高经济效益。

(6)增收节支。首先在运输过程中，包装能减少损坏、变质等情况，减少损耗，从而减少支出，增加利润；其次在销售中，由于可以刺激消费者的消费，使销售量增加，进而也增加利润。

2.包装的分类

商品种类繁多，形态各异、五花八门，其功能作用、外观内容也各有千秋。所谓内容决定形式，包装也不例外。所以，为了区别商品与设计上的方便，我们对包装进行如下分类：

(1)按包装产品内容分

日用品类、食品类、烟酒类、化妆品类、医药类、文体类、工艺品类、化学品类、五金家电类、纺织品类、儿童玩具类、土特产类等。

(2)按包装材料分

不同的商品,考虑到它的运输过程与展示效果等,所使用的材料也不尽相同。如纸包装、金属包装、玻璃包装、木包装、陶瓷包装、塑料包装、棉麻包装、布包装等。

(3)按包装作用分

①销售包装,又称商业包装,可分为内销包装、外销包装、礼品包装、经济包装等。销售包装是直接面向消费者的,因此,在设计时,要有一个准确的定位,符合商品的诉求对象,力求简洁大方,方便实用,而又能体现商品性。

②储运包装,也就是以商品的储存或运输为目的的包装。它主要在厂家与分销商、卖场之间流通,便于产品的搬运与计数。在设计时,并不是重点,只要注明产品的数量,发货与到货日期、时间与地点等,也就可以了。

(4)按包装的形状分

①内包装,也称个包装或小包装。它是与产品最亲密接触的包装,是产品走向市场的第一道保护层。内包装一般都陈列在商场或超市的货架上,最终连产品一起卖给消费者。因此设计时,更要体现商品性,以吸引消费者。

②中包装,主要是为了增强对商品的保护、便于计数而对商品进行组装或套装。比如一箱啤酒是12瓶,一条香烟是10包等。

③外包装,也称运输包装。其主要作用是增加商品在运输中的安全,又便于装卸与计数。外包装的设计,相对内包装也较简单些。一般在设计时,标明产品的型号、规格、尺寸、颜色、数量、出厂日期即可,再加上一些视觉符号,诸如小心轻放、防潮、防火、堆压极限、有毒等。

10.5.2 包装设计

1. 包装的设计内容

(1)包装材料的选择。一是要考虑方便用户使用;二是要考虑节省包装费用;三是外观装饰要考虑符合人们的审美情趣;四是包装材料的选用要考虑有利于环保。

(2)包装标签的设计。包装标签是指附着或系挂在商品销售包装上的文字、图形、雕刻及印制的说明。一般应包括:制造者或销售者的名称和地址、商品名称、商标、成分、品质特点、包装内商品数量、使用方法及用量、编号、储藏应注意的事项、质检号、生产日期和有效期等内容。

(3)包装标志的设计。包装标志是在运输包装的外部印制的图形、文字和数字以及它们的组合。一般主要有运输标志、指示性标志、警告性标志三种。

2. 包装的设计原则

(1)安全;

(2)适用;

(3)美观大方,突出特色;

(4)造型别致,图案生动,色彩协调;

(5)包装与产品价值和质量水平相匹配;

(6)尊重消费者的宗教信仰和风俗习惯；

(7)符合法律规定，兼顾社会利益。

想一想

在我国过中秋节时各品牌月饼的包装体现了包装的哪些原则？对营销有什么作用？

10.5.3 包装策略

1.类似包装策略

类似包装，亦称产品线包装，即指企业所生产的各种不同产品，在包装上采用共同或相似的图案、形状或其他共同的特征，使消费者容易发现是同一家企业的产品。类似包装可以节省包装设计的成本，有利于提高企业的整体声誉，壮大企业声誉，特别新产品进入市场时；容易进入市场。但如果企业产品品质相差太大，不宜采用这种策略。

2.等级包装策略

即按照产品的价值、品质、分成若干等级，并实行不同的包装，使包装与产品的价值相称。比如优质包装与普通包装，豪华包装与简易包装等，有利于消费者辨别产品的档次差别和品质的优劣。适用于产品相关性不大，产品档次、品质比较悬殊的企业。其优点是能实现产品的特点，并与产品质量协调一致；缺点是增加包装设计成本。

3.组合包装策略

指把使用时相互关联的多种商品纳入一个包装容器中，同时出售。比如家用药箱、针线包、工具包等。这种策略不仅有利于充分利用包装容器的空间，而且有利于同时满足同一消费者的多种需要，扩大销售。

4.复用包装策略

指在原包装的产品使用完后，其包装物还可以作其他用途。这样可以利用消费者一物多用的心理，使他们得到额外的使用价值；同时，包装物在使用过程中，也可起到广告宣传的作用，诱发消费者购买或引起重复购买。

5.附赠品包装策略

指在商品包装物内附赠给消费者一定的物品或奖券。

6.更换包装策略

指对原商品包装进行改进或更换，重新投入市场以吸引消费者；或者原商品声誉不是太好，销售量下降时，通过更换包装，重塑形象，保持市场占有率。采取该策略，可以重塑产品在消费者心中的形象，改变一些不良影响，但对于优质名牌产品，不宜采用这种策略。

议一议

为什么有人说包装是“无声的推销员”呢，你是怎样认为的？

【学习小结】

产品是满足消费者需求的载体，产品策略是企业营销策略组合的基础，企业在营销活动开展中必须要关注产品策略。设计恰当的产品策略，需关注以下内容：

1.产品整体概念:产品整体概念包括核心产品、形式产品、期望产品、延伸产品和潜在产品五个层次内容。

2.产品组合:产品组合是指企业生产或销售的全部产品的大类产品项目组合。涉及以下几个重要概念:产品线、产品项目、产品组合宽度、产品组合长度、产品组合深度、产品组合的关联度或相容度。

3.产品组合分析方法:企业产品组合的分析工具主要是波士顿矩阵分析图。该工具考虑产品市场销售增长率以及产品相对市场占有率将产品划分为明星类、金牛类、问题类以及狗类四种类型。

4.产品生命周期:产品生命周期,是指产品从投放市场到被淘汰出市场的全过程,是产品在市场上的存在时间。一般认为,典型的产品生命周期可划分为四个阶段:投入期、成长期、成熟期和衰退期。

5.开发新产品:现代市场营销观念下的新产品概念是指凡是在产品整体概念中的任何一个部分有所创新、改革和改变,能够给消费者带来新的利益和满足的产品,都是新产品。一个新产品从独立构思到开发研制成功,其过程主要经历 八个阶段:创意产生、创意的筛选、概念发展和试制、试验与鉴定、市场分析、产品开发、市场试销和市场化。

6.品牌内涵及品牌策略:品牌是一个集合概念,它包含品牌名称、品牌标志等概念。品牌建设的目的是使品牌具有品牌价值,那么必须关注品牌策略,品牌策略是一系列能够产生品牌积累的企业管理与市场营销方法,包括 4P 与品牌识别在内的所有要素。主要有:品牌化决策、品牌使用者决策、品牌名称决策、品牌战略决策、品牌再定位决策、品牌延伸策略、品牌的更新等。

7.包装策略:包装在营销中被称为“无声的推销员”,具有重要的营销功能。包装策略主要有类似包装策略、等级包装策略、组合包装策略、复用包装策略、附赠品包装策略、更换包装策略。

案例分析

动感地带——我的地盘,听我的

2001 年 11 月 21 日,广东移动在广州和深圳两地举行品牌推介会,正式推出了精心打造的“动感地带”品牌。在此之前,它们专门成立了一个项目团队,揣摩目标用户群的心理创造了一个卡通人物——酷酷的、刺猬头、带着一脸坏笑的 M 仔——作为品牌代言人。这个最潦草的品牌包装最终成为动感地带走向全国的有力参照,因为广东移动做得很成功。只是广东移动没有想到的是,自己一个不经意的试点,居然给中国移动平添了一个支撑未来的战略核心业务。

2002 年 3 月,中国移动再一次在竞争中显示了自己的领先,在针对用户市场进行科学细分的基础上将发端于广州、深圳等地的动感地带推向全国,抢先将低端用户中最有潜力和价值的大中学生及时尚青年网罗在自己的旗下,斥巨资邀请周杰伦作为其形象代言人,在全国范围内进行了立体式媒体轰炸。很快,无论是电视、报纸还是户外广告,处处可见“我的地盘,我做主”的激情宣言。

在短短15个月之内，中国移动重新包装的动感地带，就获得了2000万“激情的用户”，也就是说，平均每3秒钟，就会有一个动感地带新用户诞生。

中国移动将动感地带的目标人群定位为年轻人群。虽然目标人群喜欢追新求异、见异思迁、忠诚度不高，并且由于没有收入来源，购买力也有限，但从长远来看，随着经济的发展，移动通信需求的增加，以及父母给子女“零花钱”的递增，使得年轻人群成为一支不可小觑的消费力量，并且恰恰是这部分人群喜欢追新求异，才会让他们勇于尝试新业务，更重要的是，年轻人群是未来主力消费的生力军，在长期潜移默化的熏陶中培养他们对中国移动的品牌情感，对中国移动的长期发展也是大有裨益。

通过反复的试点和调研，中国移动终于做出了自己的品牌战略抉择：将动感地带作为与全球通和神州行并行的第三大子品牌，以全球通为利润品牌，神州行为大众品牌，动感地带为狙击和种子品牌。其深度原因就是：电信业竞争不仅激烈，而且可谓“惨烈”。行业的“独裁者”中国移动明显感觉到了竞争者扑面而来的威胁。中国电信、中国网通的小灵通对低端市场猛烈的冲击，中国联通从技术和价格双向的、高中低端的全面挑战，让中国移动举步维艰。

中国移动推出的动感地带产品，可以用低价的优势笼络消费低端的人群，给竞争者釜底抽薪式的打击。同时，作为一个未来的战略业务增长点，动感地带弥补了中国移动品牌架构的空缺，为高端品牌全球通打通坚实的客户基础，中国移动的动感地带也将不断健全完善，预计未来3～4年，这种不断积累下来的顾客忠诚度就会升级成为“年轻群体”和“中国移动”之间一种主客方的依存。促使全球通由“明星业务”快速向“金牛业务”转型。

在品牌核心价值与品牌定位已经确定的条件下，品牌的各类目标消费群都已经清晰化和精确化，下一步就是塑造相应的品牌性格，以实现品牌与消费者的对话。所谓品牌性格就是将品牌进行人格化，塑造出鲜活的具有人的性格特征的品牌形象。它代表特定的生活方式、价值观念与消费观念，当塑造出来的品牌性格符合目标消费群心理对这个品牌的一些预期、一些感情上的要求，甚至能够符合消费对象本身的个人生活形态的时候，品牌就能够建立起与目标消费群的长期友谊。

动感地带为年轻人营造了一个个性化、充满创新和趣味性的家园。它代表一种新的流行文化，用不断更新变化的信息服务和更加灵活多变的沟通方式来演绎移动通信领域的“新文化运动”；用创新的手段拓展了通信业务的外沿，将无线通信和时尚生活融为一体，将引领令人耳目一新的消费潮流。

看动感地带的后现代广告，听“我的地盘，听我的”这句口号，再加上周杰伦的代言形象，总能给人一种很强烈的视觉、听觉以及思想上的冲击。这种冲击便是动感地带的鲜明的品牌个性的体现。足以和全球通的高贵、领导个性以及神州行的大众个性区别开来。

动感地带品牌属性包括品牌的名称、LOGO等视觉化的标志。动感地带的品牌名称是M-ZONE，LOGO是动感地带和M-ZONE的合成体，主色是充满年轻朝气和活力的橙色。品牌个性好比一个人的言行举止，动感地带的品牌个性定位是：时尚、好玩、探索，补充描述是：创新、个性、归属感。动感地带的文化定位是年轻人的通信自治区，社区文化倡导流行、前卫、另类、新潮。动感地带品牌核心人群的DNA描述是：年龄在15～25岁以上，追求时尚，崇尚个性，乐于接受新事物，容易相互影响，尝试新事物，有成长性，是未来高端客户的生力军。

动感地带的推出是市场细分的产物，标志着中国移动进入了品牌延伸以及对话音、数据业务进行整合的阶段。对动感地带这一品牌的清晰规划，一方面将有利于贴近不同用户群体的需求重点，刺激用户消费，提升品牌忠诚度；另一方面也有利于根据不同的目标市场的异质化需求进行产品开发。

思考：

1. 动感地带的品牌在中国移动所有品牌的定位属于何种范畴？

2. 动感地带的品牌特性从哪些方面可以体现？

【学习小活动】

【活动目的】 充分理解产品策略相关知识。

【活动内容】

假设每位同学手里都有一批黄豆，试问：这批黄豆可以如何来卖？采取什么样的策略可以获得更高的经济价值？请结合所学的知识来思考、分析。

【活动建议】 学生先作陈述，教师点评，学生再作总结。

【学习评价】

一、学习完本章节内容，你有什么收获？

1. 从知识的角度：

2. 从技能的角度：

3. 从个人成长的角度：

二、学习完本章节内容，你还有什么疑难问题？

【作业】

请选择一企业查找相关资料，介绍其产品组合的基本情况（长度、宽度等），并选取其中某一具体产品进行产品整体层次结构分析。

任务11 制定价格策略

【任务信息】

小李对其产品进行了规划，明确了经营的主要产品和服务类型。为不同的消费人群提供不同层次的产品和服务，消费者支付的价格水平是不一样的。那小李该如何定价呢？定价时以什么为依据呢？而所定的价格又会受到什么因素的影响呢？

【关键词】

影响定价的因素　定价目标　定价方法　定价策略　价格调整策略

价格从经济学观点看是严肃的，它是商品价值的货币表现，不会随意变动。而从市场营销学观点看，价格又是活泼的，它能对市场需求做出灵敏反应，商品价格的确定不是一种孤立的行为。

定价在企业营销中居于十分重要的地位，掌握企业定价的基本原理和方法对于提高企业营销管理水平具有重要意义。

产品价格的构成和变化是复杂多变的，企业定价必须了解和掌握这些因素及其变化。

11.1 影响定价的因素

11.1.1 企业定价的意义

1. 价格直接影响企业盈利的实现

在市场经济条件下，企业作为独立的商品生产者和经营者，具有独立的经济利益。企业生产的直接目的是追求利润的最大化，而利润又受到价格变动的直接影响，在销售量和生产或经营成本一定的条件下，价格水平的高低，就直接决定企业盈利的多少。

2. 价格是消费者最敏感的因素

价格水平的高低，同样直接关系到消费者的切身利益。购买作为一种经济行为，消费者必须首先考虑自己对价格的承受能力，购买价廉物美的商品，这是消费者的共性。价格是促使消费者发生购买行为的最具影响力的一个因素。价格提高，会使需求量减少；价格降低，会使需求量增加。因而，价格在市场上最富有弹性，既可促进消费，又可抑制消费，是消费者最为重视、最为敏感的因素。

3. 价格是市场竞争的重要手段

市场竞争有多种方法，运用价格进行竞争是其中的重要手段之一。当市场竞争激烈时，企业可根据情况，适当降低价格，以价廉取胜，即采取薄利多销的方针来扩大销售，提高市场占有率，它是建立在降低成本基础上的竞争策略。而单纯的价格竞争，是为了扩大销售而将价格降到正常水平以下，甚至低于成本，将竞争对手挤出市场后再提高价格，以获取超额利润。这种价格竞争是最原始、最简单，也是最容易被竞争对手所仿效的一种手段，其结果往往会造成众败俱伤。

11.1.2 企业定价的依据

1. 产品价格的构成

价格是产品价值的货币表现，价格是由生产成本、流通费用、利润和税金构成的。价格构成的要素中任何一个要素变化，都会引起价格的变化。

(1)生产成本。生产成本是商品价值中生产资料转移价值和支付工人报酬的货币表现，在商品价值构成中占主要部分。生产成本是制定价格的最低界限，如果产品价格低于其生产成本，就会导致企业亏损，甚至倒闭。

(2)流通费用。流通费用是指商品从生产领域到消费领域转移过程中所发生的劳动耗费的货币表现。这些费用构成了商品价格中的流通费用。

(3)利润。劳动者在生产和流通过程中为社会所创造的价值，在补偿商品的生产成本及流通费用后的余额，称为利润。利润包括生产利润和商业利润。利润水平是反映企业经济活动的效果好坏的重要指标，直接关系到国家、企业、消费者、职工的利益。

(4)税金。税金是企业向国家依照税法应缴纳的一部分企业纯收入，是价格的重要因素。国家通过合理规定不同行业和产品的税率，起到调节生产、企业利润和价格的作用。

2. 产品价值是企业定价依据

产品价值是价格制定的基础，是企业定价的依据。所谓价值，就是凝结于产品中一般的人类劳动或物化劳动。只有生产这种产品的劳动量才能进行比较，这个劳动量是由生产它的社会必要劳动时间决定的。所以，生产产品所消耗的社会必要劳动时间，就代表着产品的价值。如果某一种产品在生产上耗费的劳动时间低于社会必要劳动时间，企业就能得到更多的利润；反之，如果某一种产品的个别劳动时间超过社会必要劳动时间，企业盈利就会减少，甚至亏损。

3. 价格是围绕价值波动的

在现实经济活动中，由于市场需求关系、竞争状况和国家经济政策等多种因素的影响，不可避免地会出现产品价格偏离价值的现象。但从较长时期和总的趋势来看，这种偏离不会长久，价格总是以价值为中心上下波动，产品的总价格仍与总价值相等。因此，价格以价值为中心发生波动的现象，并不是对价值规律的否定，相反，它正是价值规律起作用的表现形式。

(1)价值是价格形成的基础；

(2)价格是价值的货币表现；

(3)供不应求时，价格高于价值；供过于求时，价格低于价值；

(4)价格总是以价值为中心并围绕着价值上下波动。

4. 企业定价目标

所谓企业定价目标，就是指企业通过定价所要达到的营销目的。企业定价目标一般有以下几种：

(1)以获取最大利润为目标

最大利润可分为长期利润和短期利润两种。如果选择以短期最大利润为企业的营销目标,必须具备两个前提条件:一是企业的产品质量和生产技术、生产能力处于领先地位;二是消费者对商品的边际需求评价较高或商品供不应求。如果选择以长期最大利润为企业的营销目标,也必须具备两个前提条件:一是产品的长期市场前景看好;二是企业有望迅速扩大生产能力和提高技术水平。为了实现长期利润最大化的目的,企业在制定营销战略时,可能会牺牲一些短期利益,这是吃小亏占大便宜的举措。

(2)以获取投资报酬为目标

任何企业对于营销过程中投放的资金,都希望获得一定的预期报酬,且投资报酬率(预期收益水平占投资额的比率)一般还应当不低于银行存款利率,否则,人们就不会愿意进行投资。由于预期投资报酬是通过销售产品来实现的,因此,产品的价格水平应努力确保预期投资报酬的实现。

(3)以维持或提高市场占有率为目标

所谓市场占有率,就是指企业产品销售量在同类产品市场销售总量中所占的比重,它反映了一个企业的经营状况和产品在市场上的竞争能力。维持或提高市场占有率,对企业来说有时比获取投资报酬更为重要。企业必须在具备一定的生产能力,有较高的管理水平,能使总成本的增长速度低于总产量的增长速度的前提下,才能考虑选择这一目标,否则,盲目降价促销,不但不能增加总利润,还可能影响企业的扩大再生产。

(4)以稳定价格为目标

为了长期稳定地占领目标市场并获得适当的利润,采取保持价格稳定的方法,可避免不必要的价格竞争或价格骤然波动所带来的经营风险。这是获得一定的投资收益和长期稳定利润的一条重要途径。以稳定价格为营销目标,对大企业来说,这是一种稳妥的保护政策,而中小企业一般也愿意追随大企业制定价格。

11.1.3 企业定价的影响因素

现实中的企业价格的制定和实现还受到多方面因素的影响和制约,企业应给予充分的重视和全面的考虑。

1. 商品因素

价值是形成价格的基础,而成本又是价值的重要组成部分。因此,价格的制定必须考虑这两个重要因素。

(1)商品价值因素

商品价值的大小决定着商品价格高低。价值反映社会必要劳动消耗,而社会必要劳动消耗是由生产资料消耗价值(C)、劳动消耗的补偿价值(V)、剩余产品价值(M)所组成,即:商品价值$=C+V+M$。因此,企业制定营销价格时必须首先考虑商品价值的三个组成因素。但是,在一定时期内,价格与价值并不总是一致的,而是围绕着价值上下波动。因此,不能把价值看成是影响营销价格的唯一因素。

(2)商品差价因素

商品差价是指同一商品由于销售地区、流转环节、销售季节、质量高低、用途等不同而形成的价格差额。商品差价形成的主要理论依据是上述各种情况下耗用的劳动量不同。其形式有：地区差价，季节差价，质量差价，用途差价等。

(3)商品比价因素

商品比价是指在同一条件下不同商品价格的比例。它由不同商品之间价格量的比值和不同商品的供求状况所决定。比价形式主要有制成品与投入要素比价、替代品比价、连带品比价等。

①制成品与投入要素比价因素

这种比价是指制成品与原材料、半成品、零部件等投入要素价格之间的比例。企业应当考虑：第一，如果投入要素价格低，而制成品企业定价偏高，则投入要素的相差企业会提高其商品价格，或促使零部件企业自行组装整机。这样当制成品供应量增多时，会使制成品企业的产品积压。同样，如果制成品价格低，投入要素企业定价偏高，最终也会使投入要素企业的产品积压。第二，在一定时期内，当制成品与投入要素的价格升降幅度悬殊时，会造成购销双方的利益矛盾，甚至使相关企业间长期建立的协作关系毁于一旦。

②替代品比价因素

当同类商品中某一种商品的功能、用途等可由另一种商品替代时，两种商品的价格比例就为替代品比价。按替代程度可划分为完全替代和不完全替代两种。完全替代是指替代品与被替代品的功能、用途基本相同；不完全替代是指替代品与被替代品的用途相似，但功能有差异，其中一种商品只能满足消费者部分需求。对于前者，在一般情况下，消费者购买的随意性较大，而当两者比价悬殊时，顾客就会慎重选购。对于后者，在比价合理的情况下，购买的选择性不强，不同的消费者将按各自的需求购买商品；而当比价幅度很大时，顾客将会选购既能基本满足需求，价格又较低廉的商品。此外，当不完全替代程度很高时，即使功能较优的商品价格较高，消费者也乐意接受这种高价商品。因此，在竞争激烈的市场中，企业既要考虑产品的功能设计，保证产品质量，又要考虑竞争对手的商品价格策略。

③连带品比价因素

在同一类消费中，必须把两种或两种以上的商品结合起来才能满足需求的商品称为连带品(互补品)，而连带品价格之比则称为连带品比价。按照连带程度，可分为直接连带品和间接连带品。企业定价时，通常应以有助于基础商品销售为原则，协调好连带品间的比价关系。间接连带是指在同一消费中两种或两种以上商品没有确定性连带特征，这类商品一般由多个企业生产并协商定价，力求协作效益；或由某一企业采用多角经营的方式，发挥商品间的连带效益。

(4)商品成本因素

成本是商品价格构成中最基本、最重要的因素，也是商品价格的最低经济界限。在一般情况下，商品的成本高，其价格也高，反之亦然。商品的成本因素主要包括生产成本、销售成本、储运成本和机会成本。

①生产成本

生产成本是企业生产过程中所支出的全部生产费用，是从已经消耗的生产资料的价值和生产者所耗费的劳动的价值转化而来。当企业具有适当的规模时，产品的成本最低。

但不同的商品，在不同的条件下，各有自己理想的批量限度，其生产超过了这个规模和限度，成本反而要增加。

②销售成本

销售成本是商品流通领域中的广告、推销费用。在计划经济体制下，销售成本在商品成本中所占比重很小，因而对商品价格的影响也微乎其微。但在市场经济体制下，广告、推销等是商品实现其价值的重要手段，用于广告、推销的费用在商品成本中所占的比重也日益增加。因此，在确定商品的营销价格时必须考虑销售成本这一因素。

③储运成本

储运成本是商品在生产者手中运输和储存的费用。商品畅销时，储运成本较少；商品滞销时，储运成本增加。

④机会成本

机会成本是企业从事某一项经营活动而放弃另一项经营活动的机会，另一项经营活动所应取得的收益。但是，商品的成本不是个别企业的商品成本，而是所有生产同一产品的生产部门的平均生产成本。在通常情况下，机会成本对个别企业的商品成本影响比较大，对平均生产成本的影响比较小，因而对商品价格的影响也很小。

2. 市场需求因素

供求对价格的影响是极大的。具体影响表现为：

(1)价格与需求。假定在其他因素不变的情况下，价格与需求量呈反方向变化。

(2)价格与供给。价格与需求量关系的法则也适用于价格与供给，只是价格与供给量呈正方向变化。

(3)供求关系与均衡价格。在市场竞争的条件下，供给与需求都要求对方与之相适应，即供求平衡。然而，供求平衡只是相对的。均衡价格是在供求处于平衡状态时相对稳定的价格。

(4)价格与需求弹性。需求弹性又称需求价格弹性，是指价格变动引起的需求量相应变化的程度。可以用弹性系数 E 表示，其公式为

$$E=\frac{\Delta Q}{Q}+\frac{\Delta P}{P}$$

其中：E——需求弹性系数；Q——原需求量；ΔQ——需求变动量；P——原价格；ΔP——价格变动量。

需求量与价格的变化是反方向的，会出现负数。为比较需求弹性的大小，这里仅取绝对值。定价时考虑其弹性的强弱来决定企业的价格决策。①$E=1$，称为标准弹性，采用通行市场价格。②$E>1$，称为富余弹性，采用降价。③$E<1$，称为缺乏弹性，采用提价。

(5)价格与消费需求。消费者的需求能力、需求强度、需求层次都对企业产品定价产生影响。

议一议

有句俗话叫：物离乡贵，人离乡贱。请运用你所学的营销知识来分析为什么会出现“物离乡贵”的现象？

3.竞争因素

市场竞争也是影响价格制定的重要因素。根据竞争的程度不同，企业定价策略会有所不同。按照市场竞争程度，可以分为完全垄断、寡头垄断、竞争垄断和完全竞争几种情况。

(1)完全垄断

整个行业只有唯一的供给者。从理论上讲，垄断企业有完全自由定价的可能。在现实中，这种情形少见，由国家政府特许的独占企业除外，诸如公用事业、专利权。其价格也受到消费者情绪及政府干预等方面的限制。

(2)寡头垄断

既含独占倾向又含竞争成分的、常见的状况，不同于完全垄断。众多的卖方企业的产品在质量、外观、花色、式样、包装、厂牌等存在着差异。某些企业依仗“差异”(包括产品差异和利用促销手段造成的消费者心理差异)的优势，由价格的消极“接受者”，变为强有力的价格“决定者”。

(3)竞争垄断

少数几个企业控制一个行业的供给。各个“寡头”之间相互依存、影响，一个“寡头”企业调整价格都会引起其他寡头的连锁反应，因此，寡头企业之间互相密切注意着对方战略的变化和价格的调整。

(4)完全竞争

也称自由竞争，它是一种理想化的极端情况。在完全竞争条件下，买者和卖者都大量存在，产品都是同质的，不存在质量与功能上的差异，企业自由地选择产品生产，买卖双方能充分地获得市场情报。在这种情况下，无论是买方还是卖方都不能对产品价格进行影响，只能在市场既定价格下从事生产和交易。

企业的价格策略，要受到竞争情况的影响。完全竞争与完全垄断是竞争的两个极端，中间情况是不完全竞争。在不完全竞争条件下，竞争的强度对企业的价格策略有重要影响。所以，企业首先要了解竞争的强度。竞争的强度主要取决于产品制作技术的难易，是否有专利保护，供求形势以及具体的竞争格局。其次，要了解竞争对手的价格策略，以及竞争对手的实力。再次，还要了解、分析本企业在竞争中的地位。

4.企业状况

(1)企业的规模与实力

规模大、实力强的企业在价格制定上余地大，规模小、实力弱的企业生产成本一般高于大企业，在价格的制定上往往比较被动。

(2)企业的销售渠道

渠道成员有力、控制程度高的企业价格决策可以有较大的灵活性。

(3)企业的信息沟通

信息畅通、与消费者保持良好关系可适时调整价格并得到消费者的理解和认可。

(4)企业营销人员的素质和能力

拥有熟悉生产经营环节、掌握市场销售、供求变化等情况并具备价格理论知识和一定的实践能力的营销人员，是企业制定出最有利价格和最适当调整价格的必要条件。

5.其他因素

企业的定价策略除受成本、需求以及竞争状况、政府状况的影响外，还受到其他多种因素的影响。这些因素包括政府或行业组织干预、消费者心理和习惯、企业或产品的形象等。

(1)政府或行业组织干预

政府为了维护经济秩序，或为了其他目的，可能通过立法或者其他途径对企业的价格策略进行干预。政府的干预包括规定毛利率，规定最高、最低限价，限制价格的浮动幅度或者规定价格变动的审批手续，实行价格补贴等。例如，美国某些州政府通过租金控制法将房租控制在较低的水平上，将牛奶价格控制在较高的水平上；法国政府将宝石的价格控制在低水平，将面包价格控制在高水平；我国某些地方为反暴利对商业毛利率的限制等。一些贸易协会或行业性垄断组织也会对企业的价格策略进行影响。

①国家指导性定价

它是指国家物价部门和业务主管部门规定定价权限与范围，指导价格制定和调整的企业定价方式。其定价方式有以下三种：

➢浮动定价。它是指国家规定商品的基准价格、浮动幅度和方向，由企业在规定的范围内自主作价。

➢比率控制定价。它是指国家规定商品的差价率、利润率与最高限价范围，由企业自行灵活地确定价格。企业商品价格可采用高进高出、低进低出或高进低出等形式，但不得超过规定的控制比率。

➢行业定价。它是指为了避免同行业企业在生产和流通中盲目竞争，国家采取计划指导，由同行营销者共同协商制定商品的统一价格，并由协商者共同遵守执行。这能防止价格向垄断转化，有利于市场竞争。

②市场调节性定价

它是指在遵守政策和法规的前提下，根据市场需求情况、市场竞争程度、消费者行为及企业自身条件等因素的变化趋势，由营销者自行确定商品价格。这种定价主要适用于生产分散、营销量大、品种规格繁多、供求情况复杂、难以计划管理的商品，且主要依靠价值规律自发地调节商品价格。其定价方式有以下两种：

➢协议定价。是指买卖双方在不受第三者影响的情况下，相互协商议定商品价格。

➢企业定价。是指实行部分指令性计划价格商品的企业，在完成国家任务后，超产部分，企业根据市场状况确定其价格。这是国家为了增强企业活力，提高企业劳动积极性所采用的一种鼓励性措施。

(2)消费者心理和习惯

价格的制定和变动在消费者心理上的反应也是价格策略必须考虑的因素。在现实生活中，很多消费者存在“一分钱一分货”的观念。面对不太熟悉的商品，消费者常常从价格上判断商品的好坏，从经验上把价格同商品的使用价值挂钩。消费者心理和习惯上的反应是很复杂的，某些情况下会出现完全相反的反应。例如，在一般情况下，涨价会减少购买，但有时涨价会引起抢购，反而会增加购买。因此，在研究消费者心理对定价的影响时，要持谨慎态度，要仔细了解消费者心理及其变化规律。

想一想

在比利时的一间画廊里，一位美国画商正和一位印度画家在讨价还价，争辩得很激烈。其实，印度画家的每幅画底价仅为10～100美元。但当印度画家看出美国画商购画心切时，对其所看中的3幅画单价非要250美元不可。美国画商对印度画家敲竹杠的宰客行为很不满意，吹胡子瞪眼睛地要求降价成交。印度画家也毫不示弱，竟将其中的一幅画用火柴点燃，烧掉了。美国画商亲眼看着自己喜爱的画被焚烧，很是惋惜，随即又问剩下的两幅画卖多少钱。印度画家仍然坚持每幅画要卖250美元。从对方的表情中，印度画家看出美国画商还不愿意接受这个价格。这时，印度画家气愤地点燃了火柴，竟然又烧了另一幅画。至此，酷爱收藏字画的美国画商再也沉不住气了，态度和蔼多了，乞求说：请不要再烧最后这幅画了，我愿意出高价买下。最后，竟以800美元的价格成交。

印度画家为什么可以将一幅画卖到800美元？是如何运用消费者心理因素的？

(3)企业或产品的形象

有时企业根据企业理念和企业形象设计的要求，需要对产品价格作出限制。例如，企业为了树立热心公益事业的形象，会将某些有关公益事业的产品价格定得较低；为了树立高贵的企业形象，会将某些产品价格定得较高，等等。

(4)产品差异性

产品差异性不仅指实体本身，而且还包括产品设计、商标品牌、款式和销售服务方式等。拥有差异性的产品，其定价灵活性较大，可以使企业在行业中获得较高的利润。

(5)企业销售能力

企业销售能力差，对中间商依赖程度大，最终价格决定权所受的约束就大；企业销售能力强，对中间商依赖程度小，最终价格决定权所受的约束就小。

11.2 掌握企业定价的方法

所谓定价方法，是指企业在特定的定价目标指导下，依据对影响价格形成各因素的具体研究，运用价格决策理论，对产品价格进行测算的具体方法。

定价方法的选择和确定是否合理，关系到企业定价目标能否实现和定价决策的最终成效。

制定价格应综合考虑成本、竞争和需求三个基本因素。

11.2.1 成本导向定价法

成本导向定价法是一种主要以成本为依据的定价方法，包括成本加成定价法、边际成本定价法、盈亏平衡定价法、目标利润定价法等几种具体的定价方法。

1. 成本加成定价法

所谓成本加成定价法是指按照单位成本加上一定百分比的加成来制定产品销售价格。加成的含义就是一定比率的利润，计算公式为

单位产品价格(P)＝单位产品总成本(C)×(1＋成本加成率(R))

例如，某企业生产一种皮鞋，单位销售成本为100元，按30%的综合加成率计算，该皮鞋销价为100×(1+30%)=130元。采用这种定价方法的关键是综合加成率的确定。如考虑不周，产品定价太高或太低都可能给企业造成不应有的损失。

优点：计算简便，在正常情况下，可以保证企业获得正常利润。

缺点：只考虑了产品本身的成本和预期利润，忽视了产品的社会价值、需求和竞争的情况。用这种方法计算出来的价格，很可能不为消费者所接受，或缺乏市场竞争力。

2.边际成本定价法

不计算固定成本，而以单位变动成本作为定价的基本依据。一般是在卖主竞争激烈时，企业为迅速开拓市场而采取的较灵活的做法。这种方法极易掌握降价幅度，售价只需高于变动成本即可，有利于企业选择和接受市场价格，提高企业的竞争能力。可见，只要边际贡献大于零，每多出售一件产品，就能对固定成本有所补偿。在市场竞争激烈，企业订货不足，存在剩余生产能力时，可以考虑采用边际成本定价法。

边际成本是增加一单位产量所增加的总成本量。

边际成本=(增加一单位产品成本后的总成本－原来的总成本)/(增加一单位产品后的产量－原来的产量)

=总成本增量/产量增量

进一步计算单位产品定价为

单位产品定价=(原产品产量×原销售价格+边际成本)/现定生产量

3.盈亏平衡定价法

是运用损益平衡原理实行的一种保本定价方法。它规定了在产量一定的情况下，什么价格是保证企业不亏本的最下限。

损益平衡点产量=固定成本/(单位产品价格－单位可变成本)

当企业产量达到损益平衡点产量时，企业不盈不亏，收支平衡，保本经营。

保本定价=(固定成本/损益平衡销售量)+单位产品变动成本

如果企业把价格定在保本定价点上，则只能收回成本，不能盈利；若高于保本定价点便可获利，获利水平取决于高于保本定价点的距离。

算一算

某企业全年固定成本为100万元，其中经营男式休闲服应摊固定成本为2万元，每件男式休闲服进价为140元，销售费用和税金为10元，即每件男式休闲服变动成本为150元。若企业每年预期销量为1000套，每件男式休闲服售价应定为多少时，企业才能保本？

4.目标利润定价法

所谓目标利润定价法就是指企业以投资额为基础，加上投资希望达到的目标利润进行定价的一种方法。

“算一算”中，如果该企业希望达到的目标利润为1万元，问每件男式休闲服售价应定为多少时，企业才能实现目标利润？

目标利润价格=(20000+10000)÷1000+150=180(元)

即每件男式休闲服定价为180元时，企业就能实现1万元的目标利润。

11.2.2 竞争导向定价法

1.随行就市定价法

企业根据同行业企业的平均价格水平定价。定价主要基于竞争者的价格,很少注意自己的成本或需求。在竞争激烈的情况下,是一种与同行和平共处、比较稳妥的定价方法,可避免风险。公司定的价格可以比竞争者高或低,或者和它一样。

2.追随定价法

企业以同行业主导企业的价格为标准制定本企业的商品价格。此方法可避免企业之间的正面价格竞争。

3.密封递价法

通常用密封投标的形式。参加投标企业事先根据招标广告的内容将本企业的价格分别密封递价给招标单位以参加竞争,争取本企业中标。

许多经常参加投标的企业,常采用期望利润作为递价标准。期望利润可以根据估计的中标率和期望利润计算。

这是在建筑包工、大型机械设备购买和安装、社会集团大批量购买时常用的方法。

11.2.3 需求导向定价法

以消费者的需求为中心的企业定价方法。根据消费者对商品需求强度和对商品价值的认识程度制定企业价格,而非依据产品的成本来定价。

1.理解价值定价法

企业按照购买者或消费者对商品及其价值的认识程度和感觉定价。企业利用营销组合中的非价格变量,在购买者心目中建立地位,价格就依此感受价值来决定。

2.区分需求定价法

又称差别定价法,是在特定条件下,根据需求中的某些差异而使价格有差别的定价方法。

(1)以顾客为基础定价。如根据需求弹性、新老客户、购买用途、消费心理、购买习惯等。

(2)以产品样式为基础定价。例如:某厂生产的浴霸有普通型和豪华型。两种产品成本不同,售价也不同,消费者的需求也不同。

(3)以形象为基础定价。例如:一家香水制造商可将香水装入一种瓶子,给以命名,树立形象,每盎司定价 10 美元;然后用另一种花式瓶子装上这种香水,给以不同命名和形象,每盎司定价 30 美元。

(4)以地点为基础定价。因为同一种商品在不同地理位置的市场上存在不同的需求强度,就应该定不同的价格。如影剧院、体育馆的门票价,酒店的客房价。

(5)以时间为基础定价。时间定价的一种特定形式是占位定价,旅馆和航空公司为了保证高占位,所以常采用此种定价法。例如,游船为了保证满座,在开航前两天购票可以降价。又如电视台的广告收费、旅游淡旺季、娱乐场所节假日与平时收费标准等。

采用这种定价法需具备的条件是:市场可以细分,而且不同的细分市场能反映出需求方面的差异；细分市场不会增加开支；采用差别定价不会招致消费者的误解。

11.3　掌握定价策略

定价策略是指企业在特定的情况下，依据确定的定价目标，所采取的定价方针和价格措施。

定价策略是指导企业正确定价的一个行动准则，也是直接为实现定价目标服务的。

由于企业生产经营的产品和销售渠道以及所处的市场状况等条件各不相同，应采取不同的定价策略。

所谓定价策略，就是指企业为达到总体经营目标，根据产品的特点、市场需求及竞争状况、产品成本变动状况和消费者行为倾向等所采取的各种定价技巧和措施。

11.3.1　新产品定价策略

制定新产品定价策略的原则是：能高则高，该低就低。

1. 撇脂定价策略

也称速取策略或高价撇脂策略。撇脂定价指产品定价比其成本高出许多，即高定价策略，当新产品刚刚上市，类似产品还没有出现之前，为在最短时间内获得最大利润，企业通常采取这一定价策略。其做法很像从牛奶的表面撇取奶油，故又称“取脂法”。

实行条件：

(1)新产品比市场上现有产品有显著优势，能使消费者“一见倾心”；

(2)在产品初上市阶段，商品需求价格弹性较小或早期购买者对价格反应不敏感；

(3)短期内仿制产品出现的可能性小，竞争对手少。

优点：尽早争取主动，达到短期最大利润目标，有利于企业竞争地位的确定。

缺点：定价过高，有时渠道成员不支持或得不到消费者认可，高价厚利会吸引众多生产者和经营者转向，加速竞争。

2. 渗透定价策略

渗透定价与撇脂定价的做法正好相反，为了让消费者迅速接受新产品，尽快扩大产品销售量，占领更大的市场份额，企业有意将产品价格定得很低。采用渗透定价策略不但可以以最快速度占领市场，而且可以有效阻止其他企业进入这一产品生产领域。

实行条件：

(1)商品的市场规模较大，存在着强大的竞争潜力；

(2)商品需求价格弹性较大，稍微降低价格，需求量会大大增加；

(3)通过大批量生产能降低生产成本。

优点：可以占有比较大的市场份额；较容易得到渠道成员支持；阻止竞争对手的介入，起屏障作用。

缺点：定价过低，一旦市场占有率扩展缓慢，收回成本速度就会很慢；容易使消费者怀疑商品的质量保证。

“撇脂”和“渗透”两种策略选择应根据市场需求、竞争形式、产品特点、生产能力、市场潜力等各种因素综合考虑。

3. 适宜定价策略

又称中间定价策略，是使新产品的价格介于上述两种方法确定的产品价格之间，即处于一种比较合理的水平上。这是介于“撇脂”与“渗透”之间的定价策略，是一种“随大流”的策略。

适宜定价的最大优点是“稳”，通过对两种策略的调和和折中来避免前两者的明显缺点，但同时也在很大程度上将两种策略的优点抹杀。采用此策略最应注意的问题在于避免商品没有特色而打不开销路。

11.3.2 折扣定价策略

企业为调动各方面积极性或鼓励顾客作出有利于企业的购买行为的常用策略。

1. 数量折扣

指按消费者购买数量的多少，企业分别给予不同的折扣。消费者购买数量愈多，企业给予折扣愈大。其目的是鼓励消费者大量购买，或集中向本企业购买。数量折扣包括累计数量折扣(Cumulative Quantity Discounts)和非累计数量折扣(Noncumulative Quantity Discounts)两种形式。

(1)累计数量折扣规定消费者在一定时期内，购买本企业产品若累计达到一定数量或金额时就可以获得相应的价格折扣。其目的是鼓励消费者经常向本企业购买产品，成为可信赖的长期客户。

(2)非累计数量折扣是指消费者一次性购买本企业某种产品达到规定数量或购买本企业多种产品达到规定金额，则给予价格折扣优惠。其目的是鼓励消费者大批量购买本企业产品，促进产品多销、快销。

2. 季节折扣

又称季节差价，是企业给那些购买季节性强的商品或服务的顾客的一种减价，使企业的生产和销售在一年四季保持相对稳定。企业利用这种折扣鼓励批发商、零售商提早进货，淡季购买，从而使自己获得资金和维持稳定的生产。

3. 现金折扣

现金折扣是企业对在规定的时间内提前付款或用现金付款的消费者所给予的一种价格折扣。其目的是鼓励消费者尽早付款，加速企业资金周转，降低产品销售费用，减少财务风险。采用现金折扣一般要考虑三个因素：折扣比例，给予折扣的时间限制，付清全部货款的期限。

在西方国家，典型的付款期限折扣表示为“3/20，Net 60”。其含义是在交易后 20 天内付款，消费者可以得到 3%的折扣；超过 20 天，在 60 天内付款不予消费者折扣；超过 60 天付款消费者要加付利息。

4. 业务折扣

又称功能折扣，指企业根据中间商的不同类型和不同分销渠道所提供的服务不同，给予不同的折扣。业务折扣的比例，主要考虑中间商在分销渠道中的地位、对生产企业产品销售的重要性、购买批量、完成的促销功能、承担的风险、服务水平、履行的商业责任以及产品在分销中所经历的层次和在市场上的最终售价等。业务折扣的结果是形成购销差价和批零差价。

11.3.3 心理定价策略

企业针对消费者心理活动和变化定价的方法与技巧，一般在零售企业中对最终消费者应用得比较多。

1.尾数定价策略

即利用消费者对数字认识的某种心理制定尾数价格，使消费者产生价格较廉的感觉，还能使消费者认为有尾数的价格是经过认真的成本核算产生的，使消费者对定价产生信任感。

2.整数定价策略

整数定价与尾数定价正好相反，企业有意将产品价格定为整数，以显示产品具有一定质量。整数定价多用于价格较贵的耐用品或礼品，以及消费者不太了解的产品，对于价格较贵的高档产品，顾客对质量较为重视，往往把价格高低作为衡量产品质量的标准之一，容易产生"一分价钱一分货"的感觉，从而有利于销售。

另外，对于一些需求价格弹性不高的商品，也常采用整数定价，方便结算。

3.声望定价策略

声望定价即针对消费者"便宜无好货、价高质必优"的心理，对在消费者心目中享有一定声望，具有较高信誉的产品制定高价。不少高级名牌产品和稀缺产品，如豪华轿车、高档手表、名牌时装、名人字画、珠宝古董等，在消费者心目中享有极高的声望价值。购买这些产品的人，往往不在于产品价格，而最关心的是产品能否显示其身份和地位，价格越高，心理满足的程度也就越大。

4.习惯定价策略

有些产品在长期的市场交换过程中已经形成了为消费者所适应的价格，成为习惯价格。企业对这类产品定价时要充分考虑消费者的习惯倾向，采用"习惯成自然"的定价策略。对消费者已经习惯了的价格，不宜轻易变动。降低价格会使消费者怀疑产品质量是否有问题；提高价格会使消费者产生不满情绪，导致购买的转移。在不得不需要提价时，应采取改换包装或品牌等措施，减少抵触心理，并引导消费者逐渐形成新的习惯价格。

5.特价品定价策略

也称招徕定价策略，零售商利用部分顾客求廉的心理，特意将某几种商品的价格定得低于市价，目的在于召唤顾客，引发连带购买行为。

想一想

市场上现在有很多的"一元店""两元店"之类的商店，这些商店采取的是哪种定价策略？

11.3.4 相关产品定价策略

相关产品指在最终用途和消费者购买行为等方面具有某种相互关联性的产品。制造或经营两种以上产品的企业可以利用此特点综合考虑企业产品的定价。

1. 互补产品价格策略

互补产品指两种(或以上)功能互相信赖,需要配套使用的产品。

具体做法是:价值高而购买频率低的主件价格较低,以降低顾客在购买时的价格敏感度;与之配套使用的价值低而购买频率高的易耗品价格高。

2. 替代产品价格策略

替代产品指功能和用途基本相同,可以相互替代的产品。适用于生产或经营两种以上有替代关系的产品企业。

具体做法是:市场“热销”的产品的价格——提高;趋冷的替代品价格——降低。

11.3.5 产品组合定价策略

1. 产品线定价

产品线定价策略是指企业就同一系列产品的不同规格、型号和质量,按照相近原则,把产品划分为若干个档次,不同档次制定不同价格的策略。

进行产品线定价时,首先确定某种产品的最低价格,它在产品线中充当领袖价格,以吸引消费者购买产品线中的其他产品;其次确定产品线中某种产品的最高价格,它在产品线中充当品牌质量和收回投资的角色;最后产品线中的其他产品也分别依据其在产品线中的角色不同而制定不同的价格。营销者的任务就是区分认知质量差别,使价格差别合理化。

2. 选择品定价

许多企业在提供主要产品的同时,还会提供与主产品密切相关,但又可独立使用的产品。如自行车的车篮、车锁,汽车用户可以订购电子开窗控制器、扫雾器和减光器等。选择品定价有两种主要策略:一是将选择品的价格定得较高,使其成为企业盈利的一个来源;二是将选择品价格定得较低或免费提供,以吸引消费者购买。

3. 补充产品定价

如果一种产品的销售会促进另一种产品的销售,则这两种产品互为互补品。有些产品需要附属产品或补充产品,例如剃须刀片和胶卷。企业经常为主要产品(剃须刀和照相机)制定较低的价格,而为附属产品制定较高的价格。有两种情况可以使两种产品互为互补品。一种情况是,这两种产品一起使用可以让消费者感到更满意。如电影票和爆米花就是互补品。另一种情况是,如果一起购买某些产品非常方便,那么它们也会成为互补品。例如,有些消费者为了节省时间,喜欢在一个商店购买很多东西,比如说旅游用品商店。消费者可能还会在其他地方找到一部分比这里更便宜的产品,但由于方便性,会在这家店里购买全部产品,或者购买同一厂家的其他产品。

4. 两段定价

在服务业中两段定价法是经常采用的方法,即企业先收取一定固定费用,在此基础上再加收一定的可变使用费用。例如,电信企业在手机的收费中一般先收取一定的固定月租费,在此基础上按实际通话时间收取话费。大型游乐场也先收取门票费用,在游乐场内各具体游乐项目再分别收取不同的票价。一般来说,固定定价应较低,以推动消费者购买服务，利润可以从使用费中获取。

5. 副产品定价

在生产加工肉类、石油产品和其他化工产品的过程中，经常有副产品。如果副产品价值很低，处理费用昂贵，就会影响到主要产品的定价。企业确定的主要产品价格必须能够弥补副产品的处理费用。如果副产品对某一消费者有价值，能带来收入，主要产品的价格在必要的时候可定低一些，以提高企业产品的竞争力。

6. 产品系列定价

企业可以把相关产品组合在一起，为它制定一个比分别购买更低的价格，进行一揽子销售。例如假期旅游公司为消费者提供的一系列产品或服务，这一组产品或服务的定价低于单独购买其中每一产品或服务的费用总和。因为消费者可能并不打算购买其中所有的产品，所以这一组合的价格必须有较大的降幅，以此来推动消费者购买。

议一议

请随便选择一张超市收银小票或者企业DM单，查看商品的定价，并分析其采用了何种定价策略？对营销有何作用？

11.3.6 地理定价策略

1. 产地交货价格

产地交货价格是卖方按出厂价格交货或将货物送到买方指定的某种运输工具上交货的价格。在国际贸易术语中，这种价格称为离岸价格或船上交货价格。交货后的产品所有权归买方所有，运输过程中的一切费用和保险费均由买方承担。产地交货价格对卖方来说较为便利，费用最省，风险最小，但对扩大销售有一定影响。

2. 目的地交货价格

目的地交货价格是由卖方承担从产地到目的地的运费及保险费的价格。在国际贸易术语中，这种价格称为到岸价格或成本加运费和保险费价格。还可分为目的地船上交货价格、目的地码头交货价格以及买方指定地点交货价格。目的地交货价格由出厂价格加上产地至目的地的手续费、运费和保险费等构成，虽然手续较繁琐，卖方承担的费用和风险较大，但有利于扩大产品销售。

3. 统一交货价格

统一交货价格，也称送货制价格，即卖方将产品送到买方所在地，不分路途远近，统一制定同样的价格。这种价格类似于到岸价格，其运费按平均运输成本核算，这样，可减轻较远地区顾客的价格负担，使买方认为运送产品是一项免费的附加服务，从而乐意购买，有利于扩大市场占有率。同时，能使企业维持一个全国性的广告价格，易于管理。该策略适用于体积小、重量轻、运费低或运费占成本比例较小的产品。

4. 分区运送价格

分区运送价格，也称区域价格，指卖方根据顾客所在地区距离的远近，将产品覆盖的整个市场分成若干个区域，在每个区域内实行统一价格。这种价格介于产地交货价格和统一交货价格之间。实行这种办法，处于同一价格区域内的顾客，就得不到来自卖方的价格优惠；而处于两个价格区域交界地的顾客就得承受不同的价格负担。淘宝中的快递费用，针对港澳台和大陆是不同的。

5.运费津贴价格

运费津贴价格是指为弥补产地交货价格策略的不足，减轻买方的运杂费、保险费等负担，由卖方补贴其部分或全部运费。该策略有利于减轻边远地区顾客的运费负担，使企业保持市场占有率，并不断开拓新市场。

11.4 掌握价格调整策略

11.4.1 价格调整方式

1.降低价格

(1)对企业来说降低价格往往出于被逼无奈，但在这种情况下必须考虑降价。

(2)产品供过于求，生产能力过剩。

(3)市场竞争激烈，产品市场占有率下降。

(4)生产成本下降，为挤占竞争对手市场必须降价。

(5)企业通过降价来开拓新市场。

(6)企业转产，老产品清仓处理。在新产品上市之前，及时清理积压存货。

(7)政治、法律环境及经济形势的变化，迫使企业降价。

2.提高价格

提高价格常会引起消费者和中间商的不满而拒绝或减少购买和进货。一般只有在某些特殊情况下采用此策略。

(1)通货膨胀或原材料等价格上涨引起企业成本增加。

(2)应付产品成本增加，减少成本压力。

(3)为了适应通货膨胀，减少企业损失。

(4)产品供不应求，遏制过度消费。

(5)利用顾客心理，创造优质效应。

为了保证提价策略的顺利实现，提价时机可选择在这样几种情况下：

(1)产品在市场上处于优势地位。

(2)产品进入成长期。

(3)季节性商品达到销售旺季。

(4)竞争对手产品提价。

此外，在方式选择上，企业应尽可能多地采用间接提价，把提价的不利因素减到最低程度，使提价不影响销量和利润，而且能被潜在消费者普遍接受。同时，企业提价时应采取各种渠道向顾客说明提价的原因，配之以产品策略和促销策略，并帮助顾客寻找节约途径，以减少顾客不满，维护企业形象，提高消费者信心，刺激消费者的需求和购买行为。

11.4.2 价格变动反应

1.消费者对价格变动的反应

不同市场的消费者对价格变动的反应是不同的，即使处在同一市场的消费者对价格变动的反应也可能不同。

(1)在一定范围内的价格变动是可以被消费者接受的；提价幅度超过可接受价格的上限，则会引起消费者不满，产生抵触情绪，而不愿购买企业产品；降价幅度低于下限，会导致消费者的种种疑虑，也对实际购买行为产生抑制作用。

(2)在产品知名度因广告而提高、收入增加、通货膨胀等条件下，消费者可接受价格上限会提高；在消费者对产品质量有明确认识、收入减少、价格连续下跌等条件下，下限会降低。

(3)消费者对某种产品削价的可能反应是：产品将马上因式样陈旧、质量低劣而被淘汰；企业遇到财务困难，很快将会停产或转产；价格还要进一步下降；产品成本降低。而对于某种产品的提价则可能这样理解：很多人购买这种产品，我也应赶快购买，以免价格继续上涨；提价意味着产品质量的改进；企业将高价作为一种策略，以树立名牌形象；卖主想尽量取得更多利润；各种商品价格都在上涨，提价很正常。

2.竞争者对价格变动的反应

虽然透彻地了解竞争者对价格变动的反应几乎不可能，但为了保证价格调整策略的成功，主动调价的企业又必须考虑竞争者的价格反应。没有估计竞争者反应的调价，往往难以成功，至少不会取得预期效果。

在实践中，为了减少因无法确知竞争者对价格变化的反应而带来的风险，企业在主动调价之前必须明确回答以下问题：

(1)本行业产品有何特点？本企业在行业中处于何种地位？

(2)主要竞争者是谁？竞争对手会怎样理解我方的价格调整？

(3)针对本企业的价格调整，竞争者会采取什么对策？这些对策是价格性的还是非价格性的？它们是否会联合作出反应？

(4)针对竞争者可能的反应，企业的对策又是什么？有无可行的应对方案？

在细致分析的基础上，企业方可确定价格调整的幅度和时机。

11.4.3 价格调整策略

1.保持相对稳定

在一定时期内，企业对产品价格不作大的变动，保持稳定。对于与人们生活关系密切的日常生活必需品，价格应保持相对稳定，不宜多变、大变。

2.小幅度调整

随着企业内外部环境的变化，对产品价格作小幅度地变动。大多数产品由于生产成本、供求状况的变化，价格也常需调整。这是市场经济的客观要求和必然反应，无可厚非。企业应善于收集信息，随机应变，适时地对价格进行微调。

3.大幅度调整

为了战胜或应付竞争对手,在特殊情况下,有时需要大幅度调整价格。但企业在应用这种策略时需特别慎重。尤其是大幅度降价,往往会成为价格战的导火索,要尽量避免由此造成的与己与人都不利的众败俱伤的后果。大幅度提价也会使企业失去一部分顾客而导致销售量下降,故需权衡利弊,慎重决策。

【学习小结】

定价在企业营销中居于十分重要的地位,掌握企业定价的基本原理和方法对于提高企业营销管理水平具有重要意义。在合理定价之前,必须要清楚影响企业定价的因素有哪些,然后结合实际市场情况,确定企业的定价方法。但价格是活动的,不同的市场环境中,企业价格是变化无穷的,因此企业必须掌握常用的定价策略,以适应不同变化的市场行情。

企业定价的影响因素主要有:商品因素、市场需求因素、竞争因素、企业状况以及政府干预等其他因素。

企业定价的方法常见有三种类型:以成本为主要考虑因素的成本导向定价法,以竞争为主要考虑因素的竞争导向定价法,以及以市场需求为主要考虑因素的需求导向定价法。

企业定价策略常见有:新产品定价策略、折扣定价策略、心理定价策略、相关产品定价策略、产品组合定价策略、地理定价策略。

案例分析

"格兰仕"价格策略的成功

1978年9月28日,广东顺德人梁庆德带领10多个乡亲在田里挖啊挖,打算办一个羽绒制品厂。1979年,这个名叫广东顺德桂洲羽绒厂的小厂正式成立,以手工操作洗涤鹅鸭羽毛供外贸单位出口。当时谁都不会想到,这个再普通不过的乡镇小厂,会成为震惊世界的"微波炉大王"。

"格兰仕"成功的原因到底在哪里?这绝不是用一句话就能回答的,其中有企业体制方面的原因、企业领导人素质方面的原因和企业经营战略决策方面的原因等。特别是价格策略运用上的独到之处,揭示了其成功的奥秘。

在微波炉市场的发展过程中,"格兰仕"成功地运用价格因素,经历"三大战役",在市场中确立起霸主地位。

(1)1996年8月,格兰仕集团在全国范围内打响微波炉的价格战,降价幅度平均达40%,带动中国微波炉市场从1995年的不过百万台增至200多万台。格兰仕集团以全年产销量65万台的规模,占据中国市场的34.7%,部分地区和月份的市场占有率超过50%,确立市场领先者地位。

(2)1997年"格兰仕"看到了市场形势的变化,趁洋品牌尚未在中国站稳脚跟,国内企业尚未形成气候之际,抓住时机,于春节后发起了微波炉市场的"第二大战役"——阵地巩固战。这次是变相的价格战。"格兰仕"采用买一送一的促销活动,发动新一轮的让利促销攻势，凡购买“格兰仕”任何一款微波炉均赠送一个豪华高档电饭煲。1997年5月底，“格兰仕”进一步“火上加油”，突然宣布在全国许多大中城市实施“买一赠三”，甚至“买一赠四”的促销大行动。品牌消费的高度集中使得“格兰仕”的产销规模迅速扩大，1997年“格兰仕”已经成为一个年生产能力达260万台微波炉的企业，市场占有率节节攀升，1998年3月最高时达到58.69%，史无前例地创下了行业新纪录。到1997年底，市场上的价格激战无疑极大地促进了整个市场潜在消费能力的增长，市场容量快速扩大，“格兰仕”也因此成为全球最具规模的微波炉生产企业之一。

(3)在取得市场的绝对优势后，“格兰仕”并没有因此而停滞，反而乘胜追击，加紧了市场的冲击力度，发动了微波炉市场的“第三大战役”——品牌歼灭战。

1997年，东南亚爆发了金融危机，韩国企业受到重创，政府下令要调整亏损企业，这再度给“格兰仕”创造了一个绝好的市场契机。1997年10月，“格兰仕”凭借其规模优势所创造的成本优势，再度将12个品种的微波炉降价40%，全面实施“薄利多销”的策略，以抑制进口品牌的广告促销攻势，“格兰仕”微波炉在全国的市场占有率始终保持在50%左右。1998年6月13日，微波炉生产规模已经成为全球最大的格兰仕企业(集团)公司，在国内微波炉市场又一次实施“组合大促销”：购买微波炉可获得高档豪华电饭煲、电风扇、微波炉饭煲等赠品外，又有1998年世界杯世界顶级球星签名的足球赠品和千万元名牌空调大抽奖。这种以同步组合重拳打向市场，被同行业称之为毁灭性的市场营销策略，再度在全国市场引起巨大震动。

“格兰仕”靠着规模优势所创造的成本优势连续几次大降价，获得了微波炉的霸主地位，同时也加速了微波炉这一产业的价格下降趋势。通过降价，“格兰仕”成功地为这个行业竖起了一道价格门槛：如果想介入，就必须投巨资去获得规模，但如果投巨资做不过“格兰仕”的盈利水平，就要承担巨额亏损，即使做过“格兰仕”的盈利水平，产业的微利和饱和也使对手无利可图。凭此，“格兰仕”成功地使微波炉变成了鸡肋产业，并成功地使不少竞争对手退出了竞争，使很多想进入的企业望而却步。

目前，“格兰仕”垄断了国内60%、全球35%的市场份额，成为中国乃至全世界的“微波炉大王”。全球微波炉市场中每卖出两台微波炉就有一台是“格兰仕”生产的。“格兰仕”用11年的时间让自己完成了从一家乡镇羽绒制品厂到全球最大的微波炉生产商的转变。

思考：

“格兰仕”采取了什么样的价格策略？有哪些成功的经验值得借鉴？

【学习小活动】

【活动目的】 充分理解关于企业定价方法和定价策略相关知识。

【活动步骤】

第一步：学生分组作商场、超市内商品价格调查；

第二步：小组汇总调查结果；

第三步：作调查结果展示。

【活动建议】 学生在教师的指导下进行该活动。

【学习评价】

一、学习完本章节内容，你有什么收获？

1.从知识的角度：

2.从技能的角度：

3.从个人成长的角度：

二、学习完本章节内容，你还有什么疑难问题？

【作业】

请选择某一具体的产品，查找相关资料，阐述该产品在刚投放市场时是如何定价的？并进一步介绍该产品投放市场后的效果怎么样？

任务12 制定渠道策略

【任务信息】

经过一段时间，小李痛苦地发现，他准备还是不太充分，对自己的产品太自信，而正在付出代价。情况是这样的，因为开店太仓促，进入的时间稍晚了，而地段好的店面已经被占据了。他太相信“酒香不怕巷子深”这句话了，以为有了好的产品以及长久积累下来的良好的口碑就能持续扩大消费群；但实际不是这样的，因位置不佳，消费者很少上门。更令他恼火的是，周边的老店大多都在学生宿舍留下了电话号码，提供送饭菜上门服务，小李刚创业没多久，人手本来就紧张，成本开支也大，收入没见增加又不敢再请人送外卖。经过这一段时间的经营，小李得出一个沉痛的教训：选址是关键，再好的产品也要能顺利送到顾客手中才是王道。在以后的经营中，这一点一定要牢记。

【关键词】

分销策略　分销渠道设计　分销渠道管理　中间商

分销渠道是企业进入市场的前提，面对日益成熟的买方市场，企业的分销渠道策略就显得尤为重要。

在商品经济条件下，生产和消费在时间和空间上是分离的，商品的所有权和实体如何才能从生产者抵达消费者呢？分销渠道将完成这一任务。

众所周知，现代社会除提供消费者所需的产品、制定合适的价格以外，还必须依赖市场上的一些中间环节，以便在“适当的时候”、“适当的地点”，“以适当的方式”将产品提供给“适当的消费者”。分销渠道承担着产品由生产领域向消费领域转移的任务，因此，合理选择分销渠道就是企业营销的又一重要策略问题。

12.1 清楚分销渠道的含义和类型

12.1.1 分销渠道的含义

1.分销渠道的含义

所谓分销渠道，就是指某种产品和服务在从生产者向消费者转移过程中，取得这种产品和服务的所有权或帮助所有权转移的所有企业和个人。因此，分销渠道包括商人中间商和代理中间商，此外还包括处于渠道起点和终点的生产者和最终消费者或用户。但是不包括供应商、辅助商。

议一议

生产者为什么不直接将产品卖给消费者？产品经过分销渠道会发生哪些变化？

2.分销渠道的作用

大多数生产者缺乏将产品直接销售给最终顾客所必需的资源和能力，而中间商和中介机构却在这方面具有优势。

中间商是社会分工的产物，他们是从事市场营销的专业人员，他们能使营销工作更有成效，营销费用更低；而生产企业由于不直接从事营销工作可以使自己业务范围更专业，从而使生产效率更高。中间商的介入起到了经济节约的作用。

商品社会生产规模日益增长，企业的市场覆盖面越来越广。对这样广阔范围内的营销活动，一般规模的企业很难顾及，因此需要大批的中间商帮助宣传商品、开拓市场、组织销售。对消费者而言，中间商为他们提供采购服务，向他们发布购买信息，为他们提供产品质量担保，并协调生产者与消费者之间的矛盾。

(1)可以及时、有效地实现产品销售。企业营销目的是为了满足消费者的需求，实现利润目标。要实现这一目标不仅取决于企业能否生产出适销对路的产品，更取决于这些产品能否及时地销售出去。只有选择合理、适当的分销渠道，才能及时、有效地把产品传送到消费者手中。

(2)可以节省产品销售所需的投资和费用。许多生产企业实际上缺乏直接将产品卖给最终消费者的人力、物力和财力，特别是一些小规模企业。即使是大企业，通常也会因为其顾客分布太广，购买太分散而不得不选择中间商做渠道成员，帮助分销。

(3)可以使生产商获得产品销售的优势。许多渠道成员具有销售专业技能，拥有生产商所不具备的优势。例如中间商渠道成员，无论是批发商还是零售商，他们都有广泛的顾客和客户关系，都有丰富的市场知识和接近客户的地理位置，还拥有交易场地和仓储空间，生产企业与中间商结成亲密的渠道伙伴关系，可以综合利用中间商的优势为己服务，使企业产品更贴近市场。

(4)可以获取大规模分销的经济利益。作为生产商总希望其产品更快、更多地通过销售渠道到达最终消费者(客户)手中，而能够帮助生产商实现这个目标的只有中间商。通过中间商的营销网络，可以使生产商的产品在广泛的市场面上铺开，得到大规模分销的经济利益。所以，企业市场的开拓，其实质就是渠道成员之间的网络构筑。为此，许多厂商都把渠道成员之间的网络视为企业的重要无形资产。

(5)可以提高产品的市场竞争力。分销渠道的选择直接影响到产品的销售成本，从而影响到产品的价格、产品的竞争力。只有选择合理的分销渠道，配置好中间商，保证产品及时销售出去，才能加快资金的周转，提高资金的使用效益。同时也能节约销售费用，降低产品成本，从而降低产品的销售价格，必然能提高产品的市场竞争能力。

(6)可以促进产品销售活动。在商品流通中，促销是一项重要的营销活动，是影响和吸引消费者购买的策略手段。就一般促销活动而言，它需要场地、氛围的渲染、人力的投入。相比之下，零售商在产品促销方面更有场地条件，具有丰富经验。为此，选择熟悉市场需求，熟悉产品性能，具有丰富促销经验的中间商，有利于企业的促销活动的开展，有利于产品的销售。

议一议

是不是所有的产品都必须经过分销渠道才能到达消费者手中？请具体举例分析。

3.分销渠道的特点

(1)分销渠道是产品从起点到终点的通道。产品分销渠道不管是否经过中间环节，也不管经过几道中间环节，其起点是生产者，而终点是能最终实现产品价值的消费者或用户。完整的分销渠道，是指产品这种自始至终的流通过程，而非产品流通过程中的某一阶段。

(2)分销渠道是一个由不同企业或人员构成的整体。分销渠道的组织是由产品流通过程中的渠道成员组成的，这些渠道成员是产品流转所经过通道中的各类中介机构，其中包括生产者自身的销售机构，以及中间代理商、批发商、零售商和承担实体分配的储运商，正是通过这些中介机构网络，产品才能上市行销。处于分销渠道两端的生产者和消费者及各种职能的中介组织被统称为渠道成员，渠道成员可以是企业，也可以是个人，它们共同的职责是帮助制造商转移产品的所有权。

(3)分销渠道的途径是由产品流转环节衔接的。分销渠道是产品从生产者转移到消费者的途径，而这一途径是由各流转环节所衔接的。如某一生产商的产品，厂商销售机构卖给批发商，批发商又卖给零售商，消费者又从零售商购得产品，这就是某一产品的分销途径。由此看来，当渠道成员间发生购销活动时，产品流转的环节就彼此连接成一体，推动产品由生产者到消费者的流动，从而形成了产品分销的通道。

(4)分销渠道的分布呈现网络形态。分销渠道是由承担不同职能的渠道成员所构成的，这些成员分布于各个区域范围内，形成星罗棋布的网络状态，所以，到20世纪90年代中期，人们就把这种网状的分销渠道称作分销网络。著名的未来学家斯托夫认为，未来的市场，只不过是一个张开的网，谁掌握了网络，谁就掌握了市场。现代企业都十分重视分销网络建设，已经不是简单地从产品转移的通道去思考分销问题，而是从企业整个营销体系运作系统来构思渠道建设，从物流、现金流、信息流、所有权流来构思厂商与消费者(客户)之间的通道，从而提高企业整体运作能力，达到提高企业竞争力的目的。

4.分销渠道的功能

(1)收集信息。收集制订计划和进行交换所需要的信息。

(2)所有权转移。分销渠道承担的最本质功能就是完成产品从生产者到消费者的所有权转移。在这个过程中，生产者出售了他的产品，获得了销售收入；消费者付出了货币，取得了所需要的产品。

(3)沟通信息。收集并发布关于市场营销环境中现有的和潜在的消费者、竞争者及其他影响者和影响力量的信息。

(4)促进销售。通过人员推销、广告、公关活动及其他促销方式吸引和说服顾客和潜在顾客。

(5)谈判功能。渠道成员之间达成有关产品的价格、采购条件、进货条件以及售后服务的协议，并提出订单。

(6)资金融通。中间商购进产品并保持存货需要投入资金，这部分投入在产品实际抵达消费者之前就已经垫支，保证了厂商的再生产活动。所以，中间商购进产品行为实际是融资。

(7)物流功能。分销渠道除了完成产品交易过程外，同时，还要完成产品实体从生产者到消费者的空间移动，消费才能成为现实的消费。

(8)共担风险。产品从生产领域到消费领域转移过程中会面临许多不确定因素和物质实体的损耗，如市场需求变动、不可抗拒的天灾人祸、运输和存储及装卸过程中的商品破损等。这些风险均要由分销渠道成员承担。

12.1.2 分销渠道的类型

1.分销渠道的层次

分销渠道可根据渠道层次的多少数目来分类。在产品从生产者转移到消费者的过程中，任何一个对产品拥有所有权或负有推销责任的机构，就叫作一个渠道层次，如图 12-1 和图 12-2 所示。

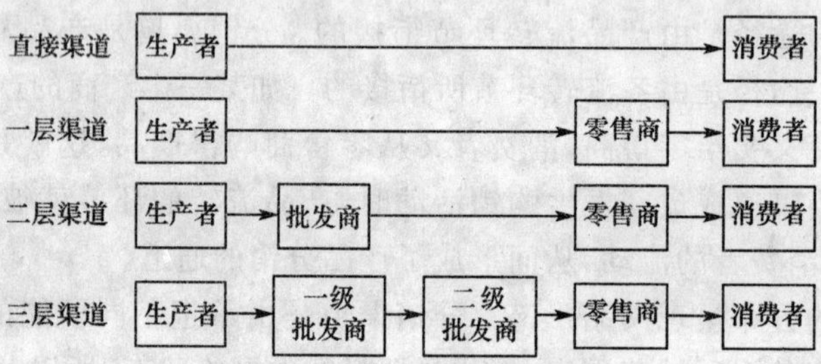

图 12-1　消费者市场的分销渠道

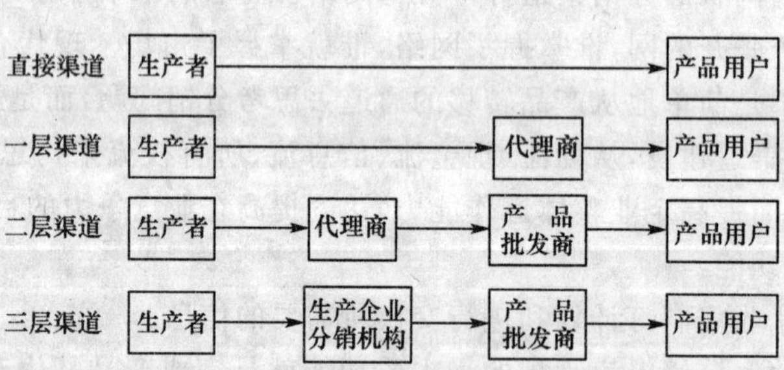

图 12-2　生产者市场的分销渠道

(1)短渠道分类

①零级分销渠道

这种分销模式也叫直接渠道，简称直销，指产品不经过任何中间环节，直接由企业供应给消费者。它是一种最简便、最短小的渠道。特点是产销直接见面，中间环节少，产品流通费用较低；同时有利于企业把握市场信息，但不利于以企业开展规模化为基础的专业性分工，降低了整体效率。直接营销的主要方式是上门推销、邮购、电视直销等。

②一级分销渠道

这是最常见的一种销售渠道。这种模式是指企业和消费者之间只经过一个层次中间环节的分销渠道。在消费品市场上,这个中间环节通常是零售商,即由生产企业直接向零售商供货,零售商再把产品转卖给消费者。其优点是中间环节少,产品分销渠道短,有利于企业充分利用零售商的力量来扩大产品销路。缺点:一是需要对零售商进行有效地控制;二是大规模专业化生产与零散消费之间的矛盾,即因零售的储存不可能太大而不能很好地解决存储成本。

短渠道的优点是:分销渠道短,中间环节少,产品流转成本低,销售速度快,市场信息反馈及时。短渠道的缺点是:产品企业承担的商业职能多,难以大规模拓展市场。

(2)长渠道分类

①二级经销渠道

这是一种传统的也是常用的分销模式。这种模式是指在企业与消费者之间经过两个层次的中间环节的分销渠道。在消费者市场,通常表现为批发商和零售商,如制造食物、药物和其他产品的企业将产品销售给批发商,由其销售给零售商,最终由零售商销售给最终消费者。这种方式为大多数中小企业所采用。这种分销渠道适用于一般选购品,消费量较大的杂货、药品、玩具等。

②二级分销渠道

这种分销模式也是在企业与消费者之间经过两个层次的中间环节的分销渠道。与二级经销渠道不同的是代理商代替了批发商。许多生产企业为了大批量销售产品,通常通过代理商或经纪人,由他们把产品转卖给零售商,再由零售商销售给消费者。

③三级分销渠道

这种分销模式是指在企业与消费者之间经过三个层次的中间环节的分销渠道。有些消费品技术性强,又需要广泛推销,多采用这种分销渠道。

长渠道比较突出的优点是:能高效开拓市场并分散经营风险。缺点是:渠道长,中间环节多,市场控制性差,产品成本增加,失去低价优势。

2.分销渠道的宽度

所谓分销渠道宽度,是指渠道的每个层次使用同种类型中间商数目的多少。这主要取决于企业希望产品在目标市场上扩散范围的大小。对此,有三种可供选择的策略。

(1)广泛分销策略。所谓广泛分销策略,就是生产者在同一区域市场内各个层次的中间环节中,广泛选择尽可能多的中间商来推销其商品的销售策略。它适合于价格低廉、差异性不大的日用消费品,或生产资料中普遍使用的小工具等的销售。因为顾客购买这类商品主要的要求是购买方便。

(2)选择性分销策略。所谓选择性分销策略,就是生产者在同一区域市场内各个层次的中间环节中,选择少数中间商来推销其商品的销售策略。它一般适用于那些选择性较强的日用消费品和专业性较强的零配件以及技术服务要求较高的商品的经营。

(3)独家分销策略。所谓独家分销策略,就是生产者在同一区域市场内某一层次的中间环节中,仅选择一家中间商来推销其商品,并规定该中间商不得再推销其他同类商品的销售策略。它一般适用于新产品、名牌产品以及有某种特殊性能和用途的产品。采用独家分销策略,通常都要求生产者和经营者签订书面协议来保证彼此之间的权利和义务。如规定生产者不得把同类商品委托给本区域内其他中间商经营;经销商则不得经营其他生产者的同类产品等。

3.现代分销渠道系统

现代分销渠道系统是按照分销的组织形式来划分的。随着市场经济的发展和企业在竞争中逐渐成熟,促使新的分销组织形式不断出现。

(1)垂直分销系统。是由生产企业、批发商、零售商根据纵向一体化的原理组成的渠道销售系统。可称纵向联合,分为契约型产销结合和紧密型产销一体化。在垂直分销系统中,其中某一环节的渠道成员占主导地位,称为渠道领袖。它可凭借优势地位,联合或支配渠道其他成员共同开拓某种产品的产销通道。可以控制渠道中其他成员的行为,减少分销渠道的冲突,更好地协调产品流通。

(2)水平分销系统。是由两个以上的生产商联合开发共同的分销渠道所建立的分销系统。可称横向联合,分为松散型联合和固定型联合。可以较好地集中各有关企业在分销方面的相对优势,有利于开展分销活动,扩大各企业的市场覆盖面,减少各企业在分销渠道方面的投资,提高分销活动的整体效益。

(3)集团分销系统。指以企业集团的形式,结合企业组织形式的总体改造来促使企业分销渠道的发展和改革。企业集团中的销售机构和物流机构同时可以为集团内的各生产企业承担产品分销业务。它是一种比较高级的联合形式,能集商流、物流、信息流于一体,分销功能比较齐全,系统控制能力和综合协调能力都比较强,对分销活动能进行比较周密的系统策划,并能建立起高效的运行机制,从而促使分销活动的整体效益有更大的提高。

查一查

请选择一家企业(例如:格力集团、美的集团等)并查找相关资料,分析其产品分销渠道系统类型。

12.2 认识分销渠道中的成员——中间商

12.2.1 中间商的基本内涵

1.中间商的概念

中间商是指在企业与消费者之间,专门从事产品流通活动的经济组织或个人,或者说是企业向消费者出售产品的中间机构。按其在产品流通中所起的作用不同,又可分为批发商和零售商。中间商是产品生产和流通社会化的必然产物。在分销渠道中,中间商占有特别重要的地位,从某种意义上讲,分销渠道策略所研究的内容,就是如何选择中间商,将产品从企业有效地转移到消费者和用户手中的过程。

2.中间商的作用

中间商在产品由生产领域到消费领域的转移过程中,起着桥梁和纽带作用。由于中间商的存在,不仅简化了产品销售手续,节约了产品销售费用,而且还扩大了销售范围,提高了销售效率。中间商的功能主要体现在以下几个方面:

(1)提高产品流通效率;

(2)调节生产与消费之间的矛盾;

(3)有效分担企业的市场营销职能。

3.中间商的类型

中间商由专门从事产品流通经营活动的企业和个人组成,其基本职能是作为生产和消费之间的媒介,促成产品交换。中间商古来有之,而且,随着社会分工的发展,中间商的内部职能也在细化,形成了批发和零售两大类。批发包括一切将产品或服务销售给为了转卖或者因商业用途而进行购买的人的活动。零售包括所有向最终消费者直接销售产品和服务,以供其作为个人及其非商业性用途的活动。从事这一活动的中间商就叫零售商。零售商是商业流通的最终环节,为最终消费者提供服务,将购入的产品拆零出售。

批发商享有分销上的规模优势,并拥有专业化分工带来的专有技术与资源,是产品流通的关键性环节。比如当年长虹与郑百文的结盟,以及空调行业中苏宁的特殊作用等,都说明了这一问题。零售商的根本作用在于使产品直接、顺利地进入顾客手中,并真实、有效、及时地反馈最终顾客的信息,是分销渠道的重要环节。

12.2.2 批发商的特点及分类

批发商是指供转售、进一步加工或变化商业用途而销售产品的各种交易活动。批发商处于产品流通起点和中间阶段,交易对象是生产企业和零售商,一方面它向生产企业收购产品,另一方面它又向零售企业批销产品,并且是按批发价格经营大宗产品。其发展呈现出一定的特点。

1.批发的特点

从处于流通过程、完成产品销售的角度看,批发与零售没有本质区别,都是产品销售活动。但是从销售对象、销售数量等方面来看,批发与零售又是有显著区别的,主要表现在:

(1)交易对象不同。批发的主要交易对象是生产商和零售商,也包括下一层次的批发商。从事消费品批发的企业大多直接向生产企业收购产品,然后向零售商批量销售产品;从事工业用品批发的企业大多向工业用品企业购买生产资料,批量销售给工业用户。而零售的交易对象则是消费者。

(2)流通过程不同。批发处于产品流通的中间环节,批发活动结束后,产品仍处于流通领域中,或重新进入生产领域。而零售交易结束后,产品则脱离流通领域,进入消费领域。

(3)反映的经济关系不同。批发是在工商企业之间进行交易活动,反映的是工商关系、商商关系。而零售则是在商业企业与消费者之间进行交易,反映的是产销关系或称商群关系。

(4)交易的数量不同。批发活动是大批量的交易,消费者购买频率低;而零售活动销售产品的数量小,消费者频率高。

(5)设立网点不同。批发销售网点较少,零售网点设立较多。

这些差别导致批发活动的经营管理方式与零售活动的经营管理方式不同。一般认为,批发活动比零售活动更具有挑战性。

2.批发商的分类

批发商主要有三大类型:商人批发商、经纪人和代理商、自营批发机构。

(1)商人批发商

又称独立批发商,是指取得产品所有权的批发商。即自己进货,取得产品所有权后再批发出售的商业企业,是批发商中最主要的部分。根据其职能和提供的服务是否完全,可以分为完全服务批发商和有限服务批发商两大类。

①完全服务批发商:是指能向消费者提供市场营销各项服务功能的批发商。其提供的服务主要有保持存货、雇用固定的销售人员、提供信贷、送货和协助管理等。

专用品批发商:适应目标市场对某些产品需求量大的特点,专门销售一条产品线上的部分产品,所提供的产品有充分的花色品种可供选择,并能给零售企业提供较多的产品信息和服务项目。

②有限服务批发商:是指向消费者提供的服务相对较少的批发商。这类批发商为了减少成本费用,降低批发价格,只执行部分服务。

(2)经纪人和代理商

经纪人和代理商是从事采购或销售或两者兼备,但不取得产品所有权的商业单位。与商人批发商不同,其对所经营的产品没有所有权,所提供的服务比有限服务商人批发商还少,其主要职能在于促成产品的交易,借此赚取佣金作为报酬。与商人批发商相似的是,其通常专注于某些产品种类或某些顾客群。经纪人和代理商主要可分为产品经纪人、制造代理商、销售代理商、采购代理商和佣金商。

①产品经纪人:产品经纪人的主要作用是为买卖双方牵线搭桥,协助他们进行谈判,交易达成后向雇用方收取费用。他们并不持有存货,也不参与融资和承担风险。

②制造代理商:制造代理商也称制造商代表,他们代表两个或若干个互补的产品线的制造商,分别和每个制造商签订有关定价政策、销售区域、订单处理程序、送货服务和各种保证以及佣金比例等方面的正式书面合同。他们了解每个制造商的产品线,并利用其广泛关系来销售制造商的产品。

③销售代理商:销售代理商是在签订合同的基础上,为委托人销售某些特定产品或全部产品的代理商,对价格、条款及其他交易条件可全权处理。这种代理商在纺织、木材、某些金属产品、某些食品、服装等行业中十分常见。在这些行业中,竞争非常激烈,产品销路对企业的生存至关重要 。

④采购代理商:采购代理商一般与顾客有长期关系,代他们进行采购,往往负责为其收货、验货、储运,并将货物运送给采购者。他们消息灵通,可向客户提供有用的市场信息,而且还能以最低价格买到好的货物。

⑤佣金商:佣金商又称佣金行,是指对产品的实体具有控制力并参与产品销售协商的代理商。通常备有仓库,替委托人储存、保管货物。此外,佣金商还替委托人发现潜在买主,获得最好价格、分等、再打包、送货、给委托人和购买者以商业信用(即预付货款和赊销)、提供市场信息等。佣金商卖出货物后,扣除佣金和其他费用,即将余款汇给委托人。

(3)自营批发机构

这是指由企业和零售商自设机构经营批发业务。主要类型有企业与零售商的分销部和办事处。分销部有一定的产品储存，其形式如同商人批发商，只不过隶属关系不同；办事处没有存货，是企业驻外的业务代办机构，有些零售商在一些中心市场设立采购办事处，主要办理本公司的采购业务，也兼做批发业务，其功能与经纪人和代理商相似。

此外，还有一些存在于其他特殊经济部门、行业的专业批发商，如为农产品集散服务的农产品收购调运商，为石油集散服务的中转油库，为某些特殊购销方式服务的拍卖公司等。

12.2.3　零售商的特点及分类

作为个人消费者，我们在市场上接触的主要是零售商。零售商是以零售经营为主业的企业和个人。零售业务与批发业务的本质区别就在于零售面对个人消费者市场，是整个营销网络系统的出口，也是产品流通的最后环节。随着社会经济的发展，科学技术的进步，零售的组织形式和经营方式千变万化，层出不穷，成为变化最大、最快的行业之一。

1. 零售的特征

(1)交易对象是最终消费者。最终消费者是为了个人和家庭生活或非商业性用途而购买和消费产品。

(2)交易活动是零星地、频繁地进行的。零售商大量采购产品，却用拆零销售方式转卖给消费者，原因是消费者的日常购买和消费大多属于小量的、重复发生的。为满足众多消费者不同时间的购买和消费需求，零售商通常需要以较长时间营业，迎接更多顾客光临。

(3)处于产品流通的最后环节。即零售完成后，产品进入消费领域，退出流通过程，一般也不再进入生产过程。

2. 零售商的分类

从经营形式上看，目前零售商的类型主要分为商店零售、无店铺零售和零售组织三种。

(1)商店零售

商店零售又称为有店铺零售，特点是在店内零售产品与服务。最主要的类型有专用品商店，百货商店，超级市场，便利店，超级商店、联合商店和特级商场，折扣店，仓储商店。

①专用品商店：是专业化程度较高的零售商店。特色是专门经营某一大类产品，但规格、花色、品种较齐全。如服装店、运动用品店、家具店、花店和书店均属此类。专用品商店的经营要求具有较高的专业知识和操作技能，销售与服务密切结合，能为消费者提供周到的服务。

②百货商店：百货商店的特点是经营产品的范围广泛，种类繁多，规格齐全，分类组织与管理，且一般设立在城镇交通中心和商业中心。

③超级市场：超级市场通常规模很大、成本低、薄利多销，采用自助的服务方式，因而产品价格也较低廉。主要经营各种食品、洗涤用品、家居日常用品等。其特点是消费者自取自选、自我服务、定量包装、预先标价、顾客出门时一次交款，因而可以节约售货时间、节约成本、避免或减少消费者与售货员的矛盾。

④便利店：便利店是设在居民区附近的小型商店，主要销售家庭日常用品、食品等周

转速度快的便利品。一周营业七天，每天营业时间很长，方便消费者随时购买。消费者在这里购买主要是为了临时补缺，所以即使价格相对较高，消费者也愿意支付。

⑤超级商店、联合商店和特级商场：超级商店比传统的超级市场更大，主要销售各种食品和日用品，提供各项服务。联合商店的面积比超级市场和超级商店更大，呈现出一种经营多元化的趋势，主要向医药领域发展。特级商场比联合商店还要大，综合了超级市场、折扣店和仓储零售的经营方针，其花色品种超出了日常用品，包括家具、各种家用器具、服装和其他品种，其基本方法是原装产品陈列，尽量由商店人员搬运，同时向愿意自行搬运大型家用器具的消费者提供折扣。

⑥折扣店：折扣店是以薄利多销的方式通过比较低的价格销售标准产品。一个真正的折扣店具有以下特点：第一，商店经常以低价销售产品；第二，商店突出销售全国性品牌，因此价格低廉并不说明产品的质量低劣；第三，提供最基本的零售服务，设备简单；第四，店址趋向于在租金低的地区，能吸引较远处的消费者。

⑦仓储商店：仓储商店是一种集仓储、批发、零售于一体的自选商场。这种商场形似仓库，内部不做豪华装饰，是一种不重形式，以大批量、低成本、低售价和微利促销、服务有限为特征的零售形式。其特点是：以工薪阶层和机关团体为其主要服务对象；通过减少中间环节、节约装潢费用、店址选在非中心地区等各种手段，降低营运成本，减少经营费用，为消费者提供物美价廉的产品，达到以低价大量销售产品的目的；先进的计算机管理系统，既为商场提供了现代化的管理手段，也减少了雇员的人工费用支出。

(2)无店铺零售

无店铺零售是指不经过店铺销售产品的零售形式。由于科技发展及竞争关系，越来越多的企业采用无店铺零售的方式出售产品，其中最普遍的有直销、直复营销、自动售货等。

①直销：是指企业自己或通过推销人员(直销人员)向消费者销售产品的零售方式，也叫人员推销，包括集市摆卖、上门推销、举办家庭销售会等。许多工业产品的销售采用这种方式。现在越来越多的消费品也采用这种销售方式，如银行、保险等服务行业、大型工具书、生活用品等。新产品特别适合于销售者采取与消费者面对面地推销的方式，因为这给予消费者了解产品的机会，增加了购买的可能性。如雅芳公司推广其“家庭主妇的良友、美容顾问”概念，在全世界约有100万名直销商，每年创造20亿美元以上的销售额，成为全世界最大的化妆品公司和头号直销商。对于零售业来说，直销是一种价格昂贵的销售，不仅需要支出一笔较大的上门推销费用，而且这些推销人员单位时间所完成的平均销售额也远比店铺售货员低。此外，支付直销人员的佣金通常要占产品价格的20%～30%，并且还要支付招聘、培训、管理、激励销售人员的费用。

传销是直销的一种，它是依靠会员(传销商)以销结网、以网促销、按绩效分层分享利润的直销方式。如安利公司征集独立商人作为其产品的分销商，再由他们去征集下一层分销商并销售产品，如此持续下去。传销以强烈的利益驱动机制产生极高的销售效应，但其行为难以监管、控制，容易为不法经营者钻空子，损害下线及消费者利益。

②直复营销：直复营销是一种为了在任何地方产生可度量的反应和达成交易而使用一种或多种广告媒体的互相作用的市场营销系统。直复营销者利用广告介绍产品，消费者可写信或打电话订货。订购的产品一般通过邮寄交货，用信用卡付款。直复营销者可

在一定广告费用开支允许的情况下，选择可获得最大订货量的传播媒体，使用这种媒体是为了扩大销售量，而不像普通广告那样是为了刺激消费者的偏好和树立品牌形象。直复营销的传统形式主要有邮购目录、直接邮寄、电话营销和电视营销。随着经济与技术的进步，特别是Internet和电子商务的出现，网络已成为直复营销的最佳工具。网络营销也必将成为最重要的直复营销模式。今天，邮购与电话订购、电视购物、网上购物等方式，已逐步渗入当今消费者的生活，并渐渐成为主流。

③自动售货：使用硬币控制的机器自动售货是第二次世界大战后出现的一个主要的发展领域。自动售货已经被用在相当多的产品上，包括习惯性购买的产品（如香烟、软饮料、糖果、报纸和热饮料等）和其他产品（如袜子、化妆品、书、光盘等）。自动售货机被广泛安置在工厂、办公室、大型零售商店、加油站、街道等地方，向消费者提供24小时售货、自我服务和无需搬运产品等便利条件。但由于投资和成本较高，所以出售产品的价格比一般水平要高出15%～20%。对消费者来说，机器损坏、库存告罄以及无法退货等也是令人头痛的问题。自动售货机提供的服务越来越多，如投币式自动点唱机、新型电脑游艺机和银行的ATM自动提款机等。

(3)零售组织

零售组织是以多店铺联盟的组织形式来开展零售活动的。参与组织的商店可以是同一个所有者开办的若干店铺，也可以是不同所有者的若干商店。通过商店之间的联合，可以避免过度竞争，提高零售的规模经济效益，节约成本。具体形式主要有连锁商店和特许经营。

①连锁商店：指在同一家大型商店的控制下，统一店名、统一管理、统一经营、实行集中采购和销售，还可能有相似的建筑风格和标志的由两个或两个以上分店组成的商业集团。连锁商店由于规模大，具有大量采购大量销售的能力，因此可获得规模经济效益。但缺点是如果权力过于集中，则灵活性和应变能力较差。连锁商店可以是超级市场的连锁、专用品商店的连锁、百货商店的连锁，也可以是旅店连锁、快餐店连锁。应该说，连锁是一种组织形式，而非经营方式。由于各国法律规定的不同，有些连锁商店的成员也并不都属于同一所有者，或服从同样程度的统一管理。

根据所有权和集中管理程度的不同，连锁商店可分为直营连锁商店、自愿连锁商店和零售合作组织几种。其中，直营连锁店为同一所有者，统一店名，统一管理；自愿连锁商店是由批发商牵头组成的以统一采购为目的的联合组织；零售合作组织是独立零售商按自愿互利原则成立的统一采购组织。这两种组织与上述连锁商店的区别就在于这两种组织的所有权是各自独立的。

②特许经营：特许经营是指特许权授予人与特许权被授予人之间通过协议授权受许人使用特许人已经开发出来的品牌、商号、经营技术、经营规模的权利。为此，受许人必须先付一笔首期特许费，此后每年按销售收入的一定比例支付特许权使用费，换得在一定区域内使用该商号出售该产品或服务的权利，且必须遵守合同中的其他规定。特许经营被誉为当今零售和服务行业最有潜力和效率的经营组织形式，特别适合那些规模小而且分散的零售和服务业。

与其他经营方式相比，特许经营有以下特点：

①在特许经营中，受许人对自己的店铺拥有自主权，人事和财务均是独立的，特许人

无权干涉。这不同于连锁商店。特许人根据契约规定,在特许期间提供受许人开展经营活动所必需的信息、技术、知识和训练,同时授予受许人在一定区域内独家使用其商号、商标或服务项目等权利。

②受许人在特定期间、特定区域享有特许人商号、商标、产品或经营技术的权利,同时又需按契约的规定从事经营活动。

③特许关系中明确规定的一点是受许人不是特许人的代理人或伙伴,没有权力代表特许人行事,受许人要明确自己的身份,以便在同消费者打交道时不致发生混淆。这使得特许经营关系与代理有着本质的不同。

④在特许经营中,契约规定:特许人按照受许人营业额的一定百分比收取特许费,分享受许人的部分利润,同时也要分担部分费用。

12.3 掌握分销渠道的设计与管理

分销渠道是企业进入市场的前提,企业在选择分销渠道时要受到产品、市场、企业本身、其他等因素的影响,我们只有充分了解,正确分析这些因素,才能掌握其规律,有针对性地做好分销渠道工作。

分销渠道设计是指企业在分析渠道环境因素的基础上,以顾客需求为导向,为实现确定的分销目标,对各种备选渠道结构进行评估和选择,从而开发出新型的分销渠道或改进现有的分销渠道的过程。

有效的分销渠道设计,应以确定企业所要达到的市场为起点。从原则上讲,目标市场的选择并不是分销渠道设计的问题。然而,事实上,市场选择与渠道选择是相互依存的。有利的市场加上有利的渠道,才可能使企业获得利润。分销渠道设计问题的中心环节,是确定到达目标市场的最佳途径。而渠道目标的确定是要受顾客、产品、中间商、竞争者、企业政策和环境等因素的限制的。

12.3.1 影响分销渠道设计的因素

1.产品因素

(1)产品单位价格的高低。一般来说,单位价格高的产品,宜选择流通环节少的短渠道或直接渠道较为有利,产品单位价格低,则宜采用长、宽的间接渠道销售。

(2)产品的体积与重量。体积过大或过重的商品,为减少运输和仓储费用,宜选用少环节的短渠道。有些产品重量虽轻但体积很大,也适宜采用短渠道。

(3)产品的易腐、易毁性。易腐、易毁或有效期短的商品,应尽量缩短营销渠道,迅速把商品出售给消费者。

(4)产品的时尚性。凡产品的式样或款式变化比较快的,一般宜采取少环节的短渠道,避免因时尚变化引起产品的过时,造成积压。

(5)产品的技术性与服务要求。凡技术性较强而又需要提供售前、售中、售后服务的商品,企业应尽量直接卖给消费者,或采取短而窄的渠道,以便于企业销售人员、技术人员当面介绍产品,提供必要的服务。

(6)产品的标准性和专用性。用途广泛,具有固定的品质、规格和式样的产品,可用间接渠道,由中间商出售。专用性强的商品,以不经过中间环节为好。

(7)产品的市场生命周期。处于不同生命周期阶段的产品,渠道也应有所不同。对处于投入期或成长期的新产品,生产企业一般采用设专柜、试销门市部等形式进行直接销售。如果中间商推销得力,也可考虑采用间接销售。处于成熟期的产品,以间接渠道销售居多。产品进入衰退期后,则应考虑缩减中间商。

(8)商品的季节性。对季节性生产、常年消费的产品,或常年生产、季节性消费的产品宜采用长渠道、多环节策略,充分发挥中间商的作用,保持生产的连续性和供应的不断档。

2.市场因素

(1)市场范围与密集度。市场范围大,需求量多的商品,需要中间商提供的服务较多,一般要经过批发商再供应给零售商,由零售商出售给消费者,采取长而宽的分销渠道较合适;反之,市场范围小,需求量较少的商品,可由生产者直接供应给用户或消费者,选择直接渠道或短而窄的渠道较合适。

(2)市场的地区性。如果市场较集中,顾客集中分布在一个或少数几个地区,可考虑设点直接销售;而顾客分布很分散的,则应通过中间商,选择间接销售。

(3)市场的竞争性。根据竞争需要,分析竞争对手的实力,灵活选择渠道,或同类商品采用同样渠道进行针锋相对地竞争,或避其锋芒另辟渠道占领市场。

(4)市场销售量大小。如果企业的产品销售量不大,不宜直接销售,由少数中间商帮助推销比自己直接推销不但节省销售费用,同时效果也佳;如果企业产品销售量很大,除主要利用中间商以外,必要时也可以自己推销部分产品。

(5)潜在顾客数量。潜在顾客数量越多,市场范围越大,越需要较多的中间商转售,生产商应采用长渠道策略;反之,可以采用短渠道或直接销售策略。

(6)目标市场范围。产品的销售市场相对集中,只是分布在某一或少数几个地区,生产商可以直接销售,采用短渠道策略;反之,应该选择长渠道策略,需要经过一系列中间商方能转售给消费者。

(7)市场需求性质。消费者市场的人数众多,购买消费品次数多、批量少,宜选择长渠道策略方能满足其需求。而生产者市场的用户相对较少,购买生产资料次数少、批量较大,可采用直接渠道策略。

(8)消费者购买习惯。消费者购买日常生活用品的购买频率较高,希望就近随时购买,宜采用长渠道策略;对于选购品和特殊品,消费者愿花时间和精力去大型商场购买,次数也较少,则可选择短渠道策略。

(9)零售商规模、数量。如零售商居多而进货批量小,生产商就不得不通过批发环节转卖给零售商,必须采用长渠道策略;如零售商居多而进货批量大,生产商就可以直接把产品卖给零售商,可以采用短渠道策略。

3.企业本身的因素

(1)企业生产经营能力。企业规模较大,资金雄厚,生产经营能力强的,一般可以自由地选择销售渠道,甚至建立自己的直销渠道,采取产销合一的短渠道经营;相反,生产能力差,资金薄弱的企业,则需借助中间商。

(2)企业销售经验和服务能力。具有丰富销售经验和较强服务能力的企业,可考虑直接渠道或短而窄的渠道,否则就应选择间接渠道,利用中间商进行销售。

(3)企业的声誉。声誉是生产者与经营者选择对方的一个重要的条件,有声望、实力较强的中间商,往往在挑选生产者方面占优势。只有那些产品质量好、销路好、企业声誉好的生产者,中间商才愿意为其服务。同样,有声望、实力较强的生产者,往往在挑选中间商方面占优势,只有那些推销能力强、销售经验丰富、企业经营信誉好的中间商,生产者才愿意将商品提供给他销售。

(4)企业市场信息的收集能力。如果企业收集市场信息的能力弱,缺乏对消费者或用户的了解,应利用中间商来销售产品;相反,可采取直接渠道。

(5)生产企业的产品组合。生产企业产品组合的宽度越宽,越倾向于采用较短渠道;产品组合的深度越大,则宜采取短渠道。反之,如果生产企业产品组合的宽度和深度都较小,生产者只能通过批发商、零售商来转卖商品,其渠道较长而宽。产品组合的关联性越强,则越应使用性质相同或相似的渠道。

(6)对分销渠道的控制能力。生产者为了实现其战略目标,往往要求对分销渠道实行不同程度的控制。如果这种愿望强,就会采取短渠道;反之,渠道可适当长些。

4. 中间商因素

不同类型的中间商在执行分销任务时各自有其优势和劣势,分销渠道设计应充分考虑不同中间商的特征。一些技术性较强的产品,一般要选择具备相应技术能力或设备的中间商进行销售。有些产品需要特定的储备(如冷藏产品、季节性产品等),就需要寻找拥有相应储备能力的中间商进行经营。零售商实力较强,经营规模较大,企业就可直接通过零售商经销产品;零售商实力较弱,经营规模较小,企业只能通过批发商进行分销。

5. 外部环境因素

(1)国家经济政策。如国家实行计划控制或专卖的产品,其分销渠道往往是长而单一。又如随着市场经济发展和经济管理体制改革,原先实行统购统销或计划收购的商品放开经营后,生产商可以选择直接销售或少环节销售。

(2)经济形势变化。经济形势会直接影响分销渠道的选择,如通货紧缩、市场疲软,企业通常会尽量缩减不必要的环节,采用短渠道降低流通费用,以便降低售价。

(3)国家法令法规。国家有关法令法规的制定,对分销渠道也会造成影响,如反垄断法的制定与实施,会限制垄断性分销渠道的发展。科学技术引起售货方式的革新,使某些日用品能够采用短渠道分销。

商品销售渠道的选择除受上述因素影响外,还受其他一些因素影响,如交通运输条件,国家管理体制改革,自然资源的分布与变化,环境保护的需要,也会引起某种产品的生产与销售规模的改变,都会影响分销渠道的选择。

想一想

请选择日常生活中常见的产品(家电、数码产品、护肤品等等),先分析这些产品的类型并找出其零售终端有哪些,再思考这些产品的生产厂家选择这样的渠道类型和成员受到了哪些因素的影响。

12.3.2 分销渠道的设计

1.分销渠道设计的目的

分销渠道的演化一直是与消费革命相伴随,并且越来越受顾客的左右。在买方市场的条件下,企业的一切营销活动必须以顾客需求为核心。否则会在激烈的市场竞争中败北。以顾客为核心,并非仅指在营销活动前期进行的消费者研究和目标市场选择,更重要的是在产品设计、价格确定、渠道选择和促销策划活动中满足顾客的需求。如果说产品是满足顾客的效用需求,价格是满足顾客的价值需求,促销是满足顾客的信息需求,那么分销渠道则是满足顾客购买时的便利需求和服务需求。因此,分销渠道设计的需要考虑以下几个目的的达成:

(1)为顾客购买提供便利。绝大多数产品的生产地与消费地是分离的,如果缺少必要的中介,势必会影响产品的转移。企业设计的分销渠道应该能够为顾客提供空间上的便利性,减少顾客不必要的行程和运输费用,从而提高顾客的满意度。基本目标是在消费者希望购买的地方一定有我们的商品。

(2)减少顾客等待和交货的时间。随着人们生活节奏的加快,时间愈来愈显宝贵,而产品的供货时间、购买时间越长,顾客就越不满意,越可能寻找替代品。通过分销渠道的设计应能有效缩短顾客需求的响应时间,降低顾客购买的时间成本。

(3)弥补生产者和消费者信息的不对称。生产者与消费者在掌握商品性能、市场需求关系等信息方面是不对称的,一般来说,消费者处于弱势地位。信息的不对称会影响交易的安全性与交易效率,分销渠道的信息沟通职能应该能够弥补这一点。顾客可以通过对集中的零售商的同类产品作调查比较,来了解这些信息。

(4)满足顾客消费的经常性、零散性。分销渠道可允许顾客一次购买少量商品,随用随买。避免了顾客可能的储存和保管费用。

(5)为顾客提供各种售后服务。分销商可为顾客提供包括送货、安装、维修、信贷等服务项目,解决顾客的后顾之忧,提供必要的帮助。

2.分销渠道设计的原则

设计分销渠道时,无论出于何种考虑,选择何种渠道,一般都要遵循以下原则:

(1)畅通高效原则

这是分销渠道设计的首要原则。任何正确的渠道决策都应符合货畅其流、经济高效的要求。商品的流通时间、流通速度、流通费用是衡量营销效率的重要标志。畅通的分销渠道应以消费者需求为导向,将产品尽快、尽好地通过尽可能短的路线,以尽可能低的费用送达到顾客方便购买的地点。畅通高效的分销渠道,不仅要让顾客在适当的地点、时间以合理的价格买到满意的商品,而且应努力提高企业的营销效率,降低营销成本,获得最大的经济效益,赢得竞争的时间和价格优势。

(2)覆盖适度原则

随着市场环境的变化及整体市场的不断细分,传统的分销模式已不再能够满足厂商对市场份额及覆盖范围的要求,而且顾客购物偏好也在变化,他们要求购买更便捷,更物有所值,或更有选择余地。因此,厂商应深入考察目标市场的变化,及时把握原有渠道的覆盖能力，并审时度势，对渠道结构作相应调整，勇于尝试新渠道。

企业在选择分销渠道模式时，一味强调降低营销成本是不够的，这样可能导致市场覆盖率不足、市场潜力挖掘不充分的后果。当然，在分销渠道的选择中，也应避免扩张过度、分布范围过宽过广，从而导致沟通和服务的困难、市场管理的失控。

(3)稳定可控原则

企业的分销渠道模式一经确定，便需花费相当大的人力、物力、财力去建立和巩固，整个过程往往是复杂而缓慢的。所以，企业一般轻易不会更换渠道成员，更不会随意转换渠道模式。只有保持渠道的相对稳定，才能进一步提高渠道的效益。畅通有序、覆盖适度是分销渠道稳固的基础。

由于影响分销渠道的各个因素总是在不断变化，一些原来固有的分销渠道难免会出现某些不合理的问题。这时，就需要分销渠道具有一定的调整功能，以适应市场的新情况、新变化，保持渠道的适应力和生命力。调整时应综合考虑各个因素，使渠道始终都在可控制的范围内保持基本的稳定状态。

(4)协调平衡原则

企业在选择、管理分销渠道时，不能只追求自身的效益最大化而忽略其他渠道成员，应合理分配成员间的利益。渠道的领导者应对渠道成员之间的合作、冲突、竞争的关系有一定的协调控制能力，以有效地引导渠道成员充分合作，鼓励渠道成员之间有益的竞争，减少冲突，解决矛盾，确保总体目标的实现。

(5)发挥企业优势原则

企业在选择分销渠道模式时为了争取在竞争中处于优势地位，要注意发挥自己各个方面的优势，将分销渠道模式的设计与企业的产品策略、价格策略、促销策略结合起来，增强营销组合的整体优势。

3.分销渠道的设计

分销渠道策略就是对企业产品性质、市场状况、企业自身条件及环境等因素进行分析，对产品分销渠道的长度、宽度等方面进行合理组合而制定的具体分销方案和措施。也就是对分销渠道的长度和宽度所做的不同选择。根据不同的情况，企业分销渠道可以组合成很多种不同类型的分销渠道策略。

(1)确定渠道的类型

企业在进行分销渠道的设计时，首先要决定采取什么类型的渠道，即要确定采用哪一种或哪几种类型的渠道来分销产品。是直销还是通过中间商销售，是采用直接渠道还是采用间接渠道等。这需要从销售业绩和经济效果两个方面来考虑。这两个方面并非总是一致的，究竟以何为重，应视企业的营销战略而定，并以此为标准考察和比较渠道。

①传统分销渠道

是由生产企业、批发企业和零售企业构成的关系松弛的销售网络。

②垂直式分销渠道

➢所有权式垂直分销渠道结构，是指由同一投资系统，把相关的生产单位和销售单位联合起来，成为一个有效的分销渠道结构。

➢管理式垂直分销渠道结构，是指由于某企业规模大，实力强，声誉高而吸引了大批零售商合作而形成的渠道结构。

➤契约式垂直分销渠道结构，是由不同的但相关的生产企业和商业企业，用契约联合起来，以期取得比单独行动更有效、更经济的营销效果。

③水平式分销渠道

也称横向分销渠道，指的是两个或两个以上的同级企业为充分利用资源和避免风险而形成的短期或长期的联合营销渠道结构。

④复式渠道

也称多渠道或双重渠道，指生产企业通过多条渠道将相同的产品送到不同的市场或相同的市场。

(2)分销渠道长度的选择

所谓分销渠道长度，是指产品从生产者到最终用户所经历的环节的多少，也就是渠道层次的多少。当企业决定采用间接分销时，应对渠道的长短作出决定。

一般而言，商品从生产者转移到消费者手中经过的层次或环节越多，分销渠道就越长，反之，分销渠道就越短。在西方营销学中，根据中间商介入的层次，把分销渠道又按级数分为零级渠道、一级渠道、二级渠道、三级渠道等，依此类推，渠道的级数越高，渠道就越长；级数越低，渠道就越短。

(3)分销渠道宽度的选择

可以有广泛分销策略，选择性分销策略，独家分销策略供选择。

4.分销渠道设计方案的评估

分销渠道评估的实质是从那些看起来似乎合理但又相互排斥的方案中选择最能满足企业长期目标的方案。因此，企业必须对各种可能的渠道选择方案进行评估。评估标准有三个，即经济性、控制性和适应性。

(1)经济性标准

经济性标准是最重要的标准，这是企业营销的基本出发点。在分销渠道评估中，首先应该将分销渠道决策所可能引起的销售收入增加同实施这一渠道方案所需要花费的成本作比较，以评价分销渠道决策的合理性。

(2)控制性标准

企业对分销渠道的设计和选择不仅应考虑经济效益，还应考虑企业能否对其分销渠道实行有效地控制。因为分销渠道是否稳定对于企业能否维持其市场份额，实现其长远目标是至关重要的。

企业对于自销系统是最容易控制的，但是由于成本较高，市场覆盖面较窄，不可能完全利用这一系统来进行分销。而利用中间商分销，就应该充分考虑所选择的中间商的可控程度。一般而言，特许经营、独家代理方式比较容易控制，但企业也必须相应作出授予商标、技术、管理模式以及在同一地区不再使用其他中间商的承诺。在这种情况下，中间商的销售能力对企业影响很大，选择时必须十分慎重。如果利用多家中间商在同一地区进行销售，企业利益风险比较小，但对中间商的控制能力就会相应削弱。

然而，对分销渠道控制能力的要求并不是绝对的，并非所有企业、所有产品都必须对其分销渠道实行完全控制。如市场面较广、购买频率较高、消费偏好不明显的一般日用消费品就无需过分强调控制;而购买频率低、消费偏好明显、市场竞争激烈的高级耐用消费品,分销渠道的控制就十分重要。又如在产品供过于求时往往比产品供不应求时更需强调对分销渠道的控制。总之,对分销渠道的控制应讲究适度,应将控制的必要性与控制成本加以比较,以求达到最佳的控制效果。

(3)适应性标准

在评估各渠道方案时,还有一项需要考虑的标准,那就是分销渠道是否具有地区、时间、中间商等适应性。

①地区适应性。在某一地区建立产品的分销渠道,应充分考虑该地区的消费水平、购买习惯和市场环境,并据此建立与此相适应的分销渠道。

②时间适应性。根据产品在市场上不同时期的适销状况,企业可采取不同的分销渠道与之相适应。如季节性商品在非当令季节就比较适合于利用中间商的吸收和辐射能力进行销售;而在当令季节就比较适合于扩大自销比重。

③中间商适应性。企业应根据各个市场上中间商的不同状态采取不同的分销渠道。如在某一市场若有一两个销售能力特别强的中间商,渠道可以窄一点;若不存在突出的中间商,则可采取较宽的渠道。

拓展阅读

扁平化——渠道革命的新趋势

1.渠道新趋势:扁平化

随着信息时代、全球化时代的到来,市场变化异常迅速,要求厂商对市场的适应性、反应速度大大提高。基于这种情况,国际许多知名大公司如戴尔、NEC都对渠道模式进行了扁平化的改造,并在市场竞争中取得了斐然的成绩。渠道扁平化,就是通过削减渠道中的无效环节,裁减冗员,提高效率,最终建立一种层次简练、顺畅高效的渠道。

利用传统的渠道模式:厂家—分销商—下一级分销商—用户,产品往往要经过许多环节才能达到消费者面前,厂商渐渐发现自己总是与消费者的要求滞后一拍,这是由于一方面没有把商品用最迅捷经济的方式配送到用户手中,另一方面又没有把市场上最新的有价值的信息及时反馈给厂商。长此以往,促使厂商开始积极寻找新的出路,传统的营销渠道模式的衰落也就成为必然趋势。

2.渠道扁平化的动因

(1)技术进步

进入信息化时代,互联网的日益普及使网络营销逐渐成为时代的新宠,也给渠道扁平化提供了有效的技术工具。

(2)信息传导

厂商的产品信息,用户的需求信息,通过渠道在两者之间传导。传统的渠道模式往往传导滞后甚至扭曲传导,使低级分销商无法跟上厂家的步伐,无法及时、准确地了解产品的各种信息,同时厂家也无法快速地对市场变化做出反应。

(3)控制成本

随着市场成熟度的提高,仅仅通过增加分销商数量、提高销售额已不能使厂商共荣,这就要求厂商只有把更多的精力用在客户端，降低价格、做好服务，让顾客真正感到满意。所以在收益一定的情况下，最大限度地减少供应链环节，降低不必要的成本，同时给必需的渠道伙伴以一定的盈利空间，是企业渠道发展的宗旨。

12.3.3 分销渠道管理

分销渠道建立以后，企业还必须对其进行管理，目的是加强渠道成员间的合作，调解渠道成员间的矛盾，从而提高整体的分销效率。分销渠道管理的实质就是要解决分销渠道中存在的矛盾冲突，提高分销渠道成员的满意度和积极性，促进渠道的协调性，提高分销的效率。对分销渠道的管理主要是对中间商进行管理，内容有选择、激励与定期评估三个方面。

1.选择分销渠道成员

如果企业确定了间接渠道，下一步就应作出选择中间商的决策。如果选择得当，能有效地提高分销效率。选择中间商首先要广泛收集有关中间商的业务经营、资信、市场范围、服务水平等方面的信息。其次，要确定审核和比较的标准。再次，要说服中间商接受各种条件。选择中间商需考虑以下条件：

(1)中间商的市场范围。市场范围是选择中间商最关键的因素，选择中间商首先要考虑预定的中间商的经营范围与产品预定的目标市场是否一致，这是最根本的条件。

(2)中间商的产品政策。中间商承销的产品种类及其组合情况是中间商产品政策的具体体现。选择时一要看中间商的产品线，二要看各种经销产品的组合关系，是竞争产品还是促销产品。

(3)中间商的地理区位优势。区位优势即位置优势。选择中间商最理想的区位应该是顾客流量较大的地点，批发商的选择则要考虑其所处位置是否有利于产品的储存与运输。

(4)中间商的产品知识。许多中间商被具有名牌产品的企业选中，往往是因为他们对销售某种产品有专门的经验和知识。选择对产品销售有专门经验的中间商就能很快地打开销路。

(5)预期合作程度。中间商与生产企业合作得好会积极主动地推销企业的产品，这对生产者和中间商都很重要。有些中间商希望生产企业能参与促销，生产企业应根据具体情况确定与中间商合作的具体方式。

(6)中间商的财务状况及管理水平。中间商能否按时结算，这对生产企业业务正常有序运作极为重要，而这一点取决于中间商的财务状况及企业管理的规范、高效。

(7)中间商的促销政策和技术。采用何种方式推销商品及运用什么样的促销技术，这将直接影响到中间商的销售规模和销售速度。在促销方面，有些产品广告促销较合适，有些产品则适合人员销售，有些产品需要有一定的储存，有些则应快速运输。选择中间商时应该考虑中间商是否愿意承担一定的促销费用以及有没有必要的物质，技术基础和相应人才。

(8)中间商的综合服务能力。现代商业经营服务项目甚多，选择中间商要看其综合服务能力如何，如售后服务、技术指导、财务援助、仓储等。合适的中间商所提供的服务项目与能力应与企业产品销售要求一致。

2. 激励渠道成员

由于中间商是一个独立的经营者，不是受雇于企业，因此，他必然有自己的目标、利益和策略。而且由于中间商与企业所处的地位不同，考虑问题的角度也必然不同，这就会产生矛盾。所以，如何处理好产销矛盾，让中间商努力为企业推销产品，是激励渠道成员的重要任务。

激励中间商并使其有良好表现，必须从了解中间商的特征开始。

①中间商并非受雇于生产者，而是一个独立的经营者。经过一定的实践后，他会安于某种经营方式，执行自己目标所必需的手段，自由制定经营政策。

②中间商经常以顾客的采购代理人为主，而以供应商的销售代理人为辅，任何有销路的产品都有兴趣经营。

③中间商试图把所有商品组成产品组合出售。

④中间商一般不愿保留某些品牌的销售信息，以及反馈消费者对产品的使用意见。

(1)销售权与专营权政策

企业主要从销售区域、授权期限、分销规模(市场占有率等方面的规定)、违约处理等方面加以规定，目的是限定中间商的销售区域和规定分销规模，防止出现窜货或占着市场不开发等现象，同时也要确保中间商一定范围内的专营权。企业根据市场需求不断开发新产品，提高产品适销率，从根本上为中间商创造良好的销售基础。

(2)促销支持政策

企业应协助中间商开展各种促销活动，如共同开展宣传，共同承担广告费用，邮寄宣传品，布置面，提供广告和推广等。中间商在销售产品时，都希望或要求给予足够力度的促销支持，很多企业在招募和选择中间商时，往往也承诺给中间商以促销支持。

(3)扶持中间商政策

企业可以经常向中间商提供培训、维修、商业咨询、资金等方面的服务和帮助。①向中间商提供必要的资金支持或使用优惠的付款方式；②向中间商提供信息情报及有关服务；③协助中间商开展经营活动，如帮助中间商培训维修人员；④辅导推销工作，包括顾客管理、推销实务培训、广告促销技巧、区域性公共关系活动；⑤市场需求调查等。

(4)奖励政策

奖励政策分好多种，如资金奖励和精神奖励等。资金奖励是给中间商尽可能丰厚的利益和佣金，提供融资的方便，设立产品促销奖，给予合作奖、回款奖、返利奖和年终奖等。精神激励包括赠送礼品或纪念品，发给奖牌，宴请，在企业媒体和地方报纸上亮相，地位提升，邀请出国观光等。在实际操作时，严格执行，不要拖泥带水。

(5)价格折扣政策

为了激励中间商，企业可根据不同的情况给予不同的价格折扣。但在确定价格折扣时必须慎重，因为中间商对产品的价格及各种折扣都非常敏感。一般来说，相同渠道之间的价格政策必须统一，不同渠道之间的价格不要差别太大。如果给不同的中间商的价格差异较大，就会严重挫伤他们的积极性，还可能导致渠道之间的冲突。

(6)与中间商结成长期的伙伴关系

企业要注意与中间商之间的长期配合，考虑彼此的基本利益需要，建立互助的合作关系。在长期的合作中，互惠互利，共同发展。

企业必须尽量避免激励过分与激励不足两种情况。所谓激励过分，就是企业给予中间商的优惠条件超过了其取得合作与努力水平所需的条件，其结果是销售量提高，而利润下降。所谓激励不足，就是企业给予中间商的条件过于苛刻，以致不能调动中间商努力推销的积极性，其结果是销售量降低，利润量减少。

3.管理与控制渠道冲突

由于分销渠道是由不同的独立利益企业组合而成的，出于对各自物质利益的追求，相互间的冲突是经常的。渠道冲突必须正视，并采取切实措施来协调各方面关系。

(1)渠道冲突的类型

①水平渠道冲突又称横向冲突。水平渠道冲突是同一分销渠道内同一层次的各中介机构之间的冲突。如某产品在某一市场采取密集型分销策略，其分销商有超市、便利店、大卖场等，由于各家公司的进货数量、进货环节不同引起进货成本的差异，加上各企业不同的促销政策，同一产品在不同类型零售企业中会有不同的零售价。为此，这些商业企业之间有可能发生冲突。

②垂直渠道冲突又称纵向冲突。垂直渠道冲突是同一分销渠道内不同层次的中介机构之间的冲突。如生产者与批发商之间的冲突，生产者与零售商之间的冲突等。生产者要以高价出售，并倾向于现金交易，而中间商则愿意支付低价，并要求优惠的商业信用；生产者希望中间商只销售自己的产品，中间商只要有销路就不关心销售哪一种产品；生产者希望中间商将折扣让给买方，而中间商却宁肯将折扣让给自己；生产者希望中间商为其产品商标做广告，中间商则要求生产者付出代价。同时，每一成员都希望对方多保持一些库存等。

③多渠道冲突。多渠道冲突是指一个制造商建立了两条或两条以上的分销渠道，而这些分销渠道在向同一市场销售其产品时产生的冲突。比如，某制造商决定通过大型综合商店出售其产品，这会招致该制造商原有的独立专业店的不满。

(2)分销渠道冲突的原因

①目标差异。分销渠道冲突的一个主要原因是制造商与中间商之间的目标不一致。比如，制造商希望通过低价策略迅速占领市场，而中间商为了获取更高利润却希望实行高价政策。

②预期差异。比如，制造商可能认为未来一段时间内的经济前景比较好，因而要求中间商多准备存货，而中间商却对经济前景并不看好。

③依赖性差异。这种差异是指制造商和中间商之间互相依赖的程度存在着差别。比如，采用独家分销的汽车经销商，对汽车制造商的依赖性就比制造商对其依赖性大很多，汽车经销商不得不受制造商产品设计和定价决策的影响。这方面的差异也会引起分销渠道的冲突。

(3)处理渠道冲突的原则

分销网络冲突是一种营销管理的推动力量，它能迫使管理阶层不断检讨和改善管理。处理渠道冲突的原则有如下内容：

①促进渠道成员合作。分销渠道的管理者及其成员必须认识到网络是一个体系，一

个成员的行动常常会对增进或阻碍其他成员达到目标产生很大影响。处理矛盾及促进合作的行动，要从管理者意识到网络中的潜在矛盾开始。生产者必须发现中间商与自己不同的立场，例如中间商希望经营几个生产者的各种产品，而不希望只经营一个生产者的有限产品。因为实际上中间商只有作为买方的采购代表来经营，才会获得成功。

②密切注视网络冲突。在分销渠道网络中经常会发生拖欠贷款、相互抱怨、推迟完成订货计划等情况，渠道管理者应关注实际问题或潜在问题所在，并及时收集真正的原因。

③设计解决冲突的策略。第一种是从增进渠道成员的满意程度出发，采取分享管理权的策略，接受其他成员的建议。第二种是在权利平衡的情况下，采取说服和协商的方法。第三种是使用权力，用奖励或惩罚的办法，促使渠道成员服从自己的意见。

④渠道管理者发挥关键作用。合作是处理冲突的根本途径，但要达到目标，渠道管理者应主动走出第一步，并带头作出合作的努力。

⑤渠道成员调整。单纯地注意冲突和增进合作并不一定能保证完成渠道分销任务，有时有些渠道成员确实缺乏必要的条件，如规模太小、销售人员不足、专业知识不足、财务状况不良等。此时，就应果断作出调整和改组的决策。

4.治理渠道窜货

所谓窜货，是指分销成员为了牟取非正常利润或者获取制造商的返利，超越经销权限向非辖区或者下级分销渠道低价倾销货物。

(1)窜货类型

①恶性窜货：经销商为了牟取非正常利润，蓄意向非辖区倾销货物；

②自然性窜货：一般发生在辖区临界处或物流过程，非经销商恶意所为；

③良性窜货：经销商流通性很强，货物经常流向非目标市场。

(2)窜货原因分析

渠道成员窜货可能的原因有：

①多拿回扣，抢占市场；

②供应商给予中间商的优惠政策不同；

③供应商对中间商的销货情况把握不准；

④辖区销货不畅，造成积压，厂家又不予退货，经销商只好拿到畅销市场销售；

⑤运输成本不同，自己提货，成本较低，有窜货空间；

⑥厂家规定的销售任务过高，迫使经销商去窜货；

⑦市场报复，目的是恶意破坏对方市场等。

(3)治理窜货

发生窜货需要具备三个条件：窜货主体、环境、诱因。所以，要想从根源上解决窜货问题，就必须从这三点入手。

①选择好经销商

在制定、调整和执行招商策略时要明确的原则就是避免窜货主体出现或增加。要求企业合理制定并详细考察经销商的资信和职业操守，除了从经销的规模、销售体系、发展历史考察外，还要考察经销商的品德和财务状况，防止有窜货记录的经销商混入销售渠道。对于新经销商，企业不是太了解他们的情况，一定做到款到发货。宁可牺牲部分市场，也不能赊销产品，防止某些职业道德差的经销商挟持货款进行窜货。此外，企业一定不能让经销商给市场拓展人员发工资，企业独立承担渠道拓展人员的部分工资。

②创造良好的销售环境

第一，制订科学的销售计划。企业应建立一套市场调查预测系统，通过准确的市场调研，收集尽可能多的市场信息，建立起市场信息数据库，然后通过合理的推算，估算出各个区域市场的未来进货量区间，制定出合理的任务量。一旦个别区域市场进货情况发生暴涨或暴跌，超出了企业的估算范围，就可初步判定该市场存在问题，企业就可马上对此做出反应。第二，合理划分销售区域。合理划分销售区域，保持每一个经销区域经销商密度合理，防止整体竞争激烈，产品供过于求，引起窜货；保持经销区域布局合理，避免经销区域重合，部分区域竞争激烈而向其他区域窜货；保持经销区域均衡，按不同实力规模划分经销区域、下派销售任务。对于新经销商，要不断考察和调整，防止对其片面判断。

③制定完善的销售政策

➤完善价格政策。许多厂家在制定价格政策时由于考虑不周，隐藏了许多可导致窜货的隐患。企业的价格政策不仅要考虑出厂价，而且要考虑一批出手价、二批出手价、终端出手价。每一级别的利润设置不可过高，也不可过低。过高容易引发降价竞争，造成倒货；过低调动不了经销商的积极性。价格政策还要考虑今后的价格调整，如果一次就将价格定死了，没有调整的空间，对于今后的市场运作极其不利。在制定了价格以后，企业还要监控价格体系的执行情况，并制定对违反价格政策现象的处理办法。企业有一个完善的价格政策体系，经销商就无空可钻。

➤完善促销政策。企业面对销不动的局面，常常是促销一次，价格下降一次。这就表明企业制定的促销政策存在着不完善的地方。完善的促销政策应当考虑合理的促销目标、适度的奖励措施、严格的兑奖措施和市场监控。

➤完善专营权政策。在区域专营权政策的制定上，关键是法律手续的完备与否。企业在制定专营权政策时，要对跨区域销售问题作出明确的规定：什么样的行为应受什么样的政策约束，使其产生法律约束力。此外，还应完善返利政策。完善的营销政策可以从根本上杜绝窜货现象。

(4)有效预防窜货策略

①制定合理的奖惩措施

在招商声明和合同中明确对窜货行为的惩罚规定，为了配合合同有效执行，必须采取一些措施，包括：

➤交纳保证金。保证金是合同有效执行的条件，也是企业提高对窜货经销商威慑力的保障。如果经销商窜货，按照协议，企业可以扣留其保证金作为惩罚。这样经销商的窜货成本就高了，如果窜货成本高于窜货收益，经销商就不轻易窜货了。

➤对窜货行为的惩罚进行量化。企业可选择下列模式：警告、扣除保证金、取消相应业务优惠政策、罚款、货源减量、停止供货、取消当年返利和取消经销权。同时奖励举报窜货的经销商，调动大家防窜货积极性。

②建立监督管理体系

常见的做法有：

➢把监督窜货作为企业制度固定下来，并成立专门机构，由专门人员明察暗访经销商是否窜货。在各个区域市场进行产品监察，对各经销商的进货来源、进货价格、库存量、销售量、销售价格等了解清楚，随时向企业报告。这样一旦发生窜货现象，市场稽查部就马上可以发现异常，企业能在最短时间对窜货做出反应。

➢企业各部门配合防止窜货的发生。比如，企业可以把防窜货工作纳入企业财务部门日常工作中。财务部门与渠道拓展人员联系特别紧密，多是现款现货，每笔业务必须经过财务人员的手才能得以成交。因此财务人员对于每个区域销售何种产品是非常清楚的。所以只要企业制定一个有效的防窜货流程，将防窜货工作纳入财务工作的日常基本工作中，必将会减少窜货现象的发生。比如，利用售后服务记录进行防止窜货。售后记录记载产品编号和经销商，反馈到企业后，企业可以把产品编号和经销商进行对照，如果不对应就判断为窜货。

➢利用社会资源进行防窜货。方式一，利用政府“地方保护行为”。与当地工商部门联系，合作印制防伪不干胶贴。方式二，组成经销商俱乐部，不定期举办沙龙，借此增进经销商之间的感情。方式三，采取抽奖、举报奖励等措施。方式四，也是最好的方式，即把防伪防窜货结合起来，利用消费者和专业防窜货公司协助企业防窜货。

③减少渠道拓展人员参与窜货

企业可以采用的做法有：

➢建立良好的培训制度和企业文化氛围。企业应尊重人才、理解人才、关心人才，讲究人性化的方式方法，制定人才成长的各项政策，制定合理的绩效评价和酬赏制度，真正做到奖勤罚懒，奖优罚劣。公正的绩效评价能提高渠道拓展人员的公平感，让员工保持良好的工作心态，防止渠道拓展人员和经销商结成损害企业的利益共同体。

➢内部监督渠道拓展人员，同时不断培训和加强对市场监督人员管理。

④培养和提高经销商忠诚度

随着行业内技术的发展与成熟，产品的差异化越来越小，服务之争成为营销竞争一个新的亮点。完善周到的售后服务可以增进企业、经销商与顾客之间的感情，培养经销商对企业的责任感与忠诚度。企业与渠道拓展人员之间的这种良好关系的建立，在一定程度上可以控制窜货的发生，经销商为维系这种已建立好的关系，轻易是不会通过窜货来破坏这份感情的。有条件地或无条件地允许经销商退货，尽量防止经销商产品出现积压而窜货。

⑤利用技术手段配合管理

利用技术手段配合管理的效果和目的如同在交通路口安装摄像头：利用技术手段弥补营销策略缺陷，建立中选销售服务防窜货平台，适时监视经销商，帮助收集窜货证据。基于这种目的，采用带有中选防伪防窜货编码的标签对企业产品最小单位进行编码管理，把防伪防窜货结合起来，便于对窜货做出准确判断和迅速反应。可借助消费者力量建立中选科技窜货预警平台，在矛盾激化前平息问题，保证整个销售体系的和谐、平顺。

目前，许多先进的生产企业已经率先采用了中选科技防窜货技术。这种技术手段的特点，主要借助通信技术和电脑技术，在产品出库、流通到经销渠道各个环节中，追踪产品上的编码，监控产品的流动，对窜货现象进行适时地监控。

(5)做好窜货的善后工作

①防止窜货的扩大。一是允许窜货经销商将所窜货在被窜货市场销售,直到被窜的货物被完全消化,但销售价不能低于企业规定的价格;二是责令窜货经销商停止窜货。

②制裁窜货经销商。根据不同情况可采取以下方式进行惩罚:没收保证金、取消年终返点奖励、取消年终奖金、取消广告支持、取消经销资格。

③安抚被窜货经销商。当窜货发生时,企业或者被窜货经销商收购窜货产品,防止窜货冲击当地价格体系,同时给被窜货经销商适当补偿,以减少其不满情绪。

随着经济的发展,尤其是网络营销的发展,B2C网站的巨头出现以后,经销商、辖区、窜货这些概念的定义都得推倒重来,甚至不复存在。现代物流和信息技术的大发展将促进经济体内统一市场的真正建立,有时甚至是全球化的。

想一想

针对渠道窜货现象,你还有什么处理办法?

12.3.4 分销渠道的调整

企业设计了一个良好的分销渠道系统后,不能放任其自由运行而不采取任何纠正措施。事实上,为了适应市场需要的变化,对整个渠道系统或部分渠道成员必须随时加以调整。

分销渠道的调整可以从三个方面来考虑:从经营的具体层次看,可能涉及增减某些渠道成员;从特定市场规划的层次看,可能涉及增减某些特定的分销渠道;在企业系统计划阶段,可能涉及整个分销系统构建的新思路。

1.调整某些渠道成员

在分销渠道的管理与改进活动中,最常见的就是增减某些中间商的问题。这是渠道改进和调整的最低层次。企业在进行这方面决策时,应注意渠道上成员之间业务上的相对关系与交互影响,要着重弄清增减某些渠道成员后企业的销售量、成本与利润将如何变化。只有让这些方面都朝着有利的方向变化时,调整才是可行的。调整的内容包括三个方面:

①功能调整,即重新分配渠道成员应执行的功能,使之最大限度地发挥自身潜力,从而提高整个分销渠道的效率。

②素质调整,即通过培训、帮助等方法,提高渠道成员的素质水平,从而提高渠道的效率。

③数量调整,即增加或减少渠道成员,以提高分销效率。

2.调整某些分销渠道

随着市场需求、环境条件以及自身生产经营活动的不断变化,企业的某些分销渠道可能会失去作用,同时又需要新的分销渠道进入新的市场部分。因而,企业在分销渠道的管理活动中应注意分销渠道的增减调整。这是分销渠道改进和调整的较高层次。调整的内容包括两个方面:

①对企业的某个分销渠道的目标市场重新进行定位。当发现有的分销渠道不能将企

业的产品有效送达目标市场时，企业应考虑能否将其用于其他目标市场，即对这个渠道的目标市场重新定位。

②对某个目标市场的分销渠道重新选定。即当前已有的分销渠道不能很好地联结目标市场时，企业重新选择新的分销渠道来占领该目标市场。

3. 调整整个分销渠道系统

这是分销渠道改进和调整的最高层次。对企业来说，最困难的渠道变化决策就是调整整个分销渠道系统，因为这种决策不仅涉及渠道系统本身，而且涉及营销组合等一系列市场营销政策的相应调整，因此必须慎重地对待。例如，报社、杂志社将通过邮局发行报刊改为自办发行；我国禁止任何形式的传销活动后，有的企业改为通过店铺进行销售等，都属于这种调整方式。

上述调整方式，前一种属于结构性调整，它立足于增加或减少原有分销渠道的某些中间层次。后两种属于功能性调整，它立足于将一条或多条渠道的分销工作在渠道成员中重新分配。企业的分销渠道需要适时调整，调整到什么程度，取决于分销渠道的整体分销效率。

【学习小结】

分销渠道建设在企业营销活动开展中占据着极其重要的地位，企业构建不了通畅的产品销售渠道，则不可能实现有效的产品分销，最终只能在市场竞争中败下阵来。企业构建分销渠道，首先需要清楚构建合理的分销渠道的影响因素有哪些，其次构建分销渠道需要做到哪些方面，最后完善的分销渠道构建后需要如何进行管理以最大程度发挥分销渠道的作用。基于以上考虑，我们需要掌握的相关理论知识如下：

1. 分销渠道设计的影响因素：企业在选择分销渠道时要受到产品因素、市场因素、企业本身的因素、中间商因素及外部环境因素等的影响。

2. 设计分销渠道：首先确定渠道的类型，其次确定分销渠道的长度和宽度，然后评估并选择合理的分销渠道设计方案，最后选择合适的中间商成员，使其构成一个完善的分销体系。

3. 管理分销渠道：主要包括两个方面的重要职能，第一是激励中间商成员，常见的方式有直接激励和间接激励。第二是管控渠道冲突，渠道冲突的常见类型有水平渠道冲突、垂直渠道冲突以及多渠道冲突。渠道冲突中最常见同时也是危害最大的现象是窜货，在治理渠道冲突时必须“治标”和“治本”双管齐下，方能取得成效。

案例分析

安利在中国的渠道转型

创立于1959年的美国安利公司（以下简称安利）是世界知名的日用消费品生产商及销售商，业务遍及五大洲80多个国家和地区，以安利（Amway）为商标的产品共有5大系列、400余种，全球员工超过1.2万人，营销人员超过300万人。2002年，安利在全美500家最大私营企业中排名第27位；50大家居与个人用品制造企业排名第4位；公司总资产达380亿美元;在安利几十年的持续增长过程中,从未向银行贷款,保持"无借款经营"的纪录。由于安利的两位创始人狄维士和温安洛都是推销员出身,所以近五十年来直销一直被看作是最有效的营销模式,然而,当安利兴冲冲地将这种营销模式导入中国的时候,他们却遇到了前所未有的尴尬。

1995年,安利正式落户中国,他们在广州投资1亿美元建成了安利在海外唯一的现代化日用消费品生产基地,欲在中国掀起一场安利的直销风暴。可是很快国内形形色色打着直销旗号的传销诈骗活动搅乱了安利的市场前景。1998年4月21日,国务院《关于禁止传销经营活动的通知》出台,对传销(包括直销)活动加以全面禁止。对于安利来说,1998年无疑是其在中国的一个分水岭,随着这年4月在中国的业务被禁,安利开始在中国寻求新的生存方式。1998年6月18日,国家工商总局颁发《关于外商投资传销企业转变销售方式有关问题的通知》,准许部分外资传销企业转为店铺经营,并可以雇用推销员。1998年7月经批准,安利(中国)日用品有限公司(以下简称安利(中国))正式采用新的营销模式,由直销改为"店铺+雇用推销员"的经营模式,自此,安利40来年在全球80多个国家和地区均通过直销人员销售产品的传统被彻底打破。转型后的安利把原来分布在全国20多个分公司改造成为第一批店铺,以后又陆续对这些店铺进行扩充。所有产品明码标价,消费者可以直接到专卖店中自行选购,杜绝推销员自行定价带来的问题。新的经营模式给消费者带来了新的选择,同时也让安利做出了新的尝试,突破原有的直销模式,多种营销模式并举,对于融入中国国情的安利来说也是一种挑战。

"店铺+雇用推销员"模式是安利在中国渠道转型的最主要内容。安利创办人之一狄维士针对这一转型直言:"这是安利41年来前所未有的革命!"总裁黄德荫将"店铺+雇用推销员"模式的优势总结为下列三个方面:(1)保证了产品质量:通过直销模式,安利的消费者基本上不会遇到假冒伪劣的产品;(2)提供了很好的销售渠道:店铺既是公司形象的代表,又为营销人员提供后勤服务,还直接面对普通消费者,消费者和政府都因为店铺的存在而更加放心;(3)这种模式可直接受益于安利(中国)积极的市场推广手法。安达高公司执行副总裁Bill Payne这样总结安利的变革:"到目前为止,这种经营方式非常有效。其一,自设店铺提高了公司透明度,让消费者有一个自愿选货、进货和成为优惠顾客的机会;其二,安利目前在全国120家店铺的所有产品都明码标价,公开的价格避免了哄抬价格的可能。此外,营业代表的推销弥补了销售网点的不足,提升了服务素质,让消费者享受到更直接、更亲切的售前、售后服务。"

"店铺+雇用推销员"的新型渠道成功地推进了安利在中国的转型进程,而与此同时,安利对员工的管理整顿也在加紧进行。从2002年1月开始,安利(中国)停止了新营业代表的加入,并对现有人员进行培训和全面地整顿,所有营销人员都是安利的合约雇员,这就意味着安利必须承担每一位推销员的职务行为所引起的法律责任,新推销员加入不会给任何人带来收入。在对推销员的管理方面,安利进一步加大了透明度,制定了一系列精确的制度,并且十分严格地加以实施。从2002年1月至今,安利(中国)已清除了近600名身份为公务员、军人或学生等不符合从业规定的销售人员,推销队伍从2001年初的13万人锐减至7万人。同时,安利(中国)还加强了对营销队伍的管理,通过培训和严格的奖惩制度来规范其推销员的行为。2002~2003财政年度,安利(中国)共查处各类违规行为

1649 起，处分营销人员 2317 人。

安利的渠道转型为其带来了巨大的市场收益。公司财务报告显示，在 2002～2003 财政年度(2002 年 9 月至 2003 年 8 月)中，安利(中国)的销售额已超过 10 亿美元，在公司 49 亿美元的全球销售额中占据两成。2003 年 8 月，安利在大中华区的销售业绩已超过美洲地区，中国成为安利全球营业额最大的市场。正如安达高公司执行副总裁 Bill Payne 所说："我们重视中国市场，我们尊重中国国情，我们遵守中国的规则，因此我们改变自己的经营模式来适应中国，做这一切的结果是：我们赢得了中国市场。"总裁黄德荫说："经过短短 9 年的发展，中国已经超过拥有 45 年历史的美国市场，成为安利在全球的最大市场。安利(中国)的成功充分说明了规范经营的直销企业，在快速发展的中国市场上的广泛空间。"

思考：

1. 试分析安利(中国)所面对的中国市场环境的特点。安利(中国)应对中国市场环境作出怎样的渠道决策？

2. 安利(中国)的渠道转型是通过哪些途径实现的？取得了怎样的成效？请你分析其成功的原因。

【学习小活动】

【活动目的】 帮助学习者认识和理解分销渠道的设计与管理。

【活动步骤】

第一步：选择一品牌产品(可以是虚拟品牌)；

第二步：学生分小组实地调查与此品牌产品同类型商品的渠道，并作相应记录；

第三步：在调查的基础上，小组讨论为选定的产品作一空白市场的分销渠道设计；

第四步：作讨论结果陈述。

【活动建议】 小组分工协作完成此任务。

【学习评价】

一、学习完本章节内容，你有什么收获？

1. 从知识的角度：

2.从技能的角度：

3.从个人成长的角度：

二、学习完本章节内容，你还有什么疑难问题？

【作业】

请选择某企业，介绍其分销渠道结构及特点，试分析该企业制定其渠道策略的背景原因。

任务13　制定促销策略

【任务信息】

小李的餐馆在营业过程中，经营得不是特别理想。和周边的餐馆相比，上座率并不很高。小李很想提高餐馆的上座率，该怎么做呢？

【关键词】

促销组合　广告策略　人员推销　营业推广　公共关系

在现代商品社会里，商店星罗棋布，货架上的商品琳琅满目，消费者可能根本就没有注意到企业产品的存在。

企业需要采用促销各种有效手段，使企业的产品为消费者所认知和了解，引起目标顾客的购买欲望，促成其购买行为的发生。

13.1　认识促销与促销组合策略

13.1.1　促销概念及其作用

1.促销的概念

所谓促销，顾名思义就是促进销售，就是指企业为了打开市场、扩大产品销售，把有关本企业产品和服务的信息，通过相适应的方式和手段，向目标顾客传递，促使其了解、熟悉、信赖企业的产品和服务，从而达到激发顾客购买欲望，促成顾客购买行为的一系列活动。

促销活动实质上是一种信息沟通活动。

促销的方式分为人员推销和非人员推销，非人员推销又包括广告、营业推广、公共关系三种形式。

2.促销的作用

(1)传递信息，沟通情报。

在促销过程中，一方面，卖方向买方传递信息，如介绍有关企业现状、产品特点、价格及服务方式和内容等信息，以此来诱导消费者对产品或服务产生需求欲望并采取购买行为；另一方面，买方向卖方反馈对产品价格、质量和服务内容、方式是否满意等有关信息。因此，促销过程中信息的传递是双向的，如图13-1所示。

(2)突出特点，诱导需求。

(3)增加销售，扩大市场。

(4)优化竞争，增加利润。

3.促销的原则

(1)遵守国家法规、政策和职业道德；

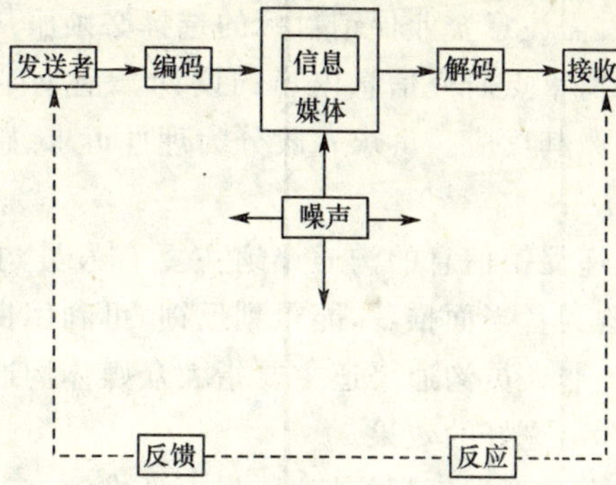

图 13-1　信息沟通过程因素

(2)以产品为核心,优化促销;

(3)讲究促销艺术;

(4)实事求是,以理服人。

13.1.2　促销组合

1.促销组合的定义

所谓促销组合,是一种组织促销活动的策略思路,主张企业运用广告促销、人员推销、公关促销、营业推广四种基本促销方式组合成一个策略系统,使企业的全部促销活动互相配合、协调一致,最大限度地发挥整体效果,从而顺利实现企业目标。

促销组合体现了现代市场营销观念的核心思想——整体营销。促销组合是一种系统化的整体策略,四种基本促销方式则构成了这一整体策略的四个子系统。每个子系统都包括了一些可变因素,即具体的促销手段或工具,某一因素的改变意味着组合关系的变化,也就意味着一个新的促销策略。

2.促销组合的方式

(1)人员推销。指企业派出推销人员或委托推销人员,直接与消费者接触,向目标顾客进行产品介绍、推广,促进销售的沟通活动。

(2)广告促销。指企业按照一定的预算方式,支付一定数额的费用,通过不同的媒体对产品进行广泛宣传,促进产品销售的传播活动。

(3)营业推广。指企业为刺激消费者购买,由一系列具有短期诱导性的营业方法组成的沟通活动。

(4)公关促销。指企业通过开展公共关系活动或通过第三方在各种传播媒体上宣传企业形象,促进与内部员工、外部公众良好关系的沟通活动。

3.促销组合的决策

(1)确认促销对象。通过企业目标市场的研究与市场调研,界定其产品的销售对象是现实购买者还是潜在购买者,是消费者个人、家庭还是社会团体。明确了产品的销售对象,也就确认了促销的目标对象。

(2)确定促销目标。不同时期和不同的市场环境下,企业开展的促销活动都有着特定的促销目标。短期促销目标,宜采用广告促销和营业推广相结合的方式。长期促销目标,公关促销具有决定性意义。需注意企业促销目标的选择必须服从企业营销的总体目标。

(3)促销信息的设计。需重点研究信息内容的设计。企业促销要对目标对象所要表达的诉求是什么,并以此刺激其反应。诉求一般分为理性诉求、感性诉求和道德诉求三种方式。

(4)选择沟通渠道。传递促销信息的沟通渠道主要有人员沟通渠道与非人员沟通渠道。人员沟通渠道向目标购买者当面推荐,能得到反馈,可利用良好的"口碑"来扩大企业及产品的知名度和美誉度。非人员沟通渠道主要指大众媒体沟通。只有大众媒体沟通与人员沟通有机结合才能发挥出更好的效果。

(5)确定促销的具体组合。根据不同的情况,将人员推销、广告促销、营业推广和公关促销四种促销方式进行适当搭配,使其发挥整体的促销效果。应考虑的因素有产品的属性、价格、寿命周期、目标市场特点、"推"或"拉"策略。

(6)确定促销预算。企业应从自己的经济实力和宣传期内受干扰程度大小的状况决定促销组合方式。如果企业促销费用宽裕,则可几种促销方式同时使用;反之,则要考虑选择耗资较少的促销方式。

4.影响促销组合和促销策略制定的因素

(1)促销目标

促销目标是企业从事促销活动所要达到的目的。促销目标取决于企业的总体营销目标,但在不同时期及不同的营销策略下,企业进行的促销活动都有其特定的促销目标。企业的促销目标可以分为两类:一是增强企业获利能力的长期目标;二是提高企业的销售和利润目标。促销目标不同,对促销方式选择的侧重点也就不同。前者注意企业良好形象的树立,处理好企业与社会、企业与政府、企业与公众等之间的关系,借以创造良好的外部环境,在促销的四种手段中,公关促销是实现这一目标的主要手段。后者则比较依赖于广告促销、营业推广和人员推销。

(2)产品因素

①产品的性质。对不同性质的产品必须采用不同的促销组合。一般来讲,对消费品促销时,因市场范围广,应较多地采用广告宣传,以起到宣传面广和传播速度快的作用;工业品促销时,因购买者的购买量较大,市场相对集中,应以人员推销为主,利用人员推销具有直接性和针对性的特点。

②产品的生命周期。产品在不同的生命周期,根据不同的促销目标,应采用不同的促销组合策略。

产品在投入期,促销的目的在于提高产品的知名度,使消费者或用户认识产品,产生购买欲望,从而促使中间商进货和消费者试用。因此,这一阶段应以广告为主要的促销方式,以公关促销、人员推销和营业推广为辅助的促销方式。

产品在成长期,销售量迅速增长,同时出现了竞争者,这时企业的促销目标是增进消费者或用户对本企业产品的购买兴趣,进一步激发其购买行为,因此应注重宣传产品的特点,以改变消费者使用产品的习惯,逐渐对产品产生偏好。在这一阶段,广告仍然是促销的重要手段,重点在于增进消费者的好感与偏好,树立产品的特色,因而需要不断地改变广告形式,以争取更多的消费者和用户。

产品在成熟期，企业的竞争对手日益增多，企业的促销目标应是巩固老顾客，增加消费者对本企业产品的信任感。这一阶段为了与竞争对手竞争，保持已有的市场地位，企业在保持一定广告宣传的前提下，注重营业推广手段的采用，同时采用公关促销，以提高销量和保持企业和产品的市场美誉度。

产品在衰退期，由于有关信息已经被消费者熟知，产品的销售开始下降，企业的任务不再是扩大知名度，而是在延迟产品退出市场时间的同时，尽量采用成本较小的促销手段将现有的产品销售完毕，准备转产。这一阶段，企业可以做一些提示性的广告，主要是有效地利用营业推广手段，刺激产品的销售，加速资金的周转。

产品在整个生命周期里，可以根据不同的生命周期阶段采用不同的促销方式和促销组合，具体见表13-1。

表13-1　　产品生命周期不同阶段促销组合与目标重点

产品生命周期	促销目标重点	促销组合
投入期	使消费者了解产品	各种介绍性广告人员推销
成长期	提高产品的知名度、信誉度	改变广告形式利用公关促销
成熟期		
衰退期	促成信任购买	营业推广为主，提醒性广告为辅
整个周期阶段	消除顾客的不满意度	利用公关促销

(3)促销费用

促销费用的多少，直接影响到促销方式的选择。一般来说，广告促销费用较高，人员推销次之，营业推广花费较小，公关促销的费用最少。

(4)促销的基本策略

①推式策略。以人员推销方式为主的促销组合，把商品推向市场。

推式策略适合的产品：单位价值较高的产品，性能复杂、需做示范的产品，流通渠道较短、环节较少的产品，市场比较集中的产品。

②拉式策略。以广告促销为主的促销组合，把消费者吸引到企业的特定产品上来。

拉式策略适合的产品：单位价值较低的日常用品，流通环节较多、流通渠道较长的产品，市场范围较广的产品，市场需求较大的产品。

促销策略的主要形式如图13-2所示。

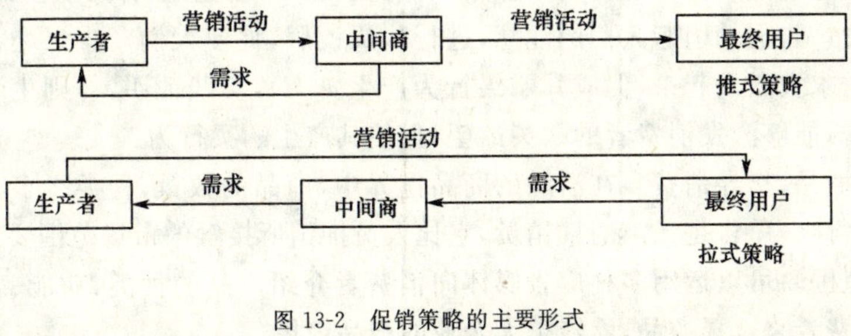

图13-2　促销策略的主要形式

(5)市场特点

不同的市场，由于其规模、类型、顾客等条件的不同，促销组合和促销策略也有所不同。首先，市场规模的大小决定了促销方式的不同，如果企业的目标市场具有地理位置狭小、规模小、购买者比较集中的特点,应以人员推销为主。如果企业的目标市场具有地理位置广阔、规模大、购买者分散、交易额小、购买频率高的特点,应以广告促销为主。其次,市场的类型不同,促销方式也不尽相同。消费者市场因消费者人数多而分散,多采用广告等非人员推销方式。生产者市场因用户少、购买批量大、成交额大,则主要采用人员推销方式。再次,在存在竞争的市场条件下,企业的促销组合和促销策略还应考虑竞争者的促销方式和策略,要有针对性地不断变换自己的促销组合及促销策略。

13.2 认知广告策略

在市场竞争日益激烈的情况下,企业决策人的观念,应当从过去考虑做不做广告,转变到策划怎样做好广告以创造需求、培养新的消费观念、树立企业与产品形象等方面上来。

13.2.1 广告的概念及构成要素

1.广告的含义

广告,以促进销售为目的,付出一定的费用,通过特定的媒体传播商品或劳务等有关经济信息的大众传播活动。

特点:传播范围广、容易引起兴趣、费用低、反复使用、单向性、促成作用低。

2.广告的作用

(1)传递信息,沟通产需。这是广告在促进销售中最基本的作用。在市场经济中,谁掌握了市场信息谁就掌握了市场的主动权,这既适用于企业,也适用于消费者。如果消费者掌握了必要的产品信息,就可以根据产品信息进行购买决策,选择物美价廉的商品,使购买效用达到最大化。对企业来说,要想使自己的产品尽快地让顾客知道,必须借助于广告向消费者传递自己产品的性能、特点、质量、使用方法、购买地点、购买手续以及售后服务等信息,为顾客购买选择提供信息需要。

(2)激发需求,促进销售。激发需求,促进销售是广告的最终目的。消费者的需求开始一般处于潜在状态,这种需求并不能形成直接的购买行为,必须进行宣传说服。广告促销比人员推销具有更广泛的宣传说服作用,可以在较大市场范围,针对众多的潜在顾客进行说服。通过广告促销引起人们的注意,进行购买说服,促使人们产生兴趣,使人们处于潜在状态的需求被激发起来,促成其购买行为产生。无数实践证明,一则生动活泼、具有说服力的广告,能够激发消费者的购买欲望,促使其产生购买行为。

(3)介绍商品,指导消费。在浩瀚的商品世界中,商品的数量、种类之多,消费者购买往往带有盲目性。广告是无声的推销员,它比人员推销所接触的市场范围要大得多,具有广泛的传播范围。可以运用多种广告媒体向消费者介绍产品的种类、功能、款式、使用方法等,帮助消费者来选择商品,就能扩大企业的产品销售。

(4)树立形象,赢得市场。广告是企业开展市场竞争的重要手段。企业的产品进入市场,通过广告宣传产品的特色、企业的质量保证和服务措施,树立良好的企业形象,提高产品的知名度,从而赢得市场。广告不仅对消费者具有激发购买作用,对中间商还能起到鼓励作用，争取更多的中间商分销本企业产品。中间商对那些市场知名度低的产品一般不愿意经营。只有那些经过有效广告攻势，建立一定市场知名度的产品，他们才愿意进货。

3.广告的构成要素

一个典型的广告活动由五个要素构成：

(1)广告主，是指发布广告的单位和个人；

(2)广告媒体，是指传递信息的载体；

(3)广告费用，是指广告主开展广告活动所必须支付的各种费用，包括广告调研费、设计制作费、广告媒体费、广告机构办公费以及工作人员的相关支出等；

(4)广告受众，是广告的对象，即接收广告信息的人；

(5)广告信息，是指广告的具体内容。

13.2.2　广告的分类

1.按广告的内容分类

(1)产品广告。宣传产品的主要特征及产品为顾客带来的特殊利益。

(2)企业广告。宣传企业的实力、观念、成就等。目的是树立企业的良好形象，从而使消费者对企业产品产生信任和好感，增加产品销售。有关公共关系和公共利益广告都属于这类广告。

2.按广告的目的分类

(1)倡导性广告，又称开拓广告。倡导性广告的目的是开拓某一新市场，一般在产品介绍期使用这种广告。

(2)竞争性广告。目的是推销某品牌的产品。

(3)提示性广告。经常或间歇式播放，提醒消费者的注意。

(4)公司声誉广告。主要宣传企业的方针、观念，把营销战略作为一个整体信息传递给目标市场及公众。

3.按广告的对象分类

(1)消费者广告。广告直接向消费者介绍产品的特征、品质特色等。

(2)经销商广告。根据经销商的业务范围和需要，提供各种商品目录、样本等。

(3)工商企业广告。向工商企业推销产品的广告，亦称产业广告。

(4)专门广告，又称专业广告。广告对象以建筑师、会计师、医生等技术专业人员为主。

4.按广告诉求方式分类

(1)感性广告。是运用情感手法来激励消费者的购买欲望，使消费者产生情感上的联想和情绪。

(2)理性广告。从技术员方面对产品的特征、功能、使用等作出令人满意信服的解释，称之为理性广告。

5.按广告的预期效果分类

(1)短期直接行动广告。这种广告的直接目的是刺激消费需求，并能够立即引起购买。如宣传特价、折扣、优惠等各种销售促进活动的广告。

(2)长期战略广告。主要在战略意义上用来提高消费者对产品的认知度、理解度和偏好度,进而提高产品的市场占有率。

6.按广告的媒体分类

广告媒体是广告主与广告接收者之间的连接物质,它是广告宣传不可缺少的物质条件。广告媒体并非一成不变,而是随着科学技术的发展而发展,科技的进步,必然使得广告媒体的种类越来越多。目前,主要媒体有以下几类:

(1)报纸广告媒体

其优点是:

①影响广泛。报纸与人民群众的生活息息相关,是传播新闻的重要工具,发行量大。

②传播迅速。

③弹性大、及时,对当地市场覆盖率高。

④易被接受和信任。

⑤便于剪贴存查。其缺点是时效短,转阅者少,内容庞杂,易分散对广告的注意力,印刷不精美,吸引力低,广告时效短,重复性差。

(2)杂志广告媒体

其优点是:

①宣传对象明确,针对性强,有的放矢。

②有较长的保存期,可靠且有名气、时效长、转阅者多。其缺点是广告购买前置时间长,灵活性较差,传播不及时,有些发行量是无效的。

(3)电台、电视、电影等视听广告媒体

电台广告的优点是大量使用、可选择适当的地区和对象、成本低;其缺点是仅有音响效果,不如电视吸引人,展露瞬间即逝,听众无选择性。

(4)邮寄广告媒体

广告主将印刷的广告物直接寄给买主、中间商或代理人。优点是沟通对象已经过选择、有灵活性、无同一媒体的广告竞争;缺点是成本较高、生动性较差、传播面也较窄。

(5)户外广告媒体

户外广告通常有招贴、广告牌、交通广告以及霓虹灯广告等。户外广告经常作为辅助性推广媒体,也有助于开拓营销渠道,地点多选择在闹市、交通要道或公共场所,一般比较醒目。它的主要优点是比较灵活、展期重复性强、成本低、竞争少;其缺点是不能选择对象、创造力受到局限等。

(6)网络广告媒体

以上广告媒体是最常用的,其中报纸、杂志、广播、电视被称为四大传统媒体。近年来因特网的发展非常迅速,比之所有媒体,具有速度快、容量大、范围广、可检索、可复制以及交互性、导航性、丰富性等优点,发展极为迅速。已有人将报刊、电台、电视台称为三大传统媒体,而将因特网称为"第四媒体"。

12.2.3　企业广告促销方案的制定

在制定企业广告时，需要考虑五个要素，简称广告“5M”要素，即：广告目标是什么(Mission)；广告费用是多少(Money)；传递什么广告信息(Message)；利用什么来传播广告(Media)；怎样估价广告效果(Measurement)。

1. 确定广告目标

企业在不同时间、不同情况下可以确定不同的广告目标。企业应根据市场需求状况，提出广告自身的具体目标。具体说来有以下三种：

(1)告知性广告。主要用于推出新产品，目的是为产品创造最初的基本需求。如，生产酸奶这一新产品的企业必须通过广告告诉消费者，酸奶有些什么样的营养学方面的优点。

(2)劝说性广告。为特定厂牌确定选择性的需求。如，通过广告使消费者相信，他的产品与市场上其他任何品牌的同类产品都不同，要优越得多。劝说性广告广泛用于竞争激烈的产品。

(3)提示性广告。在产品成熟期极为重要，使消费者记住某品牌产品，如，可口可乐在电视、路牌、杂志等媒体做广告，提醒人们有可口可乐饮料的存在。

2. 确定广告预算

企业必须充分认识广告支出与广告收益的关系。在选择广告形式时注意广告宣传所取得的经济效益要大于广告费用的支出。企业选择确定广告预算的方法有：承受能力法、销售额百分比法、竞争平衡法、目标任务法。

(1)承受能力法。根据企业资金状况，能允许做多少钱的广告，就做多少钱的广告。

(2)销售额百分比法。按照一定时期内的销售额的一定百分比确定广告预算。

(3)竞争平衡法。根据竞争对手的广告费用定出本企业保持的类似比例。

(4)目标任务法。依据营销目标的要求，决定广告活动的任务，根据对完成广告任务费用的预测，制定广告预算。

3. 确定广告信息

在一定条件下，广告活动的成功与否不取决于投入的广告经费的多少，而取决于广告是否有创造性。一项有创造性的广告应该体现真实性、社会性、针对性、艺术性。

想一想

广告信息对任何一个广告创作来说都是至关重要的，它主要考虑说什么以及如何来说两个方面。请以一则广告为例，来分析其广告信息内容是什么，是如何来展示广告信息内容的。

4. 选择广告媒体

不同的广告媒体有不同的特征，决定了企业广告必须对广告媒体进行正确的选择。选择广告媒体一般要考虑的因素有：产品的特征；消费者接触媒体的习惯；广告的内容。

5. 评估广告效果

评估目的在于提高广告的经济效益。可以采用“预审法”检查广告是否将信息正确、有效地传递给目标受众。此方法是在广告公布于众之前对其效果进行评估。具体方法有：

(1)直接评分法是向接受测试的消费者展示一组不同的广告,然后请他们给每个广告打分,评价这些广告在吸引力、可读性、可识别性、感染力和号召力等方面的效果。

(2)组合测试法是向测试对象展示一组广告,展示时间的长短由测试对象自定,然后请他们尽可能地回忆出广告的内容。

(3)实验测试法是借助仪器设备来测试消费者对广告的心理和生理的反应,以此估价广告效果。

13.3 开展人员推销

13.3.1 人员推销概述

1.人员推销的含义

人员推销是指企业通过推销人员深入到中间商或消费者,直接进行产品推荐和介绍工作,以促使顾客采取购买行为。

它是一种重要的促销方式,对于实现某些市场营销目标极富成效,但费用也较高。

2.人员推销的特点

(1)销售的针对性。与顾客的直接沟通是人员推销的主要特征。由于是双方直接接触,相互间在态度、气氛、情感等方面都能捕捉和把握,有利于销售人员有针对性地做好沟通工作,解除各种疑虑,引导购买欲望。

(2)销售的有效性。人员推销的又一特点是提供产品实证,销售人员通过展示产品,解答质疑,指导产品使用方法,使目标顾客能当面接触产品,从而确信产品的性能和特点,易于消费者引发购买行为。

(3)密切买卖双方关系。销售人员与顾客直接打交道,交往中会逐渐产生信任和理解,加深双方感情,建立起良好的关系,容易培育出忠诚顾客,稳定企业销售业务。

(4)信息传递的双向性。在推销过程中,销售人员一方面把企业信息及时、准确地传递给目标顾客,另一方面把市场信息,顾客(客户)的要求、意见、建议反馈给企业,为企业调整营销方针和政策提供依据。

3.人员推销的基本形式

(1)上门推销。上门推销是最常见的人员推销形式。它是由推销人员携带产品样品、说明书和订单等走访顾客,推销产品。这种推销形式可以针对顾客的需要提供有效的服务,方便顾客,为顾客广泛认可和接受。

(2)柜台推销。又称门市,是指企业在适当地点设置固定门市,由营业员接待进入门市的顾客,推销产品。门市的营业员是广义的推销员。柜台推销与上门推销正好相反,它是等客上门式的推销方式。由于门市里的产品种类齐全,能满足顾客多方面的购买要求,为顾客提供较多的购买方便,并且可以保证产品完好无损,故顾客比较乐于接受这种形式。

(3)会议推销。会议推销是指利用各种会议向与会人员宣传和介绍产品,开支推销活动。譬如,在订货会、交易会、展览会、物资交流会等会议上推销产品。这种推销形式接触面广、推销集中,可以同时向多个推销对象推销产品,成交额较大,推销效果较好。

13.3.2 推销人员的管理

1.推销人员的素质

人员推销是一个综合的复杂过程。它既是信息沟通过程,也是商品交换过程,又是技术服务过程。推销人员的素质决定了人员推销活动的成败。推销人员一般应具备以下素质:

(1)态度热忱,勇于进取

推销人员是企业的代表,有为企业推销产品的职责;同时,他又是顾客的顾问,有为顾客的购买活动当好参谋的义务。企业促销和顾客购买都离不开推销人员。因此,推销人员要具有高度的责任心和使命感,热爱本职工作,不辞辛苦,任劳任怨,敢于探索,积极进取,耐心服务,同顾客建立友谊,这样才能使推销工作获得成功。

(2)求知欲强,知识广博

广博的知识是推销人员做好推销工作的前提条件。较高素质的推销人员必须有较强的上进心和求知欲,乐于学习各种必备的知识。一般来说,推销人员应具备的知识有以下几个方面:

①企业知识。推销人员要熟悉企业的历史及现状,包括本企业的规模及其在同行业中的地位、企业的经营特点、经营方针、服务项目、定价方法、交货方式、付款条件和产品的保管方法等,还要了解企业的发展方向。

②产品知识。推销人员要知晓产品的性能、用途、价格、使用知识、保养方法,换代产品比原产品新增的功能和利益以及竞争者的产品情况等。

③市场知识。推销人员要了解目标市场的供求状况及竞争者的有关情况,熟悉目标市场的环境,包括国家的有关政策、条例等。

④心理学知识。推销人员要了解并适时适地地运用心理学知识来研究顾客的心理变化和需求,以便采取相应的方法和技巧。

⑤财务知识。推销人员了解财务知识是保证销售收入顺利回收的重要前提。此外,推销人员还应了解政策法规的最新变化及影响等知识。

(3)文明礼貌,善于表达

在人员推销活动中,推销人员推销产品的同时也是在推销自己。这就要求推销人员要注意推销礼仪,讲究文明礼貌,仪表端庄,热情待人,举止适度,谦恭有礼,谈吐文雅,口齿伶俐;在说明主题的前提下,语言要诙谐、幽默,给顾客留下良好的印象,为推销获得成功创造条件。

(4)富于应变,技巧娴熟

市场环境因素多样且复杂多变,市场状况很不平稳。为实现促销目标,推销人员必须有娴熟的推销技巧、反应灵敏,能针对不同的市场环境采用恰当的推销方式。推销人员要能恰当地选定推销对象并能准确地了解顾客的有关情况,能为顾客着想,尽可能解答顾客的疑难问题;要善于说服顾客(对不同的顾客采取不同的技巧);要善于选择适当的洽谈时机,掌握良好的成交机会,并善于把握易被他人忽视或不易发现的推销机会。

2.推销人员的甄选与培训

由于推销人员素质高低直接关系到企业促销活动的成功与失败,所以推销人员的甄选与培训十分重要。

(1)推销人员的甄选

甄选推销人员,不仅要对未从事过推销工作的人员进行甄选,使其中品德端正、作风正派、工作责任心强的且能胜任推销工作的人走入推销人员的行列,还要对在岗的推销人员进行甄选,淘汰那些不适合推销工作的推销人员。

企业甄选推销人员的基本标准主要有以下几种:一是感召力,即善于从顾客角度考虑问题,并使顾客接受自己;二是自信力,让顾客感到自己的购买决策是正确的;三是挑战力,即具有视各种疑义、拒绝或障碍为挑战的心理;四是自我驱动力,即具有完成销售任务的强烈愿望。

议一议

我们都熟知一个成功的推销人员应该具备的品质,请思考一个不成功的推销人员会有什么样的特征?请谈谈你的看法。

企业甄选推销人员的途径有两种:一是从企业内部选拔,即把本企业内部德才兼备、热爱并适合做推销工作的人选拔到推销部门工作;二是从企业外部招聘,即企业从大专院校的应届毕业生、其他企业或单位等群体中物色合格人选。无论哪种选拔途径,都应经过严格的考核,择优录用。

(2)推销人员的培训

对甄选合格的推销人员,还需经过培训才能上岗,使他们学习和掌握有关知识与技能。同时,还要对在岗推销人员每隔一段时间进行培训,使其了解企业的新产品、新的经营计划和新的市场营销策略,进一步提高素质。

推销人员培训的内容通常包括企业知识、产品知识、市场知识、心理学知识和政策法规知识等内容。

培训推销人员的方法很多,常采用的方法有三种:一是讲授培训。这是一种课堂教学培训方法。一般是通过举办短期培训班或进修等形式,由专家、教授和有丰富推销经验的优秀推销员来讲授基础理论和专业知识,介绍推销方法和技巧。二是模拟培训。它是受训人员亲自参与的、有一定实战感的培训方法,具体做法有实例研究法、角色扮演法和业务模拟法等。比如,由受训人员扮演推销人员向由专家教授或有经验的优秀推销员扮演的顾客进行推销,或由受训人员分析推销实例等。三是实践培训。实际上,这是一种岗位练兵。让甄选的推销人员直接上岗,与有经验的推销人员建立师徒关系,通过传、帮、带,使受训者较快地熟悉业务,成为合格的推销人员。

3.推销人员的考核与评价

为了对推销人员进行有效的管理,企业必须对推销人员的工作业绩建立科学而合理的考核与评价制度,并以此作为分配报酬的依据和企业人事决策的重要参考指标。

(1)考评资料的收集

收集推销人员的资料是考评推销人员的基础性工作。全面、准确地收集考评所需资料是做好考评工作的客观要求。考评资料的获得主要有四个途径:

①推销人员的销售工作报告

销售工作报告一般包括销售活动计划报告和销售绩效报告两个部分。销售活动计划报告作为推销人员合理安排推销活动日程的指导,可展示推销人员的地区年度推销计划和日常工作计划的科学性、合理性。销售绩效报告反映了推销人员的工作实绩,从中可以了解销售情况、费用开支情况、业务流失情况、新业务拓展情况等许多推销绩效。

②企业销售记录

因企业的销售记录包括顾客记录、区域销售记录、销售费用支出的时间和数额等信息,从而使其成为考评推销业绩的重要基础性资料。通过对这些资料进行加工、计算和分析,可以得出适宜的评价指标,如某一推销人员一定时期内所接订单的毛利等。

③顾客及社会公众的评价

推销人员面向顾客和社会公众开展推销活动,决定了顾客和社会公众是鉴别推销人员服务质量最好的见证人。因此,评价推销人员理应听取顾客及社会公众的意见。通过对顾客投诉和定期顾客调查结果的分析,可以透视出不同的推销人员在完成推销产品这一工作任务的同时,其言行对企业整体形象的影响。

④企业内部员工的意见

企业内部员工的意见主要是指销售经理、营销经理和其他非销售部门有关人员的意见。此外,销售人员之间的意见也可作为考评时的参考。依据这些资料可以了解有关推销人员的合作态度和领导才干等方面的信息。

(2)考核标准的建立

在评价推销人员的绩效时,科学而合理的标准是不可缺少的。绩效考核标准的确定,既要遵循与基本标准的一致性,又要坚持推销人员在工作环境、区域市场拓展潜力等方面的差异性,不能一概而论。当然,绩效考核的总标准应与销售增长、利润增加和企业发展目标相一致。常用的推销人员绩效考核指标主要有以下两类:

①基于成果的考核

基于成果的考核是定量考核,主要考核以下一些指标:一是销售量,最常用的指标,是用于衡量销售增长状况的指标;二是毛利,是用于衡量利润潜量的指标;三是访问率(每天的访问次数),是衡量推销人员努力程度的指标;四是访问成功率,是衡量推销人员工作效率的指标;五是平均订单数目,是用来衡量、说明订单规模与推销效率的指标;六是销售费用及费用率,是用于衡量每次访问的成本及直接销售费用占销售额比重的指标;七是新客户数目,是衡量推销人员推销绩效的主要指标。

②基于行为的考核

基于行为的考核是定性考核,主要考核销售技巧(包括倾听技巧、获得参与、克服异议等)、销售计划的管理(有无记录、时间利用等)、收集信息、客户服务、团队精神、企业规章制度的执行情况、外表举止、自我管理等。

(3)考评的方法

①横向比较法

横向比较法是将各推销人员之间的工作业绩进行比较。这种比较必须建立在各区域市场的销售潜力、工作量、竞争环境、企业促销组合等方面大致相同的基础上。应注意的是,销售量不是衡量推销人员工作业绩的唯一标准,还要对能反映推销人员工作绩效的其他指标进行衡量,如顾客的满意度、成本的耗费、产品的销售结构、资金的周转速度等。

②纵向比较法

纵向比较法是将同一个推销人员现在的业绩和以前的业绩进行比较,包括销售额、毛利率、销售费用、顾客变更情况等。这种考评方法可以衡量推销人员工作的改善情况,以把握推销人员的业务能力和思想动态的变化情况。

4. 推销人员的奖励

对推销人员的奖励,实际上是推销人员通过在促销活动中从事推销工作而获得的利益回报,一般包括工资、津贴、福利、保险、佣金和分红等。可以说,公平合理的奖励既是对推销人员辛勤劳动的补偿,也是激励推销人员努力工作实现销售目标的最有效工具之一。奖励推销人员既有利于激励推销人员积极努力,保证企业销售目标的顺利实现,也有利于建设(吸收和维持)高素质的销售团队。

奖励推销人员的方式主要有单纯薪金制、单纯佣金制和混合奖励制三种。

(1)单纯薪金制

单纯薪金制亦称固定薪金制,是指在一定时间内,无论推销人员的销售业绩是多少,推销人员获得固定数额报酬的形式。具体说来就是"职务工资+岗位工资+工龄工资"。

单纯薪金制的优点主要有:

①易于操作,计算简单,易于管理;

②推销人员的收入有保障,有安全感;

③在调整销售区域或客户时,遇到的阻力较小。

单纯薪金制的缺点也显而易见,主要有:

①对销售效率和销售利润最大化缺乏直接的激励作用;

②由于不按业绩获得报酬,故容易厚待业绩差的人而薄待业绩优秀的人;

③薪金属固定费用,在企业困难时难以进行调整。

(2)单纯佣金制

单纯佣金制是指与一定期间的销售业绩直接相关的报酬形式,即按销售基准的一定比率获得佣金。单纯佣金制的具体形式又有单一佣金和多重佣金(累退制和累进制)、直接佣金和预提佣金之分。

单纯佣金制的优点主要有:

①推销人员的报酬是其销售行为的直接结果,富有激励作用;

②业绩越大报酬越多,推销人员的努力可获得较高的报酬;

③推销人员清楚了解自己薪酬(佣金)的计算方式,容易使行为与收入挂钩;

④佣金属变动成本,公司易于控制销售成本;

⑤奖勤罚懒的效果非常直接,业绩差的推销人员通常会自动离职。

单纯佣金制的缺点主要有：

①推销人员收入不稳定，精神压力大，甚至容易焦虑；

②对企业的忠诚度较差，可能为了分散风险多处兼职；

③推销人员采用高压式推销，不关心客户的服务需求；

④推销人员不愿意调整自己的销售领域，造成管理困难；

⑤在企业业务低潮时，优秀的销售人员离职率高。

(3)混合奖励制

混合奖励制兼顾激励性和安全性的特点。当然，混合奖励制有效的关键在于薪金、佣金和分红的比率。一般来说，混合奖励制中的薪金部分应大到足以吸引有潜力的推销人员；同时，佣金和分红部分足以大到刺激他们努力工作。

混合奖励制的常用形式有：薪金＋佣金；薪金＋分红奖励；佣金＋分红奖励；薪金＋佣金＋分红奖励；薪金＋佣金＋分红奖励＋期权。

除了上述三种奖励形式以外，还有特别奖励，就是在正常奖励之外所给予的额外奖励，包括经济奖励和非经济奖励。非经济奖励包括给予荣誉、表扬记功、颁发奖章等。特别奖励的具体形式有业绩特别奖、销售竞赛奖等。

13.3.3　推销技巧

1. 寻找顾客的方法与技巧

(1)地毯式访问推销法

又称"地毯式寻找顾客推销法"、"挨门挨户访问推销法"，指推销人员在不太熟悉顾客的情况下，直接访问某一特定地区或某一特定行业的所有使用单位和经营单位，从中寻找目标购买者的商品推销方法。此方法所依据的是"平均法则"，也就是假定被访问的所有顾客中，一定有推销人员所要寻找的目标顾客。

此方法具有如下特点：

①推销访问的面广、人多；

②事先没有特定的目标顾客；

③可以借机进行市场调查；

④可以争取更多的目标购买者；

⑤具有相对的盲目性。

(2)连锁介绍推销法

又称"无限连锁介绍推销法"、"连锁介绍寻找目标购买者推销法"，指通过请求现有目标购买者介绍未来可能的准目标购买者的商品推销方法。

此方法具有如下特点：

①以现有目标购买者的关系为基础；

②可以省力地寻找众多的准目标购买者；

③可以避免推销人员的主观盲目性；

④可以赢得被介绍的准目标购买者的依赖；

⑤成交率较高。

(3)中心开花推销法

又称“重点开花寻找目标购买者推销法”、“有力人士利用推销法”,指在某一特定推销范围内发展一些有影响力的重点人物,并在这些重点人物的协助下把该范围的同类商品使用经营单位或个人变成准目标购买者的商品推销方法。

此方法具有如下特点:

①以重点人物的影响力为基础;

②以重点人物的信赖为前提;

③通过重点人物的影响力来扩大商品的影响;

④难以确定谁是真正的关键人物。

2.接近顾客的方法与技巧

(1)介绍接近推销法

指通过自我介绍或第三者的介绍而接近顾客以推销商品的商品推销方法。此方法有口头介绍和书面介绍两种。在一般情况下,商品推销人员应首先采用自我介绍接近目标购买者的方法。除了进行必要的口头介绍外,推销人员还应主动地出示有关的信函、名片或其他相关证件。尤其是第一次接近顾客,更少不了上述书面介绍证件。

此方法具有如下特点:

①通过介绍接近顾客;

②以自我介绍为主;

③介绍实际上是首先把自己推销给顾客。

(2)商品接近推销法

又称“实物接近推销法”,指直接利用所推销的商品引起目标购买者的注意和兴趣进而转入洽谈的商品推销方法。此方法一般适用于名优特商品的推销。

此方法具有如下特点:

①接近顾客的媒体是推销的商品本身;

②所推销的商品作无声的介绍,能使目标购买者一看见商品就被吸引并激起购买欲望。

(3)利益接近推销法

又称“实惠接近推销法”、“目标购买者利益接近推销法”,指利用所推销的商品本身能够给目标购买者带来的实惠而引起对方的注意和兴趣进而转入洽谈的商品推销方法。此方法接近顾客的主要方式是直接陈述或提示,告诉目标购买者的“重点人物”购买其推销商品所能带来的好处。

此方法具有如下特点:

①以告诉购买所推销商品本身所具有的实惠打动顾客;

②以了解顾客希望获得这些利益为前提。

(4)提问接近推销法

又称“问题接近推销法”、“问答接近推销法”、“讨论接近推销法”,指利用直接提问来引起目标购买者的注意和兴趣进而转入洽谈的商品推销方法。

此方法具有如下特点:

①以提问作为接近目标顾客的媒介；

②以回答或解释问题作为目标顾客洽谈。

(5)调查接近推销法

指利用调查机会接近目标购买者以推销商品的商品推销方法。此方法具有如下特点：

①以调查作为接近目标顾客的手段；

②接近调查的目的是为了做到心中有数和采取相应的洽谈策略。

试一试

假设你是一位推销人员，你要去拜访一位事先没有预约的客户，你将如何接近他(她)？请以实际行动来展示一下。

3.推销洽谈的策略与技巧

推销洽谈是推销活动中的关键环节，洽谈能否成功直接关系到推销的成败。企划推销洽谈是为了达到预期推销目标而采取的计策和谋略，主要有：

(1)动意提示洽谈推销法。又称“动念提示洽谈推销法”、“示意提示洽谈推销法”，指通过建议目标顾客立即购买的洽谈以推销商品的商品推销方法。从推销心理学理论上讲，任何一种商品观念，一旦进入目标顾客的脑子里，只要不与其内心既有的观念相抵触，就会刺激起一定的冲动性行为或动力反应。此方法正好运用了这一心理反应，达到推销洽谈以推销商品的目的。

(2)直接提示洽谈推销法。指通过劝说目标顾客购买所推销商品的洽谈以推销商品的商品推销方法。此方法与间接提示洽谈推销法是相对应的。现代人的时间观念极强，因此，推销人员应尽可能地把直接提示洽谈推销法与直陈接近推销法结合起来使用。

(3)相反提示洽谈推销法。又称“逆提示洽谈推销法”、“反提示洽谈推销法”，指通过利用反提示原理来说服目标购买者来购买所推销商品的洽谈以推销商品的商品推销方法。所谓“反提示原理”，其实就是“激将法”原理。

4.推销成交的策略与技巧

(1)请求成交推销法。又称“直接成交推销法”、“直接请求成交推销法”，指通过直接请求目标顾客成交以推销商品的商品推销方法。

(2)假定成交推销法。又称“假设成交推销法”，指通过假定目标顾客已经接受推销建议而直接要求目标顾客成交以推销商品的商品推销方法。

(3)选择成交法。选择成交法，就是直接向客户提出若干购买的方案，并要求客户选择一种购买方法。

(4)小点成交法。又称“次要问题成交法”，“避重就轻成交法”，是销售人员在利用成交的小点来间接地促成交易的方法。

(5)优惠成交法。又称“让步成交法”，指的是销售人员通过提供优惠的条件促使客户立即购买的一种决定的方法。

(6)保证成交法。保证成交法是指销售人员直接向客户提出成交保证，使客户立即成交的一种方法。所谓“成交保证”就是指销售人员对客户所允诺担负交易后的某种行为。

(7)从众成交法。又称"排队成交法",利用顾客的从众心理,大家都买了,你买不买?这是一种最简单的方法。从众成交法可以减轻顾客担心的风险,尤其是新顾客,大家都买了,我也买,可以增加顾客的信心。

(8)机会成交法。又称"无选择成交法"、"唯一成交法"、"现在成交法"、"最后机会成交法"。

试一试

假设你是一位手机柜台促销员,面对不同类型的客户时,你可以采取什么样的成交方法来促成交易?请以实际行动来展示一下。

13.4 掌握营业推广形式

13.4.1 营业推广的概念及作用

1.营业推广概念

指企业通过直接显示,利用产品、价格、服务、购物方式与环境的优点、优惠或差别性,以及通过推销、经销奖励来促销的一系列方式的总和。

2.营业推广作用

(1)可以吸引消费者购买。这是营业推广的首要目的,尤其是在推出新产品或吸引新顾客方面,由于营业推广的刺激比较强,较易吸引顾客的注意力,使顾客在了解产品的基础上采取购买行为,也可能使顾客追求某些方面的优惠而使用产品。

(2)可以奖励品牌忠诚者。因为营业推广的很多手段,譬如销售奖励、赠券等通常都附带价格上的让步,其直接受惠者大多是经常使用本品牌产品的顾客,从而使他们更乐于购买和使用本企业产品,以巩固企业的市场占有率。

(3)可以实现企业营销目标。这是企业的最终目的。营业推广实际上是企业让利于购买者,它可以使广告宣传的效果得到有力的增强,破坏消费者对其他企业产品的品牌忠诚度,从而达到本企业产品销售的目的。

3.营业推广不足

(1)影响面较小。它只是广告和人员销售的一种辅助的促销方式。

(2)刺激强烈,但时效较短。它是企业为创造声势获取快速反应的一种短暂促销方式。

(3)顾客容易产生疑虑。过分渲染或长期频繁使用,容易使顾客对卖者产生疑虑,反而对产品或价格的真实性产生怀疑。

4.营业推广的适用性

(1)营业推广适用于对消费者和中间商开展促销工作;

(2)营业推广适用于品牌忠诚度较弱的消费者;

(3)营业推广更多地为市场占有率较低、实力较低的中小企业采;

(4)营业推广适用于产品生命周期处于导入阶段和成长阶段;

(5)营业推广适用于打破顾客对竞争对手的长期偏好。

13.4.2 营业推广的种类和具体形式

营业推广的方式多种多样，一个企业不可能全部使用。这就需要企业根据各种方式的特点、促销目标、目标市场的类型及市场环境等因素选择适合本企业的营业推广方式。

1.针对消费者的营业推广形式

向消费者推广，是为了鼓励老顾客继续购买、使用本企业产品，激发新顾客试用本企业产品。其方法主要有以下几种：

(1)派发样品。派发样品是指向消费者提供一定量的服务或产品，供其免费试用。这种形式可以鼓励消费者认购，也可以获取消费者对产品的反应。样品赠送可以有选择地赠送，也可在商店或闹市地区或附在其他商品和广告中无选择地赠送。这是介绍、推销新产品的一种方式，但费用较高，对高价值产品不宜采用。

(2)送赠品。送赠品是指以免费产品为诱因，以此来缩短或拉近与消费者的距离，从而促使消费者采取购买行为。赠品根据是否以购买为条件可以分为无偿赠品和有条件赠品。前者是可以无条件获得的，如有些商店在开业时对光顾的每一位顾客都赠送一份礼品；后者需要消费者购买一定量的产品方可获得赠品，这种方式是最为常见的。

(3)优惠券。优惠券是指授权持有者在指定商店购物或购买指定产品时可以免付一定金额的单据。优惠券适用的场合很多，可以用来扭转产品或服务销售下滑的局面，也可以在新产品上市时用以吸引消费者的购买兴趣，按照发行的主体不同，可以分为厂商优惠型和零售型优惠。

(4)减价优惠。减价优惠是指在特定的时间和特定的范围内调低产品的销售价格，此种方式因最能与竞争者进行价格竞争而深受消费者的青睐。

(5)退款优惠。退款优惠是指在消费者提供了产品的购买证明后就可以退还其购买产品的全部或部分款项的促销方式。这种方式可以维护消费者的消费忠诚，收集消费者的有关资料，对于较高价位的产品具有较好的促销效果。

(6)趣味类促销。趣味类促销是指利用人们的好胜、侥幸和追求刺激等心理，举办竞赛、抽奖、游戏等富有趣味性的促销活动，吸引消费者的参与兴趣，推动销售。

(7)以旧换新。以旧换新是指消费者凭使用过的产品，或者使用过的特定产品的证明，在购买特定产品时，可以享受一定低价优惠的促销活动，这类方式一般由生产企业使用。

(8)示范表演。示范表演是指在销售场所对特定产品的使用方法进行演示，以吸引消费者的注意。这种方式适用于操作相对复杂或该种产品比以前产品有重大改进，其目的是消除消费者的使用顾虑或树立产品独特的性能。

试一试

利用课余时间走访各大商场、超市、专卖店等产品零售终端，用相机、手机等记录这些零售终端(或在销的产品)都用了哪些营业推广方式，并作展示、说明。

2.针对中间商的营业推广方式

向中间商推广，是为了促使中间商积极经销本企业产品；同时能有效地协助中间商开展销售，加强与中间商的关系，达到共存共赢的目的。其推广方式主要有：

(1)折扣鼓励。折扣鼓励包括现金折扣和数量折扣。现金折扣是指生产企业对及时或提前支付货款的经销商给予一定的货款优惠；数量折扣是指生产企业对大量进货的经销商给予一定额外进货量的优惠。

(2)经销津贴。为促进中间商增购本企业产品，鼓励其对购进产品开展促销活动，生产企业给予中间商一定的津贴，主要包括新产品的津贴、清货津贴、降价津贴等。

(3)宣传补贴。有的生产企业需要借助经销商进行一定的广告宣传，为了促进经销商进行宣传的积极性，经销商可以凭借进行了宣传的有关单据获得厂家一定数额的补贴。

(4)陈列补贴。随着终端竞争的激烈，生产企业为了给产品在终端获得一个较好的销售位置，往往给予中间商一定的陈列补贴，希望经销商维护产品在终端竞争中的位置优势。

(5)销售竞赛。销售竞赛是指生产企业为业绩优秀的中间商进行特殊鼓励，包括货款返还、旅游度假、参观学习等。

(6)展览会。展览会是指企业利用有关机构组织的展览和会议，进行产品和企业的演示，通过这种形式，可以让经销商获知本行业的市场发展和行业发展情况，有利于增加其业务能力和市场信息。

3.针对销售人员的营业推广形式

(1)销售奖金。销售奖金是为了刺激销售人员的工作积极性，对于能够完成任务的销售人员给予一定的物质奖励。

(2)培训进修。培训进修是为了提高销售人员的业绩，对其进行业务技能和技巧方面的培训。

(3)会议交流。会议交流是定期或不定期召集销售人员对工作经验和工作方法以及工作中的得失开展交流，促进销售人员的共同提高。

(4)旅游度假。旅游度假是企业为了表彰先进，增强企业内部凝聚力，对销售业绩和素质表现良好的销售人员给予国内外旅游度假的奖励。

13.4.3 营业推广的决策过程

1.建立营业推广的目标

营业推广活动的决策一般是从目标的确立开始的。营业推广目标是在企业总营销目标的前提下，根据企业的具体需要确定的。

从产品所处的生命周期看，在产品投入期，营业推广的目标主要是为了缩短产品与顾客之间的距离，诱使目标消费者试用新产品，认知新产品。在产品成长期，营业推广的目标主要是鼓励消费者重复购买、刺激潜在购买者和增强中间商的接受程度。在产品成熟期，营业推广的目标在于刺激大量购买、吸引竞争品牌的消费者、保持原有的市场占有率。在产品衰退期，营业推广的目标是快速大量销售，尽可能地处理积压库存产品，加速资金周转。

从营业推广的对象看，对于消费者来讲，营业推广的目标是在于鼓励现有消费者大量、重复、及时购买，同时吸引和培养新的消费群体。对中间商来讲，营业推广的目标是保证现有渠道的稳定,促使中间商维持较高的存货水平,刺激中间商积极销售产品。对于销售人员来讲,营业推广的目标是在鼓励维持现有产品销售的基础上,积极销售新产品,同时寻找更多的新顾客。

以上是营业推广的基本目标,作为一个企业来讲,不可能同时完成这些目标。企业应该在长远营销目标的基础上,根据自身经营特点,充分考虑企业面临的问题与机遇,作出营业推广目标的选择。

2.选择营业推广形式

选择营业推广的具体形式,就是企业为了实现营业推广的目标而选择合适的营业推广方式。前面已经对营业推广的形式进行了基本的介绍,不同的形式其效果是不同的,同时,一个特定的营业推广目标可以采用多种形式来实现。企业在选用营业推广形式时应考虑以下几点:

(1)营业推广的目标。不同的促销目标决定了需要采用不同的营业推广工具,在选择营业推广工具时,首先要考虑企业在该时期的营业推广目标。如果企业是为了增加购买量,可以采用赠品和优惠券等方式;如果是为了改变消费者的购买习惯,可以采用折扣和酬谢包装的形式。

(2)产品的类型。在市场上销售的产品,可以按其用途分为生产资料和消费品两大类。对于生产资料来讲,可以采用样品赠送、展示会、销售奖励、宣传手册等方式;对于消费品来讲,可以采用优惠券、赠送、店内广告、降价、陈列、消费者组织等方式。

(3)企业的竞争地位。对于在竞争中处于优势地位的企业,在选择营业推广工具时应该偏重于长期效果的工具,如消费者的教育、消费者组织化等。对于在竞争中处于劣势的企业,应选择能为消费者和中间商提供更多实惠的工具,比如交易折扣、样品派送、附赠销售等,此外还应考虑选择差异化的营业推广工具。

(4)营业推广的预算。每一种营业推广的发生都要耗费一定费用,这些费用是开展营业推广活动的硬约束,企业应该根据自己的经济情况考虑使用不同的营业推广工具。

3.制定营业推广方案

在为营业推广活动确定了目标和具体的工具后,还需要对营业推广活动制定具体的行动方案。在一个完整的营业推广方案中应该包括以下几个方面的内容:

(1)营业推广范围。企业要确定本次营业推广活动的产品范围和市场范围,即是决定针对单项产品进行促销还是对系列产品进行促销,是对新产品进行促销还是对老产品进行促销,是在所有的销售区域进行促销还是在特定的市场内进行促销。

(2)诱因量的大小。诱因量是指活动期间的产品优惠程度与平时没有优惠时进行比较的差异,它直接关系到促销的成本。诱因量的大小与促销效果密切相关,因为诱因量的大小直接决定了消费者是否购买。

(3)传播媒体的类型。传播媒体的类型是企业选择何种媒体作为促销信息的发布载体。不同的媒体有不同的信息传递对象和成本,其效果必然不同,这是企业在营业推广方案中应明确的问题。

(4)参与的条件。不同的营业推广目标和工具有不同的参与对象,在方案中对参与活动的对象应有一定的条件限制,以降低成本、提高效率。

(5)营业推广时间。营业推广时间的确定包括三个方面的内容:举行活动的时机、活动的持续时间和举行活动的频率。

(6)营业推广费用的预算。科学合理地制定预算,对于活动的顺利开展提供了有力的保障。营业推广的费用通常包括两项:一是管理费用,如组织费用、印刷费用、邮寄费用、培训教育费用等;二是诱因成本,如赠品费用、优惠或减价费用等。

此外,在方案中还要有其他内容,如奖品兑换的具体时间和方法、优惠券的有效期限、营业推广活动的具体规则等。

13.5 认知公共关系

广告、人员推销和销售促进都是直接针对现有的和潜在的消费者,而公共关系的对象还包括了大量的对企业有兴趣的公众,并着重与这些公众之间建立一定的关系。在促销组合中,公共关系可以用来评估公众的态度,识别可能引发的公众关注的事件,执行可赢得公众理解和认可的方案。公共关系主要是促进企业与社会公众的关系,以便树立企业的良好形象,从而促进销售的一种活动。

13.5.1 公共关系的概念

1. 公共关系定义

公共关系,也称公众关系,简称公关,来源于英语 Public Relations,英文缩写为"PR"。它包括的内容十分广泛,从市场营销学的角度来谈公共关系,只是公共关系的一小部分。所谓公共关系是指企业运用各种传播手段来协调与公众之间的关系,使企业及企业的产品在公众中树立起良好形象,增强公众对企业的支持,提高企业和产品的社会声誉,为企业创造良好的外部环境,从而有利于企业的长期发展。

2. 公共关系的基本特征

(1)公共关系是一定社会组织与其相关的社会公众之间的相互关系。

①公共关系的主体是一定的组织,如企业、机关、团体等。

②公共关系的客体对象,即包括企业外部的顾客、竞争者、金融界、厂商、经销商、新闻媒介、政府机构、内部员工、股东以及各方面的社会公众。

③公共关系活动的媒介是各种信息沟通工具和大众传播渠道。

(2)公共关系的目标是为企业广结良缘,在社会公众中创造良好的企业形象和社会声誉。一个企业的形象和声誉是其无形的财富。良好的形象和声誉是企业富有生命力的表现,也是公共关系的真正目的之所在。企业以公共关系为促销手段,是利用一切可能利用的方式和途径,让社会公众熟悉企业的经营宗旨,了解企业的产品种类、规格以及服务方式和内容等有关情况,使企业在社会上享有较高的声誉和较好的形象,促进产品销售的顺利进行。公共关系不是一种产品或一个时期的销售额,而是有关企业形象的长远发展战略。

(3)公共关系的活动以真诚合作、平等互利、共同发展为基本原则,以一定的利益关系为基础。这就决定了主客双方必须均有诚意,平等互利,并且要协调、兼顾企业利益和公众利益。否则，只顾企业利益而忽视公众利益，就不能构成良好的关系，也毫无公共关系可言。

(4)公共关系是一种信息沟通，是企业与公众之间的一种信息交流活动。公共关系的传播手段很多，既可以通过新闻、宣传等传播媒介间接传播，又可以通过人际交往形式直接传播。

(5)公共关系是一种长期活动，着眼于长期努力、长远打算。公共关系的效果不是短期行为所能达到的，需要连续的、有计划的努力。企业要树立良好的社会形象和声誉，不能拘泥于一时一地的得失，而要追求长期的稳定的战略性关系。

3. 公共关系的作用

(1)收集社会信息。收集影响企业营销的各类信息，如产品信息、企业形象信息、宏观经济方面信息、竞争者信息等。通过收集信息，提出对企业营销环境的预警分析和企业形象的评估，供决策者参考。

(2)树立企业形象。通过设计相关的公益活动，制造气氛，引起社会公众的关注和好感，迅速提升企业美誉度。

(3)协调媒体关系。现代社会，大众传媒对人们的生活有很重要的影响。企业公关部门应与各种传播媒体协调好关系，引导社会舆论朝着有利于企业的方向发展，以获取广大公众的赞誉和支持。

(4)协调内外关系。公共关系是内求团结，外结良缘的艺术。公关职能首先要重视内部关系，做好内部管理信息交流和情感交流，做到政通人和，上下一致；对外要协调好相关公共关系，包括消费者、政府、社区等相关利益团体，通过公关一系列活动，能运用利益、形象、示范、信息、特色等吸引广大公众，促使他们理解、信任、偏爱企业，使企业得到和谐发展的外部环境。

(5)处理突发事件。当企业一旦遇到突发的危及企业形象的事件时，公共关系要及时收集事件发生的各种信息，妥善处理，使不利影响因素降到最低点。

13.5.2　公共关系的活动方式及工作程序

1. 公共关系的活动方式

公共关系的活动方式是指以一定的公共目标和任务为核心，将若干种公共媒介与方法有机结合起来，形成一套具有特定公关职能的工作方法系统。按照公共关系的功能不同，公共关系的活动方式可分为五种：

(1)宣传性公关，即运用报纸、杂志、广播、电视等传播媒介，采用撰写新闻搞、报告等形式，向社会各界传播企业有关信息，以有利的社会舆论，创造良好气氛的活动。

(2)征询性公关，即通过开办各种咨询业务、制定调查问卷、进行民意测验、设立热线电话等形式，努力形成效果良好的信息网络，再将获取的信息进行分析研究，为经营管理决策提供依据，为社会公众服务。

(3)交际性公关，即通过语言、文字的沟通，为企业广结良缘，巩固传播效果，可采用宴会、座谈会、专访、电话、信函等形式。

(4)服务性公关，即通过各种实惠性服务，以行动去获取公众的了解、信任和好评，以实现既有利于促销，又有利于树立和维护企业形象与声誉的活动。

(5)社会性公关，即通过赞助文化、教育、体育、卫生等事业，支持社区福利事业，参与国家、社区重大社会活动等形式来塑造企业的社会形象，提高企业的社会知名度和美誉度。

小案例

农夫山泉公司"一分钱公益"公关活动

由农夫山泉公司发起，理念为"再小的力量也是一份支持"，是一个有深远影响的公益活动，已持续数年，这是企业主动发起的公益活动中非常罕有的。

第一届，2000 年，"一分钱"支持北京申奥。

农夫山泉向奥申委捐出了 500 万元人民币。该事件被《中国经营报》、《中国经济时报》等多家全国性知名媒体评为 2000 年十大成功营销案例。农夫山泉公司也赢得中国奥委会特别授予的"中国奥委会合作伙伴/荣誉赞助商"称号。

第二届，2002 年，一分钱"阳光工程"，支持贫困地区学校基础体育设施。"阳光工程"由农夫山泉公司和国家体育总局体育器材装备中心联合发起的，主要面向贫困地区的基础体育事业，关注基础体育设施的建设和基础体育运动的发展。公司总共向全国 24 个省，329 个市、县的 395 所学校赠送了价值 5019028 元人民币的体育器材，被社会各界誉为"体育界的希望工程"。

第三届，2004 年，"一分钱"支持中国体育事业。

2004 年，农夫山泉公司得到了中央电视台《新闻联播》和《每周质量报告》的肯定。同时，作为当年雅典奥运会中国体育代表团的训练比赛专用水；农夫山泉公司特地拍摄了《大脚片》，提出"2008，我要去北京跑"，进一步支持中国体育事业。

第四届，2006 年，主题为"饮水思源"的感恩系列，在响应"共建和谐社会"和"以团结互助为荣"的基础上，特别提出了"保护环境，保护水源，从我做起，从小做起，从现在做起"的倡议，并在全国展开了广场宣传活动。

这样的公关活动为农夫山泉公司赢得了良好的口碑同时，也为农夫山泉公司带来了良好的市场表现。

2. 公共关系的工作程序

(1)公共关系调查。它是开展公共关系工作的基础和起点。通过调查，能了解和掌握社会公众对企业决策与行为的意见。据此，可以确定企业的形象和地位，为企业监测环境提供判断条件，为企业制定合理决策提供科学依据。

(2)公共关系计划。公共关系是一项长期的工作，因此需要合理的计划作保证。公共关系计划要以公共关系调查为前提，确定公关目标，制定科学、合理、可行的公共关系计划。

(3)公共关系的实施。公共关系的实施是整个工作程序的关键一环。应根据企业的自身特点、不同的发展阶段、不同的公众对象和不同的公关任务来选择最适合、最有效的活动方式。

(4)公共关系的控制。这是公共关系计划工作的最后一步。通过实施控制，可以确定实际公关活动的执行效果，发现问题，及时解决，为企业的公共关系计划的持续进行提供必要的保证。

3. 公关促销设计

(1)公关活动目标。制定公关促销方案，首先要明确公共关系活动的目标。公关活动的目标应与企业的整体目标相一致，并尽可能具体，同时要分清主次轻重。

(2)公关活动对象。在本次促销活动中，确定公共关系的对象，即本次公关活动中所针对的目标公众。

(3)公关活动项目。即采用生命方式来进行公关活动，如举行记者招待会，组织企业纪念活动和庆祝活动，参加社会公益活动等。

(4)公关活动预算。在制定活动方案时，还要考虑公共关系活动的费用预算，使其活动效果能够取得最大化。

【学习小结】

在现代营销中为使企业自身的产品在众多商品中脱颖而出并促成交易，必须要考虑采用各种有效的促销手段。现代企业常见的促销手段有：人员推销、广告促销、营业推广和公关促销。这四种方式的有机结合就构成了企业的促销组合策略。我们不单需要掌握这四种形式的主要内容，并在以后的市场实战中要能学会合理运用。

案例分析

麦当劳的整合营销传播

麦当劳是世界上规模最大的快餐连锁集团之一，在全球的 120 多个国家有 2 万 9 千多家餐厅。1990 年，麦当劳来到中国，在深圳开设了中国的第一家麦当劳餐厅；1992 年 4 月在北京的王府井开设了当时世界上面积最大的麦当劳餐厅，当日的交易人次超过万人。从 1992 年以来，麦当劳在中国迅速发展。1993 年 2 月广州的第一家麦当劳餐厅在广东国际大厦开业；1994 年 6 月，天津的第一家麦当劳餐厅在滨江道开业；1994 年 7 月，上海的第一家麦当劳餐厅在淮海路开业。数年间，麦当劳已在北京、天津、上海、重庆四个直辖市，以及广东、广西、福建、江苏、浙江、湖北、湖南、河南、河北、山东、山西、安徽、辽宁、吉林、黑龙江、四川和陕西 17 个省的 74 个大、中城市开设了 460 多家餐厅，在中国的餐饮业市场占有重要地位。

作为世界首屈一指的快餐连锁集团，麦当劳近年来在全球各地市场受到了多方面的挑战：市场占有上，2002 年 11 月 8 日，麦当劳宣布从 3 个国家撤出，关闭 10 个国家的 175 家门店，迅速扩张战略受阻。在中国大陆，麦当劳的门店数仅为肯德基的 3/5。品牌定位上逐渐“品牌老化”。肯德基主打成年人市场，麦当劳 50 年坚持走小孩和家庭路线，“迎合妈妈和小孩”。但近年来，人们的婚姻和婚育观念的改变，晚婚和单身的现象日渐平常，消费核心群体由家庭群体向 24 岁到 35 岁的单身无子群体转变，麦当劳的定位以及品牌的概念恰与此偏离。投资策略上，麦当劳在中国一直坚持自己独资开设连锁店。截至 2003 年 7 月底，麦当劳都没有采取肯德基等快餐连锁的特许经营的扩张方式。公司管理上，迅速扩张的战略隐患逐渐暴露。麦当劳最引以为豪的就是其在全球的快速而成功的扩张，在2002年麦当劳缩减扩张计划之前，麦当劳在全球新建分店的速度一度达到每8小时一家，而这种快速扩张也使得麦当劳对门店的管理无法及时跟进，比如一些地区正在恶化的劳资关系以及滞后的危机处理能力。在广州麦当劳消毒水事件中，店长反应迟缓，与消费者争执，都损坏了企业的品牌形象。民族和文化意识上的隔阂也给麦当劳带来了麻烦。

与可口可乐、万宝路一样，麦当劳与"美国"这一概念捆绑在一起，其效应就如一把双刃剑，既征服了市场，也引来了麻烦。从中东乃至穆斯林掀起的抵制美国货运动，到"911"事件后麦当劳餐厅的爆炸事件，都说明了"美国"品牌的负面效应。现代社会，快餐食品对健康的影响逐渐为越来越多的人重视，这成为麦当劳的又一难题。2003年3月5日的"两会"上，全国政协委员张皎建议严格限制麦当劳、肯德基的发展；世界卫生组织(WHO)也正式宣布，麦当劳、肯德基的油煎、油炸食品中含有大量致癌毒素——丙毒。

在各种因素的综合作用下，2002年10月麦当劳股价跌至7年以来的最低点，比1998年缩水了70%，并在2002年第四季度第一次出现了亏损。为改变这种情况，2002年初，麦当劳新的全球首席营销官拉里·莱特(Larry Light)上任，并策划了一系列整合营销传播方案，实施麦当劳品牌更新计划：

2003年，麦当劳在中国台湾、新加坡等地推出了"和风饭食系列"、"韩式泡菜堡"，在中国大陆推出了"板烧鸡腿汉堡"，放松标准化模式，发挥本地化策略优势，推出新产品，顺应当地消费者的需求。2003年8月，麦当劳宣布，来自天津的孙蒙蒙女士成为麦当劳在内地的首个特许加盟商，打破了中国内地独资开设连锁店的惯例。2003年9月2日，麦当劳正式启动"我就喜欢"品牌更新计划。麦当劳第一次同时在全球100多个国家联合起来用同一组广告、同一种信息进行品牌宣传，一改几十年不变的"迎合妈妈和小孩"的快乐形象，放弃坚持了近50年的"家庭"定位举措，将注意力对准35岁以下的年轻消费群体，围绕着"酷"、"自己做主"、"我行我素"等年轻人推崇的理念，把麦当劳打造成年轻化、时尚化的形象。同时，麦当劳连锁店的广告海报和员工服装的基本色都换成了时尚前卫的黑色。配合品牌广告宣传，麦当劳推出了一系列超"酷"的促销活动，比如只要对服务员大声说"我就喜欢"或"I'm Loving It"，就能获赠圆筒冰激凌，这样的活动很受年轻人的欢迎。2003年11月24日，麦当劳与"动感地带"(M-Zone)宣布结成合作联盟，并在全国麦当劳店内同步推出了一系列"我的地盘，我就喜欢"的"通信+快餐"的协同营销活动。麦当劳还在中国餐厅内提供WiFi服务，让消费者可以在麦当劳餐厅内享受时尚的无线上网乐趣。2004年2月12日，麦当劳与姚明签约，姚明成为麦当劳全球形象代言人。姚明将在身体健康和活动性、奥林匹克计划以及"我就喜欢"营销活动和客户沟通方面发挥重要作用。2004年2月23日，麦当劳推出"365天给你优质惊喜，超值惊喜"活动，推出一项"超值惊喜、不过5元"的促销活动。在2004年2月23日到8月24日期间，共有近10款食品价格降到了5元以内。2004年2月27日，麦当劳宣布，将其全球范围内的奥运会合作伙伴关系延长到2012年。此举一次性地将其赞助权延长连续四届奥运会。这一为期8年的续约延续了麦当劳在餐馆和食品服务领域向2006年意大利都灵冬季奥运会、2008年中国北京奥运会、2010年加拿大温哥华冬季奥运会以及2012年的奥运会的独家销售权利，还可以在全球营销活动中使用奥运会的五环标志，并获得对全球201个国家和地区的奥运会参赛队伍的独家赞助机会。

经过一系列的努力，麦当劳2003年11月销售收入增长了14.9%，亚太地区的销售收入增长了16.2%。公司的股价逆市上涨，创下了16个月以来的新高。JP摩根集团2003年12月称，麦当劳在全球经营已经有了很大的改变，并将麦当劳的股票评级从“一般市场表现”调升至“超出市场表现”。

思考：

1.整合营销传播的含义是什么？麦当劳是通过哪些具体措施来实施其整合营销传播计划的？

2.你在广告宣传、营业推广和公共关系方面，对麦当劳有什么建议？

【学习小活动】

【活动目的】 使学生充分理解促销策略内容，并能在实际营销活动中运用促销策略。

【活动步骤】

第一步：选择你所熟悉的一项产品；

第二步：为你选择的产品做一份在学校范围内的促销活动方案。

【活动建议】 以小组为单位完成，在完成过程中互相分工、协作。

【学习评价】

一、学习完本章节内容，你有什么收获？

1.从知识的角度：

2.从技能的角度：

3.从个人成长的角度：

二、学习完本章节内容，你还有什么疑难问题？

【作业】

调研身边的卖场，看看针对不同的商品商家都使用了哪些促销方式？并对其进行评价。

学习情境6 规划成长战略

任务提示

百事可乐和可口可乐两个饮料巨人之发展。近年来，当百事可乐把业务扩展到奇多土豆片、肯德基炸鸡、必胜客比萨饼时，可口可乐却有条不紊地在其饮料基础设施上投入几十亿美元。结果，拥有48万人的多种经营的百事可乐的盈利仅是拥有3千万人单纯经营饮料业的可口可乐公司的一半。这段话给了你什么启示？

学习目标

知识目标

➢准确描述企业成长战略的内容；

➢准确描述密集型成长战略对企业实际的指导意义；

➢准确描述一体化成长战略的对企业成长的利与弊；

➢准确描述多元化成长战略的使用条件，以及企业采用它的利与弊。

技能目标

➢能够运用SWOT工具对企业的成长战略进行综合分析；

➢能够结合特定企业分析企业的成长战略的影响因素。

情感目标

➢养成对战略的感知性，从成长战略层面对自我进行规划。

学习任务

任务14　规划企业成长战略

任务 14　规划企业成长战略

【任务信息】

小李通过准确的市场定位，制定了竞争战略，并在经营过程中适时采取不同的营销策略。小李的餐馆生意有了一定起色，他很想做大做强，他思考着如何让企业持续、快速、健康发展。你有什么建议呢？

【关键词】

密集型成长战略　一体化成长战略　多元化成长战略　蓝海战略　长尾理论

战略是确定企业长远发展目标，并指出实现长远目标的策略和途径。

战略确定的目标，必须与企业的宗旨和使命相吻合。战略是一种思想、一种思维方法，也是一种分析工具和一种较长远和整体的计划规划。

战略规划是企业为实现自己的任务和目标所制定的长期性、全局性、方向性的规划；它是企业的最高管理层通过规划企业的基本任务、目标及业务（或产品）组合，使企业的资源和能力同不断变化着的市场营销环境之间保持和加强的一种战略适应性的过程。战略规划覆盖企业经营活动的各个方面（生产、营销、财务和人事等），市场营销在企业战略规划中起着日益重要的作用。

14.1　清楚制定战略的原则

企业在制定战略的过程中，应该遵循以下原则：

1. 关键性原则

这一原则要求企业确定的战略目标必须突出有关企业经营成败的重要问题，切不可把次要的战术目标作为企业的战略目标，以免滥用企业资源而因小失大。

2. 可行性原则

确定的战略目标必须保证能够如期实现，因此要全面分析企业各种资源条件和主观努力所能达到的程度。既不要脱离实际而凭主观愿望把目标定得过高，也不可不求进取把目标定得过低。

3. 定量化原则

要使企业的战略目标明确清晰，就必须使目标定量化，具有可衡量性，以便检查和评价其实现的程度。因此，战略目标必须用数量指标或质量指标来表示，而且最好具有可比性。

4. 一致性原则

首先，战略目标组合中的各个分目标之间应相互协调，相互支持；其次，企业的长期战略目标和短期战术目标要与战略经营单位和职能部门的短期战术目标协调一致，形成系统，而不能互相矛盾，互相脱节。

5. 激励性原则

制定企业的战略目标既要具有可行性，又要考虑到它的先进性。就是要求制定的目标要经过努力才能实现。只有那些可行而先进的战略目标才具有激励和挑战作用，才能挖掘出人的巨大潜能。

6. 稳定性原则

企业的战略目标一经制定和落实，就必须保持相对稳定，不可朝令夕改而引起企业战略的变更。当然如果经营环境发生了变化，战略目标调整后，所有的经营单位及职能部门的短期战术目标也要及时做出相应的调整。

14.2 选择企业成长战略

通过投资组合规划，对现有产品和业务进行了评估和规划，使企业产品或业务得到优化。同时还要进一步寻找企业的发展机会，对企业未来的发展方向做出战略规划，即制定企业市场营销成长战略。企业成长战略主要有三类：

14.2.1 密集型成长战略

1. 密集型成长战略的概念

密集型成长战略也叫集约型成长战略或专业化成长战略、产品—市场战略、单一经营成长战略，是指企业在原有生产范围内充分利用在产品和市场方面的潜力，以快于过去的增长速度来求得成长与发展的战略。该战略是较为普遍采用的一种公司战略类型。

2. 密集型成长战略的类型

(1)市场渗透战略

指通过更加积极有效的市场营销措施，如加强广告宣传、增加销售网点等，努力增加现有产品在原有市场上的销售量。

(2)市场开发战略

指通过努力开拓新市场来扩大现有产品销售量，从而实现企业业务的增长。

(3)产品开发战略

指通过向现有市场提供多种改型变异产品，如增加花色品种、增加规格档次、改进包装、增加服务等，以满足不同消费者的需要，从而扩大销售，实现企业业务的增长。

想一想

企业采用密集型成长战略时，应注意哪些环境因素的影响？

14.2.2 一体化成长战略

1. 一体化成长战略的概念

一体化成长战略也叫企业整合发展战略，是指企业充分利用自己在产品、技术、市场上的优势，根据物质流动的方向，使企业不断地向经营业务的深度和广度发展的一种战略。该战略是一个非常重要的成长战略,它有利于深化专业化分工协作,提高资源的利用深度和综合利用效率。

2. 一体化成长战略的类型

(1)纵向一体化成长战略

纵向一体化成长战略也称垂直一体化成长战略,是指生产或经营过程相互衔接、紧密联系的企业之间实现一体化。该战略实现的方式主要有三种:企业内部壮大、与其他企业实现契约式联合(联营)、购并其他企业。

按照物质流动的方向,该成长战略又可分为:

①后向一体化成长战略

指企业与供应企业之间的联合,目的是为了确保产品或服务所需的全部或部分原材料的供应,加强对所需原材料的控制而采取的一种战略形式。如联合航空公司就成立了自有的航空食品服务业,蒙牛公司自己建有奶牛养殖场。

②前向一体化成长战略

指企业与用户企业之间的联合,目的是为了促进和控制产品的需求而采取的一种战略形式。如收购、兼并批发商、零售商、商业贸易公司,以增强销售力量来求发展。或将自己的产品向前延伸,从事由原用户经营的业务,如毛纺企业生产毛衣、林业公司加工家具等。

③水平一体化成长战略

指争取对同类型其他企业的所有权或控制权实行各种形式的联合经营。这样可以扩大生产规模和经营实力;或取长补短,共同利用某些机会。亨氏公司是一家食品加工公司,它合并了同一产业的儿童食品企业世佳公司,以削减竞争压力,增强该公司的婴儿食品分部,使其更具竞争力。

(2)横向一体化成长战略

该战略也称水平一体化成长战略,是指处于相同行业、生产同类产品或工艺相近的企业实现联合。其实质是资本在同一产业或部门内的集中,目的是实现扩大规模、降低产品成本、巩固市场地位。其实现方式主要有两种:契约式联合、合并同行业企业。

14.2.3 多元化成长战略

1. 多元化成长战略的概念

多元化成长战略又称多样化或多角化成长战略,是指企业的发展、扩张是在现有产品或业务的基础上增加新的产品或业务。这是一种产品/市场战略,企业实行这种战略是为了长期稳定地经营和追求最大的经济效益。当企业所属行业缺乏有利的市场营销机会或其他行业的吸引力更大时,可实行多元化发展战略,但多元化并不意味着毫无选择地利用一切获得的机会,而是要求企业扬长避短,结合自身的资源优势来选择市场机会,以充分发挥资源潜力并使风险分散。

2. 企业多元化成长战略的类型

(1)按照经营业务领域之间的关联程度分

①相关多元化战略。指企业新发展的业务与原有业务相互间具有战略上的适应性,

它们在技术、工艺、销售渠道、市场管理技巧、产品等方面具有共同或相似的特点。该战略又可分为两种形式:同心多元化战略和水平多元化战略。

②不相关多元化战略。指企业从与现有的业务领域没有明显关系的产品、市场中寻求成长机会的策略,即企业所开拓的新业务与原有的产品、市场没有相关之处,所需要的技术、经营方法、销售渠道必须重新取得。

(2)按照产品组合的特点分

①单一产品战略。指企业的一项产品的销售收入占销售总收入的95%以上。

②优势产品战略。指企业的一项产品的销售收入占销售总收入的70%~95%。

③相关产品战略。指企业的一项产品的销售收入低于销售总收入的70%,但其相关联的产品群的销售收入高于销售总收入的70%。

④非相关产品战略。指企业市场相关产品的销售收入和技术相关产品的销售收入之和低于总销售收入的70%。

(3)按照企业的资源优势分

①同心多元化。就是利用企业现有的资源和技术力量,以现有产品为中心向外扩展业务范围,开发新产品以寻求新的增长。例如,青岛海尔集团以冰箱开始,陆续开发出洗衣机、空调、电视机等一些家电类产品。采用这种战略可以利用原有的设备、技术优势,风险较小,易于成功。

②横向多元化。就是企业针对现有目标市场的其他需要,投入新的资源和技术力量开发新产品,以扩大业务经营范围,寻求新的增长。例如,一家童装厂,现又开发生产儿童玩具、儿童食品,所针对的都是儿童这个目标市场。采用这种战略,可以充分利用原有的市场和原有销售渠道,扩大销售额。横向多元化意味着向其他行业投资,有一定的风险,企业应具有相当实力。

③综合多元化。就是企业通过投资或兼并等形式,把经营范围扩展到多个新部门或其他部门,组成混合型企业集团,开展与现有技术、现有产品、现有市场无联系的多样化经营活动,以寻求新的增长机会。例如,首都钢铁集团股份有限公司,除钢铁业以外又发展房地产、酒店、电子工业等一些产业。采用综合多元化战略的企业一般都是各方面实力雄厚的大企业。

想一想

企业采用多元化成长战略时,容易走入哪些误区呢?

14.3 评估战略方案

企业战略方案的评估和选择可以从备选方案的适用性、可行性、可接受性三方面入手。

1.适用性评估

适用性是一种评估标准,用来评估所提出的战略方案对所确定企业的适应程度,以及如何保持和提升企业的竞争优势。具体可以从战略逻辑适应性和文化适应性两个方面来进行适用性评估。

战略逻辑是对备选战略方案的合理性与经济性作评价，主要判断所选择的战略是否与企业的市场竞争地位相匹配，以及与企业的核心能力是否相匹配。评估的具体方法有：

(1)组合分析。多业务公司常常通过组合分析方式来分析选择优先发展的业务。常用的分析工具有波士顿矩阵法、吸引力/优势矩阵法等。

(2)生命周期分析法。该方法评估战略是否适应产品生命周期特定阶段的特点，以及产品在市场中的相对地位。常用的分析工具有生命周期组合矩阵。

(3)价值链分析法。通过对企业的价值链进行分析，可以发现企业要维持和提升竞争优势的关键环节，并识别自身拥有核心能力的关键环节。

文化适应性是指战略方案被组织认可的程度。评估文化适应性是评估战略适应性的重要维度，因为企业战略的实施，需要企业文化强有力的支持。文化适应性可从企业生命周期、文化与战略三者的相互匹配程度来评估。

2. 可行性评估

可行性评估是分析所选择的战略方案是否切实可行。可行性评估从确定战略方案开始，一直持续到实施战略的计划过程中。可行性评估常用的方法包括资金流分析、盈亏平衡点分析和资源配置分析等。

3. 可接受性评估

可接受性评估是分析所选择的战略方案是否符合企业的期望，反映企业对所选战略方案的接受程度。对所选择战略可能产生的收益进行评价是可接受性评估的重要方法。主要包括获利能力分析、成本/效益分析、所有者价值分析(SVA)等方法。

拓展阅读

成长战略规划的理论

1. 蓝海理论

欧洲工商管理学院的W.钱·金(韩)教授和勒妮·莫博涅(美)教授在《蓝海战略》中为企业指出了一条通向未来增长的新路。蓝海战略要求企业把视线从市场的供给一方转向需求一方，从关注并比超竞争对手的所作所为转向买方提供价值飞跃。通过跨越现有竞争边界看市场以及将不同市场的买方价值元素筛选与重新排序，企业就有可能重建市场和产业边界，开启巨大的潜在需求，从而摆脱“红海”——已知市场空间——的血腥竞争，开创“蓝海”——新的市场空间。通过增加和创造现有产业未提供的某些价值元素，并剔除和减少产业现有的某些价值元素，企业就有可能同时追求“差异化”和“成本领先”，即以较低的成本为买方提供价值上的突破。从这个意义上来说，蓝海战略代表着战略管理领域的范围模式性的转变，即从给定结构下的定位选择向改变市场结构本身的转变。

(1)红海战略与蓝海战略

在蓝海战略理论体系中，所谓“红海”是指当前业已存在的饱和市场，其利润前景暗淡，恶性竞争此起彼伏。所谓“红海战略”，是指竞争的结果，是传统的竞争战略，是一种“血腥”的、你死我活的战略。红海战略拘泥于本行业、本战略群和现有客户，企业只是被动地适应；红海战略是零和博弈战略，企业和消费者的价值不但不能提高，反而降低。比如，近年来国内笔记本电脑价格自万元以上直线跌落，在利润空间越来越小的情况下，竞争者必然将成本转嫁给消费者，以次充好，以劣充优，导致产品质量整体下降，使用寿命缩短。结果受损的不仅是消费者，生产商、销售商的利益同样受到损害。

所谓“蓝海”，是指未曾开辟的新兴市场，这一市场中的客户需求与传统发生了重大变化，企业获得了利润高速增长的机会。“蓝海战略”是新型的战略，它要求企业把注意力从市场的供给方转向需求方，从关注并力图超越竞争对手转向为买方提供价值的飞跃，既不参与瓜分现有的日趋萎缩的市场，也不以竞争对手为标杆，而是努力扩大需求，摆脱竞争。蓝海战略开创的是基于价值的创新而不是技术的突破，是基于对现有市场的重新排序和构建而不是直接参与竞争；蓝海战略超越了本行业、本战略群和现有客户，是一种积极主动超越竞争实现多赢的战略。蓝海战略使企业有可能重构产业市场和产业边界，开启潜在的市场需求，从而摆脱“红海”——已知市场空间的血腥竞争，开创“蓝海”——新的市场空间。蓝海战略是一种多赢的战略，在宽广幽深的“蓝海”里，企业和客户的价值同步提高。加拿大“太阳马戏团”的成功就是一个范例。马戏绝非新兴产业，而是一个日渐衰落、缺乏竞争力的产业。“太阳马戏团”的成功缘于他们认识到，打败竞争对手的最好办法，就是改变试图击败竞争对手的战略，他们靠的不是在日益萎缩的马戏市场争夺顾客。传统马戏市场以儿童为主要顾客，“太阳马戏团”开辟了新的市场空间，从而如入“无人之境”，彻底摆脱了竞争。它吸引的是成年人、商界人士，新的顾客愿意以更高的消费享受马戏表演。

(2)实施蓝海战略的原则

钱·金和莫博涅提出了制定和执行蓝海战略的原则，即重建市场边界、注重全局而非数字、超越现有需求、遵循合理的战略顺序、克服关键组织障碍、寓执行于战略等。它们构成了一个完整的战略制定与实施系统。

①重建市场边界

要从“红海”突围，企业必须跨越他择性产业、战略集团、买方群体、互补性产品或服务、产业的功能与情感导向，甚至跨越时间。

➢跨越他择性产业。处于红海中的企业关注的是产业内的竞争对手；开创蓝海要求跨越他择性产业看市场。企业的竞争对手不仅仅在于产业内部，还包括其他产业中他择性产品或服务的提供者。他择品要比替代品更为广泛，形态不同但功能与效用相同的产品或服务互为替代品；他择品则包括功能与形态都不同但目的相同的所有产品和服务。比如进餐馆和电影院可能处于同一目的：散散心，二者并非互为替代品，却互为他择品。

➢跨越战略集团。战略集团是指产业中的一组战略相似的企业。处于红海中的企业专注于战略集团内部的竞争；开创蓝海要求跨越产业内不同的战略集团看市场。

➢跨越买方链。处于红海中的企业专注于更好地为目标买方服务；开创蓝海要求重新界定买方群体。现实中，买方是由不同环节组成的链条，购买者为产品或服务付账，但未必是实际使用者。买方链中还包括施加影响者，每个环节都直接或间接地影响购买决定。

➢跨越互补性产品或服务。处于红海中的企业专注于在产品边界内将产品和服务的价值最大化；开创蓝海要求跨越互补性产品或服务看市场。

➢跨越针对卖方的功能与情感导向。产品或服务的吸引力通常是企业之间竞争的结果，它无意间为顾客灌输了对产品与服务的定向期望，企业行为不断地强化顾客这种定向期望。蓝海战略要求重设产业的功能与情感导向。

➢跨越时间。处于红海中的企业专注于适应外部潮流,蓝海战略要求参与塑造外部潮流。开启蓝海的关键灵感很少来自预测潮流本身,而是源于从市场角度洞悉某一潮流将如何改变顾客所需的价值。

②注重全局而非数字

制定蓝海战略不能把大部分时间花在填空和摆弄数据上,绘制战略布局图才能将企业战略推向蓝海。制定战略布局可分为四个步骤:

➢视觉唤醒。分析现行战略布局图,与竞争对手进行比较,找出需要改进的地方。

➢视觉探索。观察他择性产品和服务的优势,找出需要剔除、创造和改编的元素。

➢绘制新的战略布局图,并在听取各方面反馈意见的基础上修改完善。

➢视觉沟通。对战略转变的前、后进行比较,支持、加强那些促进新战略实施的项目和措施。

(3)超越现有需求

任何企业都不愿看到,当自己驶出了红海却发现驶入了一片水洼,问题在于开创蓝海时,如何使其规模最大化超越现有需求即通过以新产品和服务统合最大的需求,降低开创新市场可能遇到的规模风险。为此,企业需要挑战两种常规战略:一是只关注现有顾客;二是追求市场细分,满足顾客要求的细微差异。实现蓝海规模最大化,企业需要反其道而行之,不应把注意力专注于顾客身上,还要关注于非顾客;不应只着眼于顾客的差别,而应基于顾客关注的共同点,开启以往并不存在的新的大众顾客群;不应仅仅着眼于一个层次的非顾客,而应跨越不同层次,基本原则就是选择最大的一块。"非顾客"有三个层次,他们与市场的距离不等,但都可能转变为顾客。第一层次是徘徊在市场边界,随时准备换船而走的"准非顾客";第二层次是有意回避市场的"拒绝型非顾客";第三层次是远离市场的"未探知型非顾客"。

(4)遵循合理的战略顺序

构建蓝海战略的顺序是:买方效用、价格、成本和接受。

①买方效用是蓝海战略顺序的起点。企业提供的产品或服务是否具有杰出的效用?能否吸引大众前去购买?这决定了蓝海的潜力。

②确定战略价格。企业不能只靠价格创造需求,产品或服务的定价应能吸引目标卖方的大众群体,使他们有能力支付。

③成本核算。企业能够以目标成本生产产品或提供服务,并获得相应的利润,既不能使成本驱动价格,也不能因目标成本过高而减少利润。

④克服接受上的障碍。企业在创意蓝海战略时就应考虑可能面临的障碍,比如零售商或商业伙伴的反对情绪。蓝海战略的实施意味着企业驶离红海,所以从创意开始就着手克服障碍至关重要。

(5)克服关键组织障碍

无论是处于红海或是蓝海,企业与人一样,使思想转化为行为都是一个过程。比较而言,蓝海战略的实施面临更多的挑战与障碍。

实施蓝海战略的组织障碍,一是认知上的障碍,即如何唤醒员工,使他们意识到战略变革的重要性。红海不是走向获利增长的正确路径,但红海令人感到熟悉自在,企业处于红海中也不错,何必打破现状呢?二是资源有限的障碍。对许多企业而言,资源趋于削减而不是增加,人们认为战略上的转变越大,所耗费的资源也就越多。三是动力上的障碍,即鼓动人们快速并执著地行动,以实现与现实的决裂。四是政治上的障碍。正如一位经理所说的那样,"你还没站起来就已经被人撂倒了",实施蓝海战略要打破常规经验,以低成本克服障碍,获得雇员的支持。

(6)寓执行于战略

人们的思想和心灵与新的战略保持一致,才能由被动执行转为自愿合作,而不考虑员工的思想情感,强制推行新战略会引起他们的反感。因此,企业必须创造一种充满信任和忠诚的文化以鼓舞士气,必须借助公平的过程制定和执行新的战略。

研究表明,人们不仅在意结果本身,也在意这一结果产生过程的公正性;当程序公正得以实现时,人们对结果的满意度和支持度提升。蓝海战略制定的公平过程,保证人们思想与情感的认同并形成信任和忠诚,从而在战略实施中自愿合作。有了自愿合作,人们不是仅仅完成分内的工作,而是超越自我,竭尽自己的能力与主动性,甚至牺牲个人利益而执行新战略。反之,若失去了公平过程,人们的思想情感受到打击,形成不信任和反感态度,将拒绝执行新的战略。

2. 长尾理论

什么是长尾理论呢?根据 Wikipedia 的解释,长尾(Long Tail)是 2004 年 Chris Anderson 在给连线杂志的文章中首次使用的词汇,用以描述某种经济模式如 Amazon. com 或 Netflix。长尾术语也普遍使用于统计学中,如对财富分布或词汇应用的统计。长尾理论的基本原理是:只要存储和流通的渠道足够大,需求不旺或销量不佳的产品所共同占据的市场份额可以和那些少数热销产品所占据的市场份额相匹敌甚至更大。即众多小市场汇聚成可与主流大市场相匹敌的市场能量。

长尾理论对用户的关键词检索行为及效果转化有很好的解释,对制定有效的搜索引擎营销策略具有积极意义。比如,用户通过搜索引擎检索的所有关键词中,50%的关键词产生了 80%的访问量。是不是另外 20%的访问量就不值得花费精力关注了?新竞争力网络营销管理顾问的研究认为,事实可能正好相反,因为另外仅带来 20%访问量的关键词可能转化率更高。这与 20/80 原理所解释的含义是截然不同的。显然,我们有必要对长尾理论及其对搜索引擎营销的意义作更详细的探讨。

与 20/80 原理不同是,长尾理论中"尾巴"的作用是不能忽视的,经营者不应该只关注头部的作用。长尾理论已经成为一种新型的经济模式,被成功应用于网络经济领域。举例来说,Google 就有效地利用了长尾策略。Google 的 AdWords 广告使得无数中小企业都能自如投放网络广告,而传统的网络广告投放只是大企业才能涉足的领域。其 Adsense广告又使得大批中小网站都能自动获得广告商投放广告。AdWords 和 AdSense 因此汇聚成千上万的中小企业和中小网站,其产生的巨大价值和市场能量足以抗衡传统网络广告市场。如果 Google 只是将市场的注意力放在 20%的大企业身上(像许多门户网站的网络广告策略那样),那么也很难创造现在的辉煌了。同样,网上零售巨人亚马逊的商品包罗万象,而不仅仅是那些可以创造高利润的少数商品,结果证明,亚马逊模式是成功的，而那些忽视长尾，仅仅关注少数畅销商品的网站经营状况并不理想。

长尾理论对于搜索引擎营销中的关键词策略非常有用。即虽然少数核心关键词或通用关键词可以为网站带来可能超过一半的访问量，但那些搜索人数不多然而非常明确的关键词的总和——即长尾关键词同样能为网站带来可观的访问量，并且这些长尾关键词检索所形成的顾客转化率更高，往往也大大高于通用关键词的转化率。比如，一个利用通用词汇“律师”进行检索到达网站访问者与一个搜索“北京商标权纠纷律师”到达网站的访问者相比，后者更加容易转化成该网站的客户。这也就是研究用户关键词检索行为分散性以及分散关键词策略的价值所在。

有些研究文章认为，关键词“长尾”为网站所带来的20%的访问量创造了网站60%的收益，对这个数字当然是很难考证的，但至少可以肯定的是，把注意力完全集中在少数热门关键词上是远远不够的，何况用户利用搜索引擎关键词检索的行为研究表明，大部分用户并不是仅用一个词汇进行检索，为了获得更为准确的检索效果，往往采用2～3个关键词组合来搜索，有些用户甚至采用5个以上词汇的组合，这些多词汇组合往往就是关键词“长尾”的主要组成部分。

与利用长尾理论解释搜索引擎关键词策略异曲同工的方法，是对用户关键词检索分散性的研究。长尾理论从另一个角度解释了用户关键词检索的分散性，并且提出应该对通用关键词之外的分散关键词给予足够的重视。

【学习小结】

战略规划是企业为实现自己的任务和目标所制定的长期性、全局性、方向性的规划；它是企业的最高管理层通过规划企业的基本任务、目标及业务（或产品）组合，使企业的资源和能力同不断变化着的市场营销环境之间保持和加强的一种战略适应性的过程。战略规划覆盖企业经营活动的各个方面（生产、营销、财务和人事等），市场营销在企业战略规划中起着日益重要的作用。

今天企业在制定战略时首先需要清楚应该遵循的六项原则，主要有关键性原则、可行性原则、定量化原则、一致性原则、激励性原则、稳定性原则。然后根据实际情况，选择企业战略类型，主要有密集型成长战略、一体化成长战略、多元化成长战略。在选择了战略类型之后还要进行战略方案评估，以求使企业最大限度地避免可能出现的风险，在将来的市场发展中取得良好的成绩。

案例分析

安踏公司的战略

2007年7月，丁志忠和他的父兄、岳父，一起创建的运动服装品牌安踏集团在香港上市，在胡润“2007年中国内地富豪榜”首次上榜，丁志忠家族便以145亿元财富位列服装行业第二。

上市之后，在谈及安踏下一步的发展规划时，丁志忠还是习惯性地先自问自答地述及“安踏是谁？安踏要做什么？”

这样的习惯，让人忍不住想起已故管理大师彼得·德鲁克对管理者的告诫，在德鲁克看来，要能获得可持续增长，首要前提是公司决策者要能问对问题。

不过，在 2003 年之前，丁志忠并不会这么系统地去思考这些关于“战略”的问题。用丁志忠的话说，“安踏规模还小的时候，该如何走，我是有把握，我相信我的把握是没错的。”在丁志忠看来，一切公司，在规模还没上来时，最有效的经营手段，是依靠商人的“生意习惯”。

1999 年，安踏出其不意地用 160 万签下孔令辉作为形象代言人和在中央电视台进行广告投放，让安踏在晋江公司中脱颖而出，且在销售上也有新的斩获，但是，严格来说，安踏依然还是一个生产导向型企业。

在理顺所有权益后，大股东丁志忠开始思考公司进一步“变大”的问题，“当企业大的时候，很多事情靠的都是一套的科学系统来管理。”他认为，必须要有“一个明确的、科学的依据来判断公司接下来要怎么做”。

为了找到这个依据，2004 年，安踏聘用咨询公司 AT 科尔尼来共同确认安踏的 DNA，明确市场定位。

当时亟待解决的问题是：第一，安踏的目标市场在哪？第二，如何形成与竞争对手的差异化策略？

在调查之后，双方对安踏的市场地位分析是：安踏优势在中低端市场的控制上，而就中低端市场而言，“大约还有 5 亿中国消费者还买不起安踏，但是随着收入的提高，他们会成为安踏的目标顾客”。在明确定位之后，安踏压抑住“价格上调”的诱惑。“在零售价格上，我们比李宁的产品低 20%～30%。”安踏的首席运营官赖世贤说道，考虑到耐克、阿迪的体育明星风尚，以及李宁公司的“金牌光环”，“草根”最终成为描述安踏 DNA 的最核心用语，并开始有策略地寻找那些尚未成名却一直在奋斗的运动员，作为代言人。对于不能随心所欲做营销的安踏，这样的品牌策略不会带来太大的财务压力。

与此同时，丁志忠发现，市场开始出现分化：“一些公司逐步走运动时尚服装路线，一些公司开始聚焦在一些专业市场，例如篮球和网球。”而在此前的品牌运动中，和很多晋江公司一样，安踏有些摇摆，既呈现过娱乐时尚风格（找萧亚轩做代言人），也表现出专业运动姿态（孔令辉代言，赞助 CBA）。

显然，安踏在明确了发展方向后才发现，在公司原来的组织架构下，上述战略是无法执行的。以前的架构适用于生产导向型企业。

2006 年，为了彻底转型，安踏又聘用了美世咨询公司，为安踏设计组织架构和整套的考核体系。“现在的考核，基本是 360 度的，公司、部门、个人的业绩都会影响到你的薪酬。”在接触了大量外资中介机构，又进行管理层“混血”之后，丁志忠在思考公司发展问题时，开始习惯想到并引用各类 KPI（关键绩效指标），“我们的库存周转率，大约在 24 天；应收账款账期是 20 天，国内很多品牌需要 50 天左右；对上游，我们的应付账款账期与行业持平，60 天左右。”

思考：

安踏的成长战略是怎样的？

【学习小活动】

【活动目的】 明确战略选择的影响。

【活动步骤】

第一步：阅读上述案例；

第二步：运用战略选择分析安踏的成功经验。

【活动建议】 采用小组讨论。

【学习评价】

一、学习完本章节内容，你有什么收获？

1. 从知识的角度：

2. 从技能的角度：

3. 从个人成长的角度：

二、学习完本章节内容，你还有什么疑难问题？

【作业】

请结合某企业，介绍该企业采取了何种成长战略，试分析其采用此战略的原因。